CAHIERS PHILOSOPHIQUES

n° 150 / 3e trimestre 2017

CAHIERS PHILOSOPHIQUES
est une publication de la Librairie Philosophique J. Vrin
6, place de la Sorbonne
75005 Paris
www.vrin.fr
contact@vrin.fr

Sites internet
www.vrin.fr/cahiersphilosophiques.htm
http://cahiersphilosophiques.hypotheses.org
www.cairn.info/revue-cahiers-philosophiques.htm

Suivi éditorial
BÉATRICE TROTIER-FAURION

Abonnements
FRÉDÉRIC MENDES
Tél. : 01 43 54 03 47 – Fax : 01 43 54 48 18
fmendes@vrin.fr

Vente aux libraires
Tél. : 01 43 54 03 10
comptoir@vrin.fr

La revue reçoit et examine tous les articles, y compris ceux qui sont sans lien avec les thèmes retenus pour les dossiers. Ils peuvent être adressés à : cahiersphilosophiques@gmail.com. Le calibrage d'un article est de 45 000 caractères, précédé d'un résumé de 700 caractères, espaces comprises.

ISSN 0241-2799
ISSN numérique : 2264-2641
ISBN 978-2-7116-6002-8
Dépôt légal : décembre 2017

SOMMAIRE

ÉDITORIAL

DOSSIER
C. S. PEIRCE

11 **Pourquoi le pragmatisme implique le réalisme**
Claudine Tiercelin

35 **« Éclaircir les conceptions » : Peirce et Whewell, 1869**
Mathias Girel

45 **Comment on invente les hypothèses : Peirce et la théorie de l'abduction**
Frédéric Roudaut

67 **Peirce et les deux paquets de cartes : les probabilités peuvent-elles être le guide de la vie ?**
Benoit Gaultier

91 **Peirce, philosophe du langage**
Francesco Bellucci

LES INTROUVABLES DES CAHIERS

111 **Introduction : Le lent péristaltisme de l'esprit**
Jean-Marie Chevalier

113 **Lettres de C. S. Peirce à Paul Carus**
traduites par Jean-Marie Chevalier

SITUATIONS

153 **Design et sémiotique**
Entretien avec Jérôme Vogel

161 **Glossaire**

ÉDITORIAL

La correspondance de Peirce avec son éditeur Carus [1] laisse apparaître la variété des domaines et des objets qui retiennent l'attention du philosophe et l'intensité de la réflexion qu'ils suscitent. On y perçoit aussi les difficultés éditoriales et l'impossibilité qui a été la sienne, à certains moments de sa vie, de faire publier les textes sous la forme systématique et rigoureuse à laquelle il aspire. Il lui faut composer avec les positions philosophiques « monistes » de son éditeur, ainsi qu'avec les attentes supposées des lecteurs. La pression à la publication se fait aussi sentir. « Il n'est jamais payant de conserver du matériel par devers soi afin de l'utiliser plus tard » écrit Carus. A quoi Peirce se voit contraint de répondre – en décembre 1896 : « La logique des relatifs est comme les mathématiques, la physique, en cela que chaque découverte ouvre de nouvelles enquêtes, de sorte que plus on fait de recherches, plus vite apparaissent de nouvelles découvertes. Par conséquent, espérer l'amener à un état de complétude ou d'achèvement serait chimérique. Autant espérer porter à leur terme la géométrie ou l'astronomie… » [2]. La rigueur intellectuelle doit prévaloir et elle exige de prendre le temps de l'enquête, fût-elle sinueuse. Ce qui pourrait expliquer qu'un nombre important d'articles et de textes n'ait pas atteint la forme d'un livre et n'aient pas non plus été publiés de façon systématique.

La reprise et le réaménagement constants de champs d'investigation aussi vastes et difficiles que la logique ou la sémiotique n'entrent toutefois pas en contradiction avec la fermeté de la démarche de Peirce, fermeté qui tient au choix du pragmatisme ou plutôt à la conception que Peirce en élabore. Une philosophie déterminée par l'affirmation de thèses métaphysiques et ce, au profit d'une démarche scientifique, affirmation qui s'accompagne d'un renouvellement majeur de la logique. Une philosophie qui invente aussi – l'invention des hypothèses devient un objet d'investigation théorique à part entière [3] – et qui cherche sans relâche la vérité. « Le scientifique comme le philosophe ne se préoccupe pas de justifier des doctrines mais de rechercher la vérité » [4].

La présente livraison des *Cahiers philosophiques* rassemble différentes contributions, issues de lecteurs et spécialistes reconnus de Peirce, afin de donner non un aperçu complet de ses travaux mais des voies d'entrée dans cette philosophie exigeante et complexe.

Le philosophe de Milford qui revendique être « entré en philosophie par la route de Kant » [5], ne perd jamais de vue la question de la délimitation de la connaissance et plus encore des voies permettant l'accroissement effectif

1. *Cf.* Nous publions des extraits significatifs de cette correspondance, inédite en français. p. 113.
2. *Cf.* p. 125.
3. *Cf.* F. Roudaut, « Comment on invente les hypothèses : Peirce et la théorie de l'abduction ».
4. *Cf.* p. 116.
5. *Cf.* p. 113.

de celle-ci. Empiriste jusqu'à un certain point, Peirce critique une conception exclusivement passive de l'expérience et développe une démarche différente qu'il dénomme « pragmatisme ». Il lui substituera plus tard le terme de « pragmaticisme » pour éviter la confusion avec un pragmatisme psychologisant.

La maxime pragmatiste enjoint de considérer « quels sont les effets pratiques que nous pensons pouvoir être produits par l'objet de notre conception. La conception de tous ces effets est la conception complète de l'objet ». Cette maxime s'articule, chez Peirce, non à un nominalisme mais à un réalisme métaphysique. Comment rendre compte de ce qui peut apparaître comme un paradoxe ? Comprendre le pragmatisme peircien c'est en comprendre le caractère nécessairement réaliste et par là même, la place réservée à la métaphysique au sein de cette philosophie [6].

Le pragmatisme n'est pas au premier chef une doctrine, bien plutôt une *méthode* destinée à éviter les confusions entre de simples distinctions conceptuelles ou grammaticales et des distinctions réelles, et à se délivrer du même coup d'un certain nombre de faux problèmes métaphysiques. Cette méthode, qui fait appel à toutes les potentialités de la logique, met aussi en évidence la fausseté de l'opposition entre un certain réalisme métaphysique et le nominalisme [7]. A bien des égards, la querelle des universaux est un problème mal posé. La question n'est pas naïvement de savoir s'il existe des universaux « en dehors de nos idées ou de nos mots » mais ce que l'on peut entendre par « réel ». « Le réel, écrit Peirce, c'est non pas ce qu'il nous arrive d'en penser, mais ce qui reste inchangé par ce que nous pouvons en penser » [8]. On se trouve donc en présence d'un réalisme *sémantique* qui n'ignore rien des apports du nominalisme : le réel n'est pas indépendant de l'esprit, « le réel est ce qui signifie quelque chose de réel ».

« Concevoir les effets produits par un objet », ainsi que l'exige la maxime pragmatiste, suppose de rechercher les *propriétés* réelles des choses au moyen d'une démarche scientifique. La science ne doit pas simplement décrire, elle doit « expliquer » les phénomènes et elle est en mesure d'y parvenir parce qu'il existe des « lois réelles ». Le réalisme métaphysique de Peirce prend la forme d'une insistance sur le caractère nomologique des régularités observables dans la nature. Les « dispositions à agir » des choses sont des propriétés réelles – des *would be*. Ce dont la langue usuelle témoigne, qui fait la différence entre « ce qui arriverait si » et « ce qui arrive lorsque ». Ainsi, dire d'un objet qu'il a la propriété d'être fragile, c'est affirmer que « s'il tombait il se casserait ». Loin d'aller de soi cette affirmation est une thèse, qui en contredit d'autres, celle de Ryle, par exemple, qui juge que tant qu'une chose fragile et une chose non fragile ne tombent pas, il n'y a pas de différence factuelle entre elles. Pour Peirce, il faut reconnaître métaphysiquement qu'il existe des possibles réels. Cela suppose d'accepter dans le même temps l'existence d'un lien nécessaire entre métaphysique et logique formelle, et même de fonder la

6. *Cf.* C. Tiercelin, « Pourquoi le pragmatisme implique le réalisme ».

7. Il n'est pas possible dans le cadre de cet éditorial de présenter la relation de Peirce à Duns Scot. Nous renvoyons à l'exposé très précis de C. Tiercelin.

8. Cité par C. Tiercelin p. 17.

métaphysique sur la logique formelle entendue comme logique des relations (et non des seules qualités) [9].

La prise en compte de propriétés réelles a des conséquences sur la définition des probabilités et conduit Peirce à développer une forme de « propensionnisme ». La probabilité d'obtenir un chiffre pair lorsqu'on lance un dé découle du fait que « ce dé possède, dans l'état dans lequel il se trouve actuellement une certaine habitude ou disposition. Il s'agit d'un *would-be…* ». Autrement dit : « un dé pourrait ne tomber à chaque fois que sur le 6, cela ne violerait pas le principe de contradiction. Mais de toute évidence, il ne le ferait pas, à moins d'un miracle… » [10].

Dans le contexte de ce réalisme dispositionnel, quel sens donner à l'affirmation selon laquelle le but de la pensée est l'action ? Cela suppose de s'intéresser aux « effets pratiques » d'une conception. La conférence que Peirce consacre en 1869 à l'historien des sciences Whewell lui donne l'occasion de préciser comment l'issue pratique est l'élément déterminant de « l'éclaircissement des conceptions » [11]. L'histoire des sciences au rebours d'une théorie abstraite de l'induction scientifique s'intéresse à la démarche effective des hommes de science et à la transformation de leurs conceptions. Comment Kepler en vient-il à proposer l'ellipse pour trajectoire des planètes ? Pour Whewell, ce sont les controverses qui débouchent sur une clarification des définitions. Peirce s'accorde avec l'historien pour insister sur l'*usage* qui est fait des définitions, donc sur les *propositions* au sein desquelles les définitions peuvent trouver place, seul moyen d'examiner si les conceptions sont « appropriées ». La difficulté qui demeure c'est de savoir comment naissent ces idées appropriées ? Répondre qu'elles proviennent de la « nature de l'esprit » n'est pas satisfaisant. « Nous voulons savoir comment exactement ces idées en sont venues à être implantées dans la nature de l'esprit. » [12] Bien avant la querelle qui opposera Kuhn au positivisme logique, la maxime pragmatiste ouvre ainsi une autre voie que le vérificationnisme porté par les positivistes logiques.

L'intérêt de Peirce pour l'*invention* des hypothèses converge avec l'importance accordée à l'abduction dans le cadre de ses travaux logiques. La déduction et l'induction ne suffisent pas à rendre compte du renouvellement des conceptions scientifiques. L'abduction a vocation à combler ce manque, elle désigne le raisonnement par lequel on adopte une hypothèse pour sa capacité à expliquer certains faits [13]. L'abduction comme l'induction, par différence avec la déduction, est un raisonnements *ampliatif* dont la conclusion va au-delà des prémisses. L'abduction à la différence de l'induction correspond à la recherche des causes d'un phénomène et ne se limite pas à la simple corrélation entre des phénomènes sensibles. Ainsi, faire l'hypothèse de l'existence des atomes constitue bien un « saut » et entraîne au-delà des phénomènes. Dans la *Septième conférence sur le pragmatisme*, Peirce donne

9. *Cf.* C. Tiercelin, « Pourquoi le pragmatisme implique le réalisme », p. 17.
10. *Cf.* B. Gaultier, « Peirce et les deux paquets de cartes : les probabilités peuvent-elles être le guide de la vie ? »
11. *Cf.* M. Girel, « "Éclaircir les conceptions" : Peirce et Whewell, 1869 ».
12. *Ibid.* p. 40.
13. F. Roudaut, « Comment on invente les hypothèses : Peirce et la théorie de l'abduction ».

le schéma de l'abduction : Le fait surprenant C est observé/Or, si A était vrai, C serait ordinaire/Donc, il y a une raison de suspecter que A est vrai [14].

Peirce soutient une conception de la logique comme méthode de la science et c'est dans cette perspective qu'il fait une place à l'abduction sans négliger les difficultés qu'elle soulève. Il opère également un classement des inférences selon deux critères distincts : leur sécurité et leur « uberté » ou fécondité, et estime que les logiciens ont eu le tort de ne s'intéresser qu'au premier des deux. La déduction est parfaitement sûre et d'une fécondité nulle. A l'opposé, la fiabilité de l'abduction est difficile à apercevoir, elle est faible, même lorsque son apport explicatif est important. La question du rapport entre la valeur explicative d'une hypothèse et sa vérité constitue un problème majeur. Rien n'interdit en droit qu'on puisse abduire une hypothèse totalement fantasmagorique. Seules des vérifications expérimentales permettent de valider ou d'invalider l'hypothèse proposée par abduction. Les discussions épistémologiques contemporaines sur l'Inférence à la Meilleure Explication (IME) qui opposent les réalistes aux anti-réalistes font écho à la théorie peircienne de l'abduction, même s'il n'est pas possible d'identifier parfaitement les deux notions.

Est-ce l'attachement à toutes les formes de raisonnement qui conduit Peirce à développer une philosophie du langage ? Il est certain en tous cas que la logique ne peut, de son point de vue, se restreindre à une théorie de la proposition – restriction qui pourrait bien relever d'un préjugé indo-européen – et qu'une classification générale des signes doit être entreprise : la logique doit être une sémiotique [15]. Un signe propositionnel, qui diffère d'une proposition, est un signe utilisé pour produire une assertion. Trois éléments doivent être présents dans ce signe : un élément *iconique* qui désigne le sujet de l'assertion – ce à propos de quoi quelque chose est affirmé; un élément *indiciel* qui désigne ce qui est asserté; un élément *symbolique* qui manifeste qu'on est bien en présence d'une assertion. Icône, indice et symbole ne sont pas des éléments de la proposition elle-même mais constituent les fonctions du mécanisme propositionnel.

Peirce précise et complète progressivement la classification des signes jusqu'à un système de dix classes fondamentales [16]. Loin que celle-ci reste une taxonomie formelle, elle permet de réfléchir à la manière dont les formes signifient. Et de produire, de manière optimale, des signes porteurs d'informations. Il est d'ailleurs remarquable que la sémiotique percienne suscite l'intérêt des designers [17] et de tous ceux qui cherchent à concevoir les modalités d'une communication non langagière [18].

Nathalie Chouchan

14. *Ibid.* cité par F. Roudaut, p. 54.
15. *Cf.* F. Bellucci, « Peirce, philosophe du langage ».
16. *Ibid.* p. 111.
17. *Cf.* « Design et sémiotique », entretien avec Jérôme Vogel.
18. *Cf.* par exemple l'ouvrage récent de l'anthropologue Eduardo Kohn, *Comment pensent les forêts ?*, éditions Zones, 2017.

LISTE DES ABRÉVIATIONS

Dans les articles qui suivent, on a privilégié autant que possible les références à la traduction française des textes de Peirce plutôt qu'à l'original ; quand celle-ci n'était pas disponible, à l'édition scientifique des *Writings* plutôt qu'aux *Collected Papers* ; et dans tous les cas aux textes publiés plutôt qu'à leur source manuscrite.

CP [volume, paragraphe] : *Collected Papers of Charles Sanders Peirce*, vol. I-VI, C. Hartshorne et P. Weiss (éd.), 1931-1935 ; vol. VII-VIII, A. W. Burks (éd.), 1958, Cambridge (Mass.), Belknap Press.

EP [volume, page] : *The Essential Peirce. Selected Philosophical Writings*, N. Houser et C. Kloesel (éd.), vol. 1 : *1867-1893*, 1992 ; vol. 2 : *1893-1913*, 1998, Bloomington / Indianapolis, Indiana University Press.

HPPLS [volume, page] : *Historical Perspectives on Peirce's Philosophy of Science : A History of Science*, C. Eisele (éd.), 2 volumes, Berlin / New York / Amsterdam, Mouton, 1985.

MS [numéro du manuscrit dans le catalogue Robin] et MS L (correspondance) : R. S. Robin, *Annotated Catalogue of the papers of Charles S. Peirce*, Amherst, University of Massachusetts Press, 1967.
La plupart des manuscrits se trouvent à la Houghton Library de l'université Harvard. Il en existe une édition microfilmée, et leur numérisation est en cours sur le site de la Harvard Library.

NEM [volume, page] : The New Elements of Mathematics, C. Eisele (éd.), vol. 1 : Arithmetic ; vol. 2 : Algebra and Geometry ; vol. 3/1 : Mathematical Miscellanea 1 ; vol. 3/2 : Mathematical Miscellanea 2 ; vol. 4 : Mathematical Philosophy, La Haye, Mouton, 1975-1976.

OP [volume, page] : *Œuvres philosophiques*, C. Tiercelin, P. Thibaud et J.-P. Cometti (éd. et trad.), vol. 1 : *Pragmatisme et pragmaticisme*, 2002 ; vol. 2 : *Pragmatisme et sciences normatives*, 2003 ; vol. 3 : *Écrits logiques*, 2006, Paris, Le Cerf.

SS [page] : Peirce, C. S., *Semiotic and Significs : The Correspondence between Charles S. Peirce and Victoria Lady Welby*, C. Hardwick (éd.), Bloomington / London, Indiana University Press, 1977.

W [volume, page] : (1982-2010), *Writings of Charles S. Peirce. A Chronological Edition*, vol. 1 : *1857-1866 ;* vol. 2 : *1867-1871 ;* vol. 3 : *1872-1878*, vol. 4 : *1879-1884*, vol. 5 : *1884-1886*, vol. 6 : *1886-1890* et vol. 8 : *1890-1892*, Indianapolis, Indiana University Press, 1982-2010.

DOSSIER

C. S. Peirce

POURQUOI LE PRAGMATISME IMPLIQUE LE RÉALISME

Claudine Tiercelin

Le pragmatisme est souvent associé au nominalisme. Pourtant, dans l'esprit de son fondateur, C. S. Peirce, le pragmatisme va de pair avec le réalisme. Après avoir examiné les ressorts de ce paradoxe et noté plusieurs points communs aux divers pragmatistes, on présente les grands traits de ce que pourrait être un réalisme pragmatiste bien compris. On suggère qu'un tel réalisme dispositionnel, qui s'inscrit dans une démarche métaphysique et éthique résolue, constitue une voie prometteuse pour qui veut pouvoir donner sens au projet d'une « connaissance » métaphysique et apporter de possibles réponses au cynisme relativiste ambiant.

Introduction : pragmatisme*, métaphysique scientifique et réalisme, une alliance paradoxale

Lorsque l'on pose les termes du débat entre réalisme et anti-réalisme en philosophie des sciences, il est courant d'associer des pragmatistes de tous bords avec telle ou telle forme d'opérationalisme, de vérificationnisme*, d'instrumentalisme, de conventionalisme ou de nominalisme*, relativement à leurs conceptions de la vérité, de la signification, de l'expérience ou de l'enquête* [1] : « Le pragmatisme, écrit William James, s'accorde avec le nominalisme en faisant constamment appel à des particuliers [2]. » Quant à John Dewey, il est généralement associé à l'instrumentalisme. L'alliance entre le pragmatisme et le réalisme a donc de

* Les termes suivis d'un astérisque sont définis dans le glossaire, p. 161.

1. Après tout, comme le rappelle la maxime pragmatiste* « Considérer quels sont les effets pratiques que nous pensons pouvoir être produits par l'objet de notre conception. La conception de tous ces effets est la conception complète de l'objet ». Et donc, si l'on fait dépendre le sens d'un concept de l'ensemble de ses effets pratiques, une ontologie nominaliste paraît naturelle. (OP 1, p. 248 = W3, 266, 1878)

2. Cité par S. Haack, "Pragmatism and Ontology : Peirce and James", *Revue Internationale de Philosophie*, 1977, p. 378.

quoi surprendre, et encore plus si l'on soutient qu'un tel réalisme pragmatiste implique un fort engagement métaphysique.

Pourtant, il est au moins une exception à l'image plus volontiers nominaliste que l'on se fait du pragmatisme : celle de son fondateur lui-même, le logicien et métaphysicien de Milford. Bien que parfois « un peu aveuglé par des préjugés nominalistes » (W8, 136, 1892), Peirce avoue n'avoir « jamais été capable de penser différemment sur cette question du nominalisme et du réalisme » (CP 1.20, 1898), allant même jusqu'à se qualifier de « réaliste scolastique d'une mouture particulièrement extrême » (CP 5.470, c. 1907), un réaliste qui se contenterait d'adapter les vertus de la théorie scotiste aux exigences de la science moderne. Pour Peirce, donc, à tout le moins, il y aurait à l'évidence une « affinité logique » (CP 2.58, 1902) entre le pragmatisme *et* le réalisme, et, allons même plus loin, entre le pragmatisme, le réalisme *et* une métaphysique scientifique réaliste. Pour lui en effet, le pragmatisme est d'abord, non une fin, mais le moyen, une fois la philosophie « purifiée » (OP 2, p. 35 = CP 5.423, 1905), et « tout le fatras déblayé », d'ériger une métaphysique scientifique *réaliste* [3]. Tout en admettant « qu'aucun réaliste, n'est assez stupide pour soutenir qu'aucun universel n'est une fiction » (NEM IV, p. 343), Peirce juge même irrésistibles les raisons d'être réaliste (CP 6.605, 1893), précisant que « tout le monde devrait commencer par être nominaliste » (position plus simple et conforme à ce que prescrit de suivre l'économie de la recherche), « et poursuivre dans cette opinion jusqu'à ce qu'il soit forcé d'y renoncer par la force majeure de faits irréconciliables » (CP 4.5, 1898). Et d'ajouter que « jamais le pragmatisme n'aurait pu entrer dans la tête de quelqu'un qui n'aurait pas été déjà convaincu de l'existence d'universaux réels » (OP 2, p. 109 = CP 5.503, 1902). Ce n'est donc pas en toute rigueur le pragmatisme qui est premier, c'est le réalisme et le projet métaphysique tout entier. Comment s'étonner dès lors qu'un tel projet porte en germe, cette méthode – le pragmatisme – dont le but sera de « clarifier et dans certains cas d'éliminer comme dépourvues de sens des questions métaphysiques traditionnelles [4] » ? En retour, ce n'est sans doute pas un hasard si Peirce devait choisir, avec James et quelques autres, d'intituler, « moitié par ironie, moitié par défi », « Club Métaphysique », ce qui allait devenir le lieu de naissance du pragmatisme.

3. L'attitude de Peirce à l'égard de la métaphysique est, comme on le sait, double. D'un côté, il dénonce l'état « déplorable » et « immature » de la métaphysique (CP 6.2, 1898), dont le pragmatisme est censé nous désencombrer des problèmes. En ce sens, le pragmatisme n'a rien d'une doctrine, d'une *Weltanschauung*, d'une quelconque tentative pour déterminer la vérité des choses (OP 1, p. 374 = CP 5.131, 1903), bref, d'un « principe sublime de philosophie spéculative » (OP 1, p. 265 = CP 5.18, 1903). Ce n'est qu'une « méthode pour établir la signification des mots difficiles et des concepts abstraits » (OP 2, p. 17 = CP 5.6, 1906 ; OP 2, p. 69 = CP 5.464, c. 1907), pour « rendre nos idées claires » et « fixer nos croyances », en évitant de prendre de simples distinctions grammaticales ou conceptuelles pour des distinctions réelles (OP 1, p. 246 = W3, 264-5, 1878). Le pragmatisme ne résout donc aucun problème réel : il montre seulement que des pseudo-problèmes ne sont pas des problèmes réels (OP 2, p. 212 = CP 8.259, 1904). Mais d'un autre côté, Peirce a toujours considéré qu'une telle attitude n'avait rien d'une hostilité définitive à l'égard de la métaphysique. Si « les démonstrations métaphysiques ne sont toutes que poudre aux yeux » (CP 1.7) et pour la plupart « du baratin dénué de sens » (OP 2, p. 35 = CP 5.423, 1905), ce n'est pas dire qu'on ne puisse extraire de la métaphysique une « précieuse essence », qui est bien de « donner vie et lumière à la cosmologie et à la physique ». L'objectif est donc bien d'emblée d'ériger une métaphysique qui sera *et* scientifique *et* réaliste.

4. W. B. Gallie, *Peirce and Pragmatism*, New York, Dover, 1966, p. 11.

Il est évidemment tentant de lever le paradoxe en disant, comme on le fait souvent, non seulement qu'il y a pragmatisme *et* pragmatisme, mais aussi que, s'agissant de Peirce, sa seule vertu, pour reprendre le terme de Rorty, serait au fond d'avoir donné son *nom* au mouvement. Après tout, n'avait-il pas lui-même décidé de se dissocier de la lecture, jugée par lui trop « philistine, humaniste et nominaliste » du pragmatisme, proposée en particulier par Schiller, de « dire adieu à son enfant » et de forger un nouveau terme, le « pragmaticisme* », « suffisamment laid pour échapper aux kidnappeurs » ? Malheureusement, il n'est sans doute pas aussi facile de régler ainsi le problème, car même si certains fossés entre les pragmatistes existent, comme c'est notamment le cas, entre Peirce et Rorty, dont Susan Haack [5] a brillamment montré qu'ils sont en parfaite opposition sur presque tous les sujets, et sans sous-estimer les différences, il y a plus de points communs [6] qu'on ne le dit souvent, entre les pragmatistes classiques (Peirce, James, et Dewey) à tout le moins, mais aussi, comme je l'ai maintes fois souligné, entre les trois auteurs souvent enrôlés sous la bannière pragmatiste, en particulier sur la question du réalisme et de l'antiréalisme, que sont en particulier Ramsey, Wittgenstein ou Putnam.

Ce n'est pas dire, toutefois, qu'il n'y ait pas de réelles différences entre ces auteurs, au premier rang desquelles, précisément, la position adoptée moins *pour* ou *contre* le réalisme que sur le *type* de réalisme revendiqué. Ainsi, après avoir indiqué pourquoi, et sous quelle forme, dans la version de son fondateur, le pragmatisme implique le réalisme, je m'efforcerai de voir dans quelle mesure une telle alliance est moins paradoxale qu'il n'y paraît, avant de proposer les grandes lignes de ce que pourrait être, à mon sens, un réalisme pragmatiste bien compris. Je voudrais notamment suggérer que la défense par Peirce d'une forme de réalisme dispositionnel*, non seulement constitue, comme telle, une attitude pragmatiste pertinente, dont on peut même estimer qu'elle est impliquée par le pragmatisme, mais plus encore, qu'un réalisme de cette nature, qui s'inscrit dans une démarche métaphysique et éthique résolue, constitue une voie prometteuse pour ceux qui, parmi les pragmatistes contemporains, continuent à penser, comme, je crois, ils le doivent, qu'il reste encore beaucoup à faire si l'on veut pouvoir donner sens à quelque chose comme une connaissance métaphysique, mais également trouver, sur le plan éthique, des réponses possibles au cynisme relativiste ambiant.

Pragmatisme *et* Pragmatisme ? Rappel de quelques points communs

Il est évidemment tentant et assez fréquent de dire qu'il y a autant de pragmatismes que de pragmatistes, voire de franches oppositions entre eux. Mais est-ce aussi sûr ? Si on se limite aux pragmatistes classiques, en tout cas, les points d'accord ne manquent pas.

5. S. Haack, "We, pragmatists… Peirce and Rorty in conversation", *The Partisan Review*, vol. LXIV, n° 1, 1997, p. 91-107.

6. Peut-être pour la raison simple et difficile à nier, relevée par Sami Pihlström, que « l'œuvre de Peirce a finalement eu une influence sur la communauté philosophique sans laquelle il n'y aurait rien de tel que le pragmatisme tel que nous le connaissons ». S. Pihlström, "Peirce's Place in the Pragmatist Tradition", *in* C. Misak (dir.), *The Cambridge Companion to Peirce*, Cambridge, Cambridge UP, 2004, p. 28.

En ce qui concerne Peirce et James, par exemple, les affinités sont légion : tous deux attachent de l'importance aux abstractions [7], à la vérité (y compris « absolue »). Bien qu'adoptant le concept d'assertabilité garantie*, Dewey n'en considère pas moins que la définition peircienne du vrai comme « ce à quoi l'opinion finale de la communauté parviendrait » est « la meilleure qu'on puisse donner ». Tous trois sont proches aussi dans leurs analyses du sentiment, de la rationalité, de l'expérience, de l'opposition factice entre fait et valeur, ou de la priorité à donner à l'éthique. Même l'opposition standard entre le pragmatisme « nominaliste » de James et le pragmatiste réaliste de Peirce est problématique [8], la différence entre eux étant moins l'admission par Peirce et le rejet par James de la réalité des universaux, que le refus par Peirce de la possible réduction d'universaux réels à des particuliers. Comme l'a noté Perry [9], James, reconnaissant l'importance des idées générales, « ne fut jamais un nominaliste accompli » et a même approché le réalisme, notamment dans *A Pluralistic Universe*, où il s'efforce de « proposer des universaux et des concepts [10] ». De même, comme l'a noté Seigfried [11], James n'a jamais exclu « la modalité de la possibilité », insistant sur le besoin de « règles générales », même s'il « mettait l'accent sur les conséquences particulières dont on pouvait faire l'expérience dans le futur [12] ». En vérité, considère Rosenthal [13], Peirce s'opposait surtout au pluralisme nominaliste des unités discrètes, le pluralisme jamesien étant plus proche de la doctrine de la continuité [14] et donc du synéchisme* prôné par Peirce lui-même.

Il est aussi courant d'opposer le logicien et anti-psychologue Peirce au psychologue et « mathématiquement imbécile » James. Mais là encore, un examen des textes montre, s'agissant en tout cas de la psychologie, que Peirce est moins opposé à celle-ci (il fut l'un des premiers à introduire Wundt et Fechner aux États-Unis) qu'il ne rechigne à la *Schwärmerei* et aux méfaits de la *Gefühlpsychologie* en logique, dans les sciences, et en métaphysique, car cela incite à penser que les idées générales, la vérité ou les classifications de la réalité sont de purs produits de nos créations, de nos pratiques, et dépendent ou émergent de la seule action humaine, et non de la réalité elle-même. Mais même sur ce plan, comme l'a souligné Putnam [15], James insiste, tout autant que Peirce, sur le fait que nos croyances vraies doivent sinon correspondre, à tout le moins, être en accord avec la réalité. Et cet élément réaliste, chez l'un comme chez l'autre, est constant : tous deux ont une conception très riche de l'expérience, en vertu de laquelle nous expérimentons bel et bien

7. W. James, *The Works of William James*, F. H. Burkhardt, F. Bowers, F. Bowers et I. K. Skrupskelis (éd.), Cambridge, Harvard UP (17 vols.), 1907/1975, 1975-1988 : *Pragmatism* (1907 ; vol. 1 : 1975), p. 40.
8. S. Haack, "Pragmatism and Ontology", art. cit., p. 392-393.
9. R. B. Perry, *The Thought and Character of William James*, vol. 1, London, Humphrey Milford and Oxford UP, 1935/1936, p. 547.
10. *Ibid.*, vol. 2, p. 407.
11. C. H. Seigfried, *William James's Radical Reconstruction of Philosophy*, Albany, SUNY Press, 1990, p. 267.
12. *Ibid.*, p. 399, n. 5.
13. S. Rosenthal, "William James on the One and the Many", *in* K. Oehler (dir.), *William James, Pragmatismus*, Berlin, Akademie Verlag, 2000, p. 94.
14. W. James, The Works of William James, *op. cit.* vol. 1, p. 40.
15. H. Putnam, "William James's Theory of Truth", *in* R. A. Punam (dir.), *The Cambridge Companion to W. James*, Cambridge, Cambridge UP, 2004, p. 166-185.

les choses « comme extérieures », avons avec elles des interactions, sentons leurs impacts sensoriels sur nous, au gré de « transitions médiatisées » et continues entre elles et nous [16]. Bien qu'ils soient tous deux empiristes, et martèlent que la connaissance doit s'appuyer sur l'expérience, ils rejettent la conception atomiste, passive de l'expérience qui se ramènerait à des sensations individuelles éparses, telle que la postule pour une bonne part la tradition empiriste. Aussi réelles soient-elles, les différences entre Peirce et James ne sauraient donc être surestimées [17]. Ce n'est pas dire qu'elles n'existent pas.

Elles concernent d'abord la psychologisation et l'individualisme forcené ainsi induit du pragmatisme, plus coupable au demeurant, pour Peirce, dans le cas de Schiller que de James. Mais ce n'est pas un point mineur, Peirce rejoignant cette fois davantage Dewey, dans son insistance sur le principe *éthique* (voir l'altruisme défendu dans *The Doctrine of Chances* [18]) et *social* de la logique, et sur l'idée d'une communauté, d'une nature collective de la science, qu'il faut très largement entendre comme le lieu de l'*enquête* plus que du système : le pragmatisme n'est pas une « doctrine », un « système de philosophie », c'est seulement « une méthode de penser » (OP 2, p. 192 = CP 8.206, c. 1905), un lieu de coopération et d'interaction [19] dans lequel on teste des expériences en se sentant prêt à tout rejeter par-dessus bord dès que le choc de la réalité, créateur de vrais doutes et non de doutes de papier [20] contraint chacun à réviser ses croyances et permet seul de les « fixer ». Car c'est l'expérience qui nous a appris, note Peirce, que les méthodes d'autorité, de ténacité, de ce qui est agréable à la raison, ne fonctionnent pas. Dans une veine semblable, Dewey qui, dans sa *Logique*, présente la théorie de l'enquête comme un produit de l'épistémologie comme hypothèse, nous apprend « *quelque chose sur la manière de conduire l'enquête en général, et que ce qui s'applique à l'enquête intelligemment menée s'applique à l'enquête éthique en particulier* [21]. »

Dans tous les cas, les pragmatistes insistent sur la priorité du pratique et sur le fait que le but de la pensée est l'action ; même si, chez Peirce, cela s'entend non pas comme le fait que « tout doive être testé par des résultats pratiques » (ce qui est une manière de surévaluer la « Secondéité* ») (CP 8.272, 1902) ou que « l'action (au sens du simple exercice de la force) doive être le but principal de la vie », tant il est vrai que « la fin de l'action n'est action que dans la mesure où elle est une autre pensée ». Tous sont guidés par l'idée d'une rationalité qui ne se réduit pas à une raison instrumentale, mais qui se

16. C. Hookway, *Truth, Rationality and Pragmatism : Themes from Peirce*, Oxford, Clarendon Press, 2000, p. 292.
17. S. Pihlström, "Peirce's Place in the Pragmatist Tradition", art. cit., p. 34-36.
18. W3, 276-289, 1878, loué par Hilary Putnam, *The Many Faces of Realism*, La Salle, Ill., Open Court, 1987, p. 80 *sq.* et *Words and Life*, J. Conant (ed.), Cambridge, Mass., Harvard UP, 1994, p. 160-9. Voir C. Tiercelin, *Le Doute en question. Parades pragmatistes au défi sceptique,* Paris-Tel Aviv, L'Éclat, 2005, p. 146 *sq.* et 173 *sq.* Voir aussi dans ce numéro l'article de Benoit Gaultier p. 67-90.
19. « Pour Peirce ou pour Dewey, l'enquête est une interaction humaine coopérative avec un environnement, et ces deux aspects, intervention active, manipulation active de l'environnement, et coopération avec d'autres êtres humains sont vitaux… Les idées doivent être mises à l'épreuve, si elles veulent démontrer ce qu'elles valent. Dewey et James ont suivi Peirce sur ce point » (H. Putnam, *Pragmatism, an Open Question*, Oxford, Blackwell, 1995, p. 70-71).
20. Sur ce point et les éléments communs à Peirce et à Wittgenstein, voir C. Tiercelin, *Le Doute en question, op. cit.*, chap. 3.
21. H. Putnam, *Philosophy,* Cambridge, Mass., Harvard UP, 1992, p. 186.

développe comme une rationalité à la fois sentimentale et normative. On sait l'importance, pour Peirce, de développer de véritables « sciences normatives* » et, chez lui comme chez James, du « sentiment de rationalité ». Ainsi que le note Putnam, de même que « Peirce était convaincu que la science continuerait à progresser pourvu que nous restions fidèles à l'esprit du faillibilisme* et continuions à nous livrer à l'abduction* et à l'éthique », de même, « James n'est pas moins convaincu que le progrès social résultera de ce même esprit de faillibilisme et des efforts constants que nous consacrerons à l'élaboration et à la défense passionnée d'"idéaux" [22] ».

Si l'individualisme psychologisant est problématique, aux yeux de Peirce notamment, c'est principalement parce qu'il nous expose à l'arbitraire et aux fantaisies des *littérateurs* et au raisonnement de pacotille (*sham reasoning*). Les différences réelles entre les pragmatistes résident donc plutôt dans des différences d'appréciation, toujours vives chez les philosophes et les scientifiques, sur des questions aussi importantes que : faut-il orienter davantage la philosophie vers la littérature ou vers les sciences ? Faut-il sur cette question du réalisme, l'aborder de façon unitaire ou ciblée ? Comment, si l'on admet une forme de réalisme scientifique*, définir celui-ci : comme un réalisme portant sur les entités, sur les théories ? Doit-on considérer que le réalisme scientifique est d'entrée de jeu un engagement métaphysique ? Si oui, quel type de réalisme ontologique doit-on défendre ?

Cinq traits majeurs de la position de Peirce

Or c'est précisément sur tous ces points que, dans l'esprit de son fondateur, le pragmatisme est censé « impliquer » le réalisme. Voyons plus précisément pourquoi et quelle forme particulièrement originale et sophistiquée cela prend.

Pourquoi le pragmatisme implique le réalisme

Pour aller vite, on dira que cinq traits majeurs caractérisent la position de Peirce.

1) Son pragmatisme se présente d'abord comme un instrument thérapeutique lancé à l'assaut du faux réalisme. Avant d'être une doctrine, le pragmatisme, tel que Peirce le conçoit, est introduit en philosophie comme un principe de logique (OP 2, p. 70 = CP 5.465, c. 1907), dont la visée thérapeutique est d'élucider et/ou d'éliminer les pseudo-problèmes dont la métaphysique est encombrée (OP 2, p. 13 = CP 5.2, 1900). Or l'importance, décisive, aussi bien pour la logique que pour la métaphysique et la morale, du problème des universaux n'a d'égale que l'obscurité et l'inintelligibilité des exposés qui lui sont consacrés – notamment en raison des ambiguïtés du langage ordinaire (CP 8.12), l'un des malentendus les plus coriaces étant de croire que la querelle a quelque chose à voir avec des « idées platoniciennes » (CP 8.17) :

22. H. Putnam, *Realism with a Human Face*, Cambridge, Mass., Harvard UP, 1990, p. 411 [trad. fr. *Le Réalisme à visage humain*, Paris, Seuil, 1994, réédition Gallimard, 2011].

On ne doit pas s'imaginer qu'aucun éminent réaliste du treizième ou du quatorzième siècle soutenait qu'un "universel" est ce qu'en français on appellerait une "chose", comme l'avaient fait, semble-t-il, à une époque antérieure, certains réalistes et certains nominalistes aussi ; même si ce n'est pas tout à fait sûr, puisqu'on a perdu leurs écrits. Leur définition même d'"universel" admet qu'il soit de la même nature générique qu'un mot, à savoir ceci : "*quod natum aptum est praedicari de pluribus*". Leur doctrine ne disait pas non plus qu'un "universel" lui-même est réel. Peut-être certains, c'est vrai, le pensaient-ils, mais leur réalisme ne tenait pas dans *cette* opinion ; il tenait en ce que, pour eux, ce que le mot *signifie*, par opposition à ce qu'on peut en dire vraiment, est réel. (CP 1.27n1, 1909)

Il ne s'agit donc pas de déterminer s'il existe des universaux en dehors de nos idées ou de nos mots : l'alternative *esse in anima* ou *esse extra animam* est fausse. Les universaux sont bien des mots ou des concepts : mais ne sont-ils que cela ? (CP 3.460, 1897) Ce qui oppose vraiment les réalistes et les nominalistes, c'est la question du *fundamentum universalitatis* (CP 6.377, 1900 ; CP 6.361, 1900) et le problème correctement posé devient alors : « Le réel, c'est non pas ce qu'il nous arrive d'en penser, mais ce qui reste inchangé par ce que nous pouvons en penser. » (CP 8.12) Ainsi, à la racine de la position métaphysique peircienne, et de l'engagement en faveur d'un certain type de réalisme, se trouve d'abord la conviction d'une fausse opposition entre le réalisme métaphysique* (ou platonisme) et le nominalisme. La plupart des nominalistes sont en fait des « platonistes » déguisés qui s'imaginent que les choses existent « indépendamment de toute relation à la conception qu'en a l'esprit ». (CP 8.13) À l'opposé, pour le réalisme scolastique qui est la position réaliste correcte, il n'est pas d'entités universelles ou singulières totalement indépendantes du langage et de la représentation. On ne doit pas s'imaginer pouvoir parvenir à des premiers simples, ultimes, inanalysables. Dès 1868, Peirce dénonce violemment cette illusion dans sa critique de toutes les formes possibles de fondationnalisme*[23].

2) Une conséquence décisive de cette position, directement issue, notons-le bien, du pragmatisme, est que tout réalisme authentique se présente avant tout comme un réalisme *sémantique*[24]. L'éloge que fait Peirce des médiévaux, réalistes et nominalistes confondus, est éloquent : tous ont mis l'accent sur l'impossible relation de correspondance entre les mots et les choses[25]. En

23. C. Tiercelin, « Le vague est-il réel : sur le réalisme de C. S. Peirce », *Philosophie*, 1986, p. 69-96 ; pour la version anglaise, "Vagueness and the unity of Peirce's realism", *Transactions of the C. S. Peirce Society*, vol. 28, n° 1, 1992, p. 51-82 ; et dans le même volume, S. Haack, "Extreme Scholastic Realism : Its relevance to philosophy of science today", *Transactions of the C. S. Peirce Society*, vol. 18, n° 1, 1992, p. 22-23.

24. À cet égard, il est un peu amusant d'entendre certains jeunes néo-pragmatistes (qui appellent à un nouveau tournant « expérientialiste ») se plaindre d'un supposé tournant linguistique « récent » qu'auraient orchestré certains philosophes pragmatistes (dans le sillage principalement de R. Rorty, puis de R. Brandom et de H. Price). Même s'il existe bien sûr d'importantes différences entre ces derniers (et entre leurs positions respectives sur la question), et le tournant linguistique déjà opéré par C. S. Peirce (suivi en cela par Ramsey ou par Wittgenstein), il semble bien que ce soit là dans l'esprit de tous, un point de départ incontournable.

25. Voir C. Tiercelin, *La pensée-signe : études sur Peirce*, Nîmes, éditions J. Chambon, 1993 [épuisé], version en ligne : http : //books.openedition.org/cdf/2209 ; « L'influence scotiste dans le projet peircien d'une métaphysique comme science », numéro spécial consacré à Jean Duns Scot et la métaphysique classique, *Revue des Sciences Philosophiques et Théologiques*, t. 83, n° 1, 1999, p. 117-134 ; C. Tiercelin, "The importance of the medievals in the constitution of Peirce's semeiotic and thought-sign theory", *Semiotics and Philosophy in Charles Sanders Peirce*, R. Fabbrichesi Leo et S. Marietti (ed.), Cambridge, Cambridge Scholars Press (UK), 2006, p. 158-183 en particulier.

identifiant l'être à l'intelligibilité et à la prédicabilité, le réalisme naïf qui présente la réalité comme radicalement indépendante de l'esprit est absurde. « Le réel est ce qui *signifie* quelque chose de réel » (OP 1, p. 75 = CP 5.320, 1868). Tout réalisme métaphysique (ou « platoniste ») est d'emblée ridiculisé. On retrouvera des arguments voisins dans le rejet par Putnam du réalisme métaphysique (ou externalisme) assorti de sa première défense, en 1981 [26], du réalisme interne* et de la relativité conceptuelle [27]. Incidemment, telle est aussi l'une des raisons pour lesquelles Peirce ne trouve rien à objecter à la position « idéaliste » de Berkeley, considérant même que le pragmatisme doit aller dans le sens d'une forme ou une autre d'idéalisme « objectif [28] ».

Notons au passage la magistrale leçon donnée, ici encore, en matière de méthode métaphysique : comme le soulignent maints métaphysiciens aujourd'hui, il faut toujours commencer par sécuriser le niveau sémantique et la signification des énoncés par lesquels nous attribuons des propriétés aux choses. Ceux qui, notamment, veulent soutenir (à bon droit, me semble-t-il, comme le pensait aussi Peirce) que les dispositions* sont des propriétés *réelles*, doivent être très clairs sur le sens qu'ils donnent à une telle assertion. De fait, toute analyse sérieuse du rôle et de la nature des dispositions doit commencer par une analyse sémantique des *prédicats* dispositionnels, ainsi que le rappelle cet ardent défenseur des dispositions qu'est Hugh Mellor [29], et, en particulier, se doit d'élucider les raisons pour lesquelles la réduction des attributions dispositionnelles à des conditionnels ne semble pas fonctionner (du fait, par exemple, de cas tels que les leurres ou les antidotes), ou pour lesquelles encore les énoncés de réduction ne peuvent « tout » nous dire sur ce que signifient les prédicats dispositionnels. Car il est douteux que nous comprenions ce que veut dire « courageux », au seul motif que nous connaîtrions toutes les manifestations du courage et serions capables d'en résumer tous les énoncés de réduction : comme le martèle Peirce, une disposition est, par essence, irréductiblement générale et indéterminée, et ne peut se réduire à la simple conjonction de ses occurrences.

Une disposition est, par essence, irréductiblement générale et indéterminée

3) Le troisième trait du pragmatisme réaliste est de se présenter comme un réalisme *scientifique*. Pourquoi une analyse logique et sémantique préalable s'impose-t-elle en effet ? Pour une raison parfaitement identifiée par Peirce, celle-là même qui le conduit à la formulation de la maxime pragmatiste*. Nous sommes trop prompts à prendre des distinctions formelles pour des distinctions réelles : or ce que nous recherchons, ce sont des *propriétés* réelles, et non de simples *prédicats*, et les propriétés ne sont pas simplement données par la *signification* de nos prédicats :

26. H. Putnam, *Reason, Truth and History*, Cambridge/New York, Cambridge UP, 1981.
27. Pour l'analyse détaillée des versions respectives de Peirce et de Putnam, voir C. Tiercelin, *Hilary Putnam, l'héritage pragmatiste*, Paris, P.U.F., 2002, chap. 1 et 2.
28. Sur Berkeley, voir C. Tiercelin, « Peirce et Berkeley : l'esprit et les signes », *Cahiers du groupe de recherches sur la philosophie et le langage*, n° 8, 1987, p. 23-48; et sur l'idéalisme « objectif », C. Tiercelin, "Peirce's objective idealism : a defence", *Transactions of the C. S. Peirce Society*, n° 1, 1998, p. 1-28.
29. D. H. Mellor, "In defense of dispositions", *Philosophical Review*, 83, 1974, p. 157-181.

> N'importe qui peut penser que "le" est un mot français ; ce n'est pas cela qui fera de lui un réaliste. Mais s'il pense, que le mot "dur" soit lui-même réel ou pas, que la propriété, le caractère, le prédicat *dureté* n'est pas une invention des hommes, comme l'est le mot, mais se trouve réellement et vraiment dans les choses dures, et unique en elles toutes, sous la description d'une habitude, d'une disposition, ou d'un comportement, *alors*, oui, il *est* réaliste (CP 1.27n1, 1909).

En d'autres termes (pragmatistes), ce que nous voulons, c'est qu'un énoncé conditionnel et non vérifonctionnel tel que « si x tombait, il se briserait » comporte un vérifacteur (*truthmaker*). Comme l'a souligné Susan Haack [30], le réalisme scolastique relève bien pour Peirce, d'une métaphysique *scientifique ;* il s'agit d'une hypothèse abductive supérieure, qui n'a rien d'un pur choix a priori ou d'une affaire de goût, mais qui est absolument nécessaire si l'on veut « expliquer comment la science est possible » (CP 1.20, 1903 ; OP 2, p. 35 = CP 5.423, 1905) : ce que cherche la science ce n'est pas seulement à décrire, c'est à expliquer les phénomènes naturels : entreprise qui serait vouée à l'échec s'il n'y avait pas de lois réelles à découvrir, ce qui de nouveau présuppose l'existence d'espèces réelles de choses dans le monde. Il ne s'agit pas seulement d'énoncés vrais de régularité, mais de lois authentiques, de généralisations vraies pour toutes les instances non seulement actuelles mais possibles, de nature donc à nous dire *ce qui arriverait si...* et pas seulement *ce qui arrive lorsque...* ; sans quoi la *prédiction* serait impossible, et l'induction sans fondement. Certes, le tableau nominaliste est plus simple, mais « il ne peut expliquer comment l'enquête scientifique est possible [31] ». Et c'est pourquoi, contrairement par exemple à la thèse ryléenne et contre-intuitive selon laquelle tant qu'une chose fragile a et une chose non fragile b ne tombent pas, il n'y a aucune différence factuelle entre elles, il faut dire que si a est fragile et que b ne l'est pas, alors, qu'elles tombent ou non, elles doivent bien différer en quelque façon, la différence la plus évidente consistant dans le fait que a a la propriété d'être fragile, ce que n'a pas b.

Or dès 1878, Peirce a jeté les bases de la méthode à suivre dans les sciences pour déterminer la vérité d'une proposition donnée : le sens de celle-ci est lui-même donné dans une autre proposition, laquelle n'est qu'une description générale de tous les phénomènes expérimentaux virtuellement prédits par la proposition initiale (OP 2, p. 37-38 = CP 5.427, 1905 ; OP 2, p. 26 = CP 5.412, 1905). Ainsi, le sens du terme « dur » ou de la proposition « ceci est dur » se traduira par « non rayable par d'autres substances », ou comme « ceci ne sera pas rayé par maintes autres substances ». En outre, comme l'autorise l'identification de toute proposition catégorique à une hypothétique ou conséquence, la proposition peut se traduire par un ensemble de conditionnels dont l'antécédent prescrit les opérations à effectuer et le conséquent, les résultats observables qui s'ensuivront si ces opérations sont effectuées et si la proposition est vraie. Mais, et c'est crucial pour comprendre la nature de son *réalisme dispositionnel*, Peirce renonce vite à la lecture indicative (ou à l'interprétation matérielle ou philonienne*) du conditionnel (aux accents opérationnalistes et vérificationnistes) pour une lecture subjonctive du conditionnel :

30. S. Haack, "Extreme Scholastic Realism", art. cit., p. 24.
31. *Ibid.*, p. 25.

> Je suis moi-même allé trop loin en direction du nominalisme quand j'ai dit que c'était purement et simplement une question de commodité de langage qui nous faisait dire qu'un diamant est dur quand on n'appuie pas dessus, ou qu'il est mou jusqu'à ce qu'on ait appuyé dessus. Je dis *maintenant* que l'expérimentation prouvera que le diamant est dur, comme un fait positif. C'est-à-dire que c'est un fait réel qu'il résisterait (*would resist*) à la pression, ce qui revient à un réalisme scolastique extrême (OP 2, p. 191-206 = CP 8.208, c. 1905).

L'énoncé des conditionnels devient dès lors synonyme de l'expression d'une *loi* (ou habitude) qui gouverne l'expérience et qui constitue le sens ultime de la proposition (OP 2, p. 95 = CP 5.491, c. 1907) :

> Dire qu'un corps est dur ou rouge, ou lourd, ou d'un poids donné, ou qu'il a toute autre propriété, c'est dire qu'il est soumis à la *loi* et qu'il est donc un énoncé se rapportant au futur (OP 2, p. 145 = CP 5.545, 1902).

Aussi le réaliste scolastique considérera-t-il « une loi de la nature comme réelle et comme ayant une sorte de *esse in futuro* » (OP 1, p. 294 = CP 5.48, 1903), mettant ainsi « en avant l'espèce d'universaux auxquels la science moderne accorde le plus d'attention » (CP 4.1, 1898). Cet universel, Peirce l'appelle aussi la troisième catégorie, ou Tiercéité* (*Thirdness*). Il implique notamment qu'il est impossible de réduire tout énoncé de la maxime pragmatiste à une somme finie d'expériences singulières – on ne parle que d'*espèces générales* de phénomènes expérimentaux (OP 2, p. 37 = CP 5.425, 1905; CP 6.327, 1907; CP 8.216-17, c. 1910); mais aussi que les universaux ne sont pas de simples créations mentales : ce sont *des principes actifs dans la nature.* Peirce insiste sur le caractère nomologique de la régularité, de cette « tendance » ou « disposition à agir », « habitude » ou encore « *would-be** », qu'il est possible de décrire en termes généraux (OP 2, p. 135-136 = CP 5.538, 1902; CP 2.664, 1910)[32]. À l'évidence, le réalisme *scientifique* est assumé par le réalisme *dispositionnel.*

4) Mais Peirce estime qu'un pas supplémentaire est encore nécessaire en direction de l'intelligibilité; ce pourquoi le réalisme *scientifique* doit prendre un tournant *métaphysique*, et s'engager en faveur de *possibilia métaphysiques réels.* Car si la signification d'une proposition ne peut se réduire à des événements *individuels actuels*, mais implique des *relations* entre des événements, alors il faut admettre que le *possible* est réel. Comme je l'ai souligné il y a un certain temps déjà, l'originalité du réalisme scolastique peircien réside dans cet accent qui est mis sur une indétermination irréductible aux deux extrêmes, si l'on peut dire, du processus de connaissance comme enquête : l'irréductibilité et la réalité de la Tiercéité (*Thirdness* ou généralité), d'une part, celles de la Priméité (*Firstness*, vague ou spontanéité), d'autre part. Cette indétermination irréductible, sous les deux formes que sont ainsi la généralité et le vague ne signifie pas seulement que notre tendance à généraliser, à prendre des habitudes est réelle et *continue*, elle veut aussi dire que le vague, lui-même, est réel, en d'autres termes, cet élément de possibilité, de spontanéité ou d'aléatoire inscrit au cœur même de l'habitude et qui ne saurait être réifié. Par cette thèse, qui prend le nom de *tychisme**,

32. C. Tiercelin, « Le vague est-il réel », art. cit. et "Vagueness and the unity of Peirce's realism", art. cit.

Peirce soutient donc aussi que « le hasard absolu est un facteur de l'univers » (CP 6.201, 1897), le troisième élément de sa cosmologie synéchiste* et tychiste étant l'*agapisme**, l'évolution sans laquelle on ne pourrait donner de sens au passage du vague au défini (CP 6.191, 1897)[33].

5) Sans doute tenons-nous là les raisons pour lesquelles Peirce a pu se sentir proche, d'emblée, tout en s'en séparant, de Duns Scot[34]. Plusieurs aspects du réalisme scotiste sont en effet de nature à retenir son attention.

D'abord, l'insistance, maintes fois réitérée par le Docteur Subtil, sur la nécessité de ne pas confondre le réalisme avec une forme ou une autre de *réisme**. On l'a souvent noté : il n'y a pas chez lui de réisme de l'universel ou de la Nature Commune ; l'universel n'est pas dans les choses, c'est seulement un universel de la communauté, que l'on peut dégager à titre de condition de possibilité du réel. Peirce reprend la tripartition, elle-même fortement inspirée – bien que modifiée – d'Avicenne, que Duns Scot effectue entre l'universel métaphysique, l'universel logique, et l'universel physique. L'universel métaphysique est la Nature Commune ou Essence existant dans une pluralité d'individus de même espèce, non pas sous la forme d'une existence actuelle dans des objets physiques concrets, mais telle quelle, indépendamment de toute concrétisation, dans son état d'indétermination ou d'indifférenciation positive. La Nature Commune n'est donc ni un singulier doté d'une unité numérique, ni un universel qui n'aurait d'autre unité que celle de la prédicabilité logique, c'est un « entre-deux » ne se confondant avec aucun des deux et ne s'y réduisant pas davantage : car l'universel physique est le résultat de la contraction de la Nature Commune dans son état originel d'indétermination sur le mode de l'individualité, par addition du principe d'individuation qu'est l'*haecceitas** à la Nature Commune. L'universel logique, quant à lui, confère à l'universel métaphysique son unité logique ou intellectuelle mais sans lui conférer sa communauté réelle ou métaphysique (OP 1, p. 144 *sq.*). Suivant Duns Scot, Peirce va admettre certaines réalités ou formalités métaphysiques, qui ne se réduisent ni à des supposits physiques, ni à des noms conventionnels puisque leur unité réelle, bien que découverte par l'intellect, n'est pas produite par lui. Une distinction s'impose entre généralité logique et communauté réelle. Partant, tout réalisme digne de ce nom doit se définir comme un réalisme anti-réductionniste ou un réalisme de l'indéterminé (ou du vague), sur les trois plans logique, épistémique *et* ontologique. Critiquer le nominalisme, ce sera refuser toutes les formes de réductionnisme. C'est une telle indétermination de l'*ens reale* (que Duns Scot avait lui-même reprise d'Avicenne) dont Peirce juge qu'elle constitue l'un des aspects les plus importants de l'établissement par Scot de la réalité des universaux (OP 1, p. 146 = W2, 472, 1878).

L'universel métaphysique est la Nature Commune ou Essence

Mais Peirce retient une deuxième idée scotiste : à savoir que le *quod quid est** est antérieur à ses manières d'être (*equinitas est equinitas tantum*), et

33. *Ibid.*

34. Sur les liens avec Duns Scot, voir J. Boler, *Charles Peirce and Scholastic Realism : a Study of Peirce's Relation to John Duns Scotus*, Seattle, University of Washington Press, 1963 ; et C. Tiercelin, « L'influence scotiste dans le projet peircien d'une métaphysique comme science », art. cit.

que c'est lui qui est l'objet propre du métaphysicien, car il est en puissance de détermination, à égale distance du physicien qui le considère dans ses déterminations concrètes, et du logicien qui le considère comme déterminé à l'universalité. Telles sont bien les caractéristiques de l'universalité réelle que Peirce pense retrouver dans la connaissance – « Puisqu'aucune connaissance que nous pouvons avoir n'est absolument déterminée, les universaux doivent avoir une existence réelle » (OP 1, p. 69 = W2, 239, 1868) – et, de façon générale, dans la pensée qui s'exprime à travers les signes et le progrès scientifique. Car ce qui intéresse le savant ou le mathématicien, dans une expérimentation, ce n'est pas tel ou tel morceau d'or ou d'acide : ce n'est pas l'échantillon particulier que recherche le chimiste, c'est la structure moléculaire (CP 4.530, 1906), bref, une certaine nature qui n'est en soi ni particulière ni universelle, ni particulière parce que le cas singulier n'est qu'une contraction de cette nature, ni universel parce que l'universalité n'est pas actuelle mais potentielle, sous la forme d'une habitude, d'une disposition ou d'une tendance prédicable (OP 2, p. 37 = CP 5.425, 1905).

Pourtant, Peirce finit par trouver Duns Scot trop modéré et finalement proche des nominalistes. Car l'universalité réelle ne doit pas être indéterminée que relativement à l'esprit : elle doit l'être *in re**. Or Duns Scot contracte les universaux sur le mode de l'individualité dans les singuliers, ce que « le pragmatiste ne peut admettre » (OP 2, p. 193 = CP 8.208, c. 1905). Il faut, au contraire, affirmer la réalité de la loi, de la médiation ou de la généralité. L'universel *in re* n'est donc pas un singulier qui aurait quoi que ce soit de commun avec tous les singuliers de son espèce, c'est la loi, la vraie question n'étant plus alors de savoir si les universaux sont réels, mais si « les lois ou les types généraux sont des fictions de l'esprit ou sont réels » (CP 1.16). En effet, malgré les modifications introduites dans sa logique, notamment à partir de 1885, où apparaissent des indices et les premiers linéaments d'une théorie de la quantification, malgré l'importance croissante que prend aussi au niveau phénoménologique (ou phanéroscopique) la deuxième catégorie, celle de l'existence ou de la réaction, Peirce continue de soutenir qu'un individu logique déterminé est impossible (W2, 389-90). Mais comment alors démontrer que les lois ou les principes généraux sont réellement opératoires dans la nature (CP 5.111, 1902) ? La séparation d'avec Scot intervient ici : car déterminer comment et pourquoi les universaux sont réels, c'est montrer qu'ils ne peuvent se réduire à ce que nous pouvons en *penser* ou en *dire*. Nominaliste, Duns Scot l'est trop, finalement, qui conclut trop vite de la logique à la physique et contracte l'universel dans l'*haecceitas*. Le tort des scotistes est bien de forger de « vaines distinctions logiques, excluant toute enquête physique » (CP 6.361, 1900). Or la réalité ne découle pas, *ipso facto*, de l'existence du terme adéquat. On ne saurait plaquer des classifications logiques sur la réalité en faisant fi des leçons de l'expérience. Seules les découvertes de la science permettent de montrer que des choses qui ont le même nom sont réellement semblables, qu'il y a des lois réelles et non pas simplement des uniformités accidentelles. « La question du réalisme et du nominalisme [... c'est] la question de savoir dans quelle mesure les faits réels sont analogues à des relations logiques et pourquoi » (CP 4.68, 1894). Au pragmatisme alors, de faire la bonne suture et de poursuivre l'héritage scotiste, mais en l'adaptant aux exigences de la science moderne. Car, Peirce en est convaincu depuis sa lecture de *Scientific Theism* de F. E. Abbott, « la science a toujours été, en son cœur, réaliste et elle doit le rester » (CP 1.20, 1903).

Encore faut-il, pour établir que les principes logiques ne sont pas « uniquement valides de façon régulative mais comme des vérités d'être », partir de la logique. Rappelons en effet l'une des deux idées-forces du pragmatisme, qu'il est « entièrement issu de la logique formelle », et pour la deuxième, que « toute pensée est en signes » : nous est ainsi livrée la méthodologie pragmatiste *incontournable*, seule manière de vaincre la citadelle du nominalisme (CP 4.1, 1898). Avouant faire partie de ce « groupe infortuné » qui, « dans le monde philosophique », est gouverné par cette « conviction malheureuse » qui le force à « fonder la métaphysique sur la logique formelle » (NEM IV, p. 167), Peirce croit pouvoir trouver la confirmation de tout ceci dans la logique des relatifs (CP 4.1, 1898). D'abord, parce que celle-ci fait apparaître que les relations sont aussi fondamentales que les qualités et pourraient bien constituer l'essence de l'objet. Même si les scolastiques reconnaissent l'importance des habitudes et des dispositions, leurs « formes » restent trop statiques pour révéler cette structure relationnelle (CP 8.18). Au lieu de chercher une essence qualitative d'où découlerait le comportement de la chose, Peirce va donc désormais identifier l'essence de la chose à la somme d'habitudes qu'elle renferme. Mais la logique des relatifs a également permis parallèlement aux recherches en mathématiques, de souligner l'importance capitale de la continuité : « ... et ainsi le continuum est ce que la logique des relatifs révèle comme étant le *véritable* universel, car aucun réaliste n'est assez stupide pour soutenir qu'aucun universel n'est une fiction » (NEM IV, p. 343). La continuité devient ainsi la catégorie troisième par excellence (CP 1.337 ; CP 4.172, 1897), et un « élément indispensable de la réalité » sous la forme de la doctrine synéchiste (CP 1.172, 1893), à savoir, « la doctrine selon laquelle tout ce qui existe est continu ». D'où le changement nécessaire de formulation de la problématique des universaux et de ses vrais enjeux désormais :

> Quelle était donc la question du réalisme et du nominalisme ? Je ne vois aucune objection à la définir comme celle de savoir ce qui vaut mieux : les lois ou les faits soumis à ces lois... Il a toujours été entendu qu'il y a d'autres universaux que les genres et les espèces, et en utilisant le mot loi ou régularité, nous mettons au premier plan le genre d'universaux auxquels la science accorde le plus d'attention (CP 4.1, 1898).

Nous avons là, me semble-t-il, nombre d'ingrédients pour développer, au sein même d'un cadre pragmatiste, un beau programme réaliste dispositionnel, proche de celui que j'ai moi-même suggéré dans *Le Ciment des choses* [35], et dont je voudrais à présent esquisser les possibles grandes lignes.

35. C. Tiercelin, *Le Ciment des Choses*, Paris, Éditions d'Ithaque, 2011.

Fécondité d'un réalisme pragmatiste inspiré de Peirce

La courte présentation qui vient d'être faite aura fait apparaître, je l'espère, qu'une composante importante de la métaphysique scientifique réaliste peircienne tient à l'accent mis sur l'aspect *dispositionnel* de la réalité et de ses propriétés. Un tel projet permet à Peirce, à travers la version « réaliste scolastique » qu'il en suggère, d'être un vrai « réaliste » relativement aux dispositions (qui ne sont pas de simples fictions), tout en évitant les problèmes sérieux qui se posent au monisme dispositionnel (ou pandispositionnalisme*) [36]. C'est aussi la voie que j'ai moi-même suggérée, en l'adossant à quatre thèses principales : 1) Une théorie causale des propriétés. 2) Une analyse dispositionaliste conditionnelle des lois. 3) L'insistance au moins autant que sur la causalité efficiente, sur certains aspects, peut-être téléologiques, de la causalité. 4) Une forme d'*aliquidditisme* (ou essentialisme* « mince [37] »).

Très brièvement, de ce réalisme dispositionnel se dégagent en effet cinq caractéristiques majeures qui sont d'être :

1) Un réalisme dispositionnel *scolastique.* Il y a des universaux réels, lesquels s'entendent avant tout, non pas comme des universaux platonistes indépendants non instanciés (réalisme métaphysique), mais en un sens plutôt aristotélicien ou scotiste : le réel se définit comme ce qui *signifie* quelque chose de réel.

2) Un réalisme dispositionnel *sémantique.* Il nous faut d'abord élucider le sens de nos concepts, en particulier, le concept de causalité, et déterminer aussi le sens de nos attributions dispositionnelles.

3) Un *réalisme* dispositionnel. Il vise des *propriétés* réelles et non de simples *prédicats.*

4) Un réalisme dispositionnel *scientifique.* Il s'agit d'une hypothèse abductive appelée par la nécessité explicative de la science, et qui présuppose aussi que certains universaux sont réels.

5) Un réalisme dispositionnel *scientifique* et *métaphysique*, proche, à bien des égards, d'une forme de réalisme structurel relationnel*, mais qui invite à une redéfinition *et* de l'essence *et* des lois. Un tel réalisme dispositionnel est *essentialiste* bien que non *substantialiste :* « l'essence » y est moins vue comme une *quidditas** statique, une pure espèce naturelle, un simple faisceau d'habitudes, que, de manière plus « mince », comme un *aliquid** habituel ou dispositionnel. Les dispositions importent, mais les lois aussi, au double sens suivant : les dispositions trouvent leur intelligibilité dans la nécessité *conditionnelle* des lois ; à leur tour, les lois ne sont une description vraie du

36. Maintes stratégies ont été proposées, en effet, pour répondre à de tels défis, et parmi les plus convaincantes, bien que comportant leurs difficultés propres, la stratégie sémantique mais dispositionnaliste que suit H. Mellor, ou encore la solution préconisée par S. Mumford d'une approche fonctionnaliste des dispositions couplée à une ontologie moniste neutre (*Dispositions*, Oxford, Oxford UP, 1998) mais qui va plus récemment jusqu'à s'engager en faveur d'une conception du monde réaliste et non nomologique (S. Mumford, *Laws in Nature*, London, Routledge, 2004). On notera encore l'essentialisme dispositionnel ou plutôt « relationnel » défendu par A. Bird (*Nature's Metaphysics : Laws and Properties*, Oxford, Clarendon Press, 2007) bien qu'avec des nuances : dans un cas comme dans l'autre, c'est un peu comme si chacun des philosophes voulait simultanément poursuivre une voie foncièrement dispositionnaliste, tout en s'arrêtant en chemin, en se demandant en définitive jusqu'où ils se sentent vraiment prêts (et plus encore autorisés) à aller dans leur stratégie.

37. C. Tiercelin, *Le Ciment des Choses*, *op. cit.*, p. 247-359.

monde que pour autant qu'elles se fondent sur ce que les choses *peuvent* ou plutôt *pourraient* faire (au sens de *possibilia métaphysiques réels,* qui sont *nécessaires* bien que découverts a posteriori).

Mais pourquoi privilégier cette forme *d'essentialisme dispositionnel mince ?* Et comment l'entendre ? Car il faut être clair sur le sens de ce *fundamentum* des réalités dispositionnelles ainsi mises en avant. Si nous ne concevons un tel essentialisme que comme une stratégie méthodologique naturelle (ou parce que, à l'instar de George Molnar [38], nous jugeons tellement « contre-intuitif » l'anti-essentialisme), nous ne faisons que la moitié du chemin. Ou encore, si nous adoptons une position comme l'essentialisme scientifique d'un Brian Ellis [39], nous risquons fort de ne pas trouver ce que nous cherchons, non pas parce que le concept d'essence auquel Ellis recourt serait mystérieux, mais plutôt parce que ce concept repose davantage sur celui de *nécessité* et confond deux choses :

> Df_1 : *F* est une propriété nécessaire de *a* ssi *a* a *F* dans tous les mondes possibles qui incluent *a*.
>
> Df_2 : *F* est une propriété essentielle de *a* ssi être *F* est constitutif de l'*identité* de *a*.

De même, le concept de « nécessité naturelle » introduit par S. Mumford [40] pour fonder son réalisme non nomologique ne permet pas d'identifier la nature essentiellement dispositionnelle des propriétés. Il est de surcroît douteux que les pouvoirs causaux puissent *d'eux-mêmes* suffire et nous dispenser des lois. Nous avons besoin de lois, et qui plus est, si telle ou telle forme d'essentialisme dispositionnel est juste, très probablement (au moins pour certaines d'entre elles), de lois de la nature *nécessaires*, et non pas contingentes.

Ici encore, il peut être utile de se souvenir du type d'entités que Peirce avait à l'esprit, lorsqu'il faisait référence à des *possibilia* réels, à des « would-be », ou à des « dispositions » et insistait sur le caractère « habituel » ou « dispositionnel » de l'essence, conception en laquelle il ne voyait qu'une adaptation à la science moderne de l'intuition scotiste [41]. Pour la plupart des scolastiques, et notamment pour Duns Scot, ce n'est pas tant qu'il faille considérer l'essence, sous deux chefs, dans les choses et dans l'intellect. C'est plutôt qu'il vaut mieux la prendre comme telle, dans son essentialité pure, *ni* universelle, *ni* singulière, envisager donc l'essence (ou, pour parler comme Avicenne, la « Nature Commune ») dans sa *neutralité*, dans son *indétermination* ou *indifférence* positive à toute détermination possible ultérieure. Pour Duns Scot, les réalités formelles ou métaphysiques ne sont pas ce qu'on appelle aujourd'hui des « talités* primitives », précisément parce qu'elles sont en attente d'une détermination *physique* ou *logique* ultérieure. Il s'agit moins de penser l'essence indépendamment de ses propriétés (qui, à proprement parler, lui appartiennent) et donc de distinguer l'essence de ce qui en fait une substance particulière, que de montrer comment ce qui est plus un *aliquid* qu'une *quidditas* ou un *substratum* sans substance est nécessaire pour *fonder,*

38. G. Molnar, *Powers : A Study in Metaphysics,* Oxford, Oxford UP, 2003.
39. B. Ellis, *Scientific Essentialism,* Cambridge, Cambridge UP, 2001.
40. S. Mumford, *Laws in Nature, op. cit.*
41. Voir M. Raposa, « Habits and Essences », *Transactions of the C. S. Peirce Society,* vol. 20, n° 2, p. 154 *sq.*

ensuite, au niveau logique, l'universalité logique, et au niveau physique, la quiddité des choses. Partant, être réaliste, ce n'est ni hypostasier des essences platoniciennes, ni développer un essentialisme simplement dénué de la forme substantielle aristotélicienne : c'est d'abord savoir distinguer réalité logique et communauté réelle, préserver l'irréductibilité de la Nature Commune qui, en soi, n'est ni universelle, ni singulière, bien qu'elle soit universelle dans l'esprit, et singulière dans les choses extérieures à l'esprit.

Le « quidditisme* » est une position qui n'a guère bonne presse en métaphysique. Pour ses critiques, que sont en particulier les structuralistes causaux, les quiddités, comme l'a observé John Hawthorne [42], sont une sorte de « feu follet » : manière de dire que j'aurais pu tout aussi bien être un œuf poché, du moment que mon haeccéité était présente. Mais il y a là précisément une confusion voire un total malentendu sur ce que signifiaient pour les scolastiques la quiddité et l'haeccéité ; car, contrairement à ce que l'on entend aujourd'hui par haeccéitisme, l'haeccéité fut introduite par Duns Scot pour différencier, formellement, le singulier de l'universel ou de la Nature Commune. Il estimait aussi que pour être au clair sur les entités qui peuplent notre monde, il ne faut pas confondre les plans logique, physique et métaphysique de nos investigations, afin d'établir le bon alphabet de l'être (lequel peut révéler qu'existent plus d'une ou deux sortes de « propriétés essentielles »). Et en particulier, s'agissant de ce dernier point, même si (comme le soutiennent tant Duns Scot que Peirce) les essences matérielles sont *dispositionnelles*, il ne s'ensuit pas nécessairement que *toutes* les propriétés dispositionnelles soient essentielles. Que « X soit dur » n'est pas nécessairement essentiel à X, même si la dureté est une propriété dispositionnelle qui a le pouvoir causal de faire que X se comporte de telle ou telle manière prévisible [43]. Plus spécifiquement, nous pouvons identifier la nature réelle d'une chose (la « signification » du concept de cette chose) avec l'ensemble complet des habitudes qui régissent son comportement (en ne distinguant plus dès lors l'essence et les accidents de la chose).

Comment parvenir à un monde essentialiste correctement réalisé et non à une simple mosaïque d'essences ?

Mais alors, pour parvenir à un monde essentialiste correctement réalisé, et non à une simple « mosaïque » d'essences, quiddités statiques simplement fixées par une « colle » mystérieuse, il faut pouvoir rendre compte de ce qui « lie » réellement les différentes essences entre elles, car si toutes les propriétés se définissent *essentiellement* comme dispositionnelles, comme étant donc entièrement réductibles à des sommes de pouvoirs causaux, comment ces pouvoirs se lieront-ils à leur tour entre eux ? Et comment seront-ils vraiment *causaux ?* Il se pourrait bien que l'explication exige donc quelque chose de plus que, premièrement, des espèces naturelles, et que, deuxièmement, une causalité simplement efficiente.

42. J. Hawthorne, « Causal structuralism », *Philosophical Perspectives* 15, 2001, p. 361-378.

43. M. Raposa, « Habits and Essences », art. cit., p. 158.

S'agissant du premier point, en effet, si nous n'avons que des espèces naturelles et non pas des essences, on peine à comprendre ce qu'est la source réelle d'intelligibilité d'une chose (« *operari sequitur esse* »). Or le but d'une quiddité est précisément de spécifier, de n'importe quel objet, le genre de chose qu'il est. « La signification même d'un mot ou d'un objet signifiant devrait être l'essence même de la réalité de ce qu'il signifie » dit Peirce (OP 2, p. 39 = CP 5.429, 1905). Partant, une ré-élaboration de la conception scotiste est nécessaire, sur deux plans au moins. Tout d'abord, à la conception trop statique de l'essence, telle que la définit Scot, ou au concept de comportement d'une chose, il faut substituer le concept d'*habitude de comportement :* c'est cela qui constitue la nature intelligible ou essence réelle de la chose (CP 2.664, 1910). Une telle habitude est une disposition générale qui affecte la manière dont un objet *tendrait* à se comporter dans certains *types de* circonstances. En effet, la logique des relatifs a permis à Peirce de voir que l'important n'est pas la relation de *ressemblance*, bref, de spécifier la généralité qui caractérise une collection d'objets qui ont une qualité en commun (ce que fait Scot), mais de rendre compte d'un « nombre infini de possibilités réelles, c'est-à-dire de ces relations réelles et continues qui existent entre deux membres quelconques d'une classe, entre un objet et des généralisations successives dans le temps, entre des arrangements interagissant dans un système [44] ». Partant, l'essence d'une chose se définit non par telle ou telle relation ou activité particulière au sein de laquelle la chose participe réellement, mais par une habitude générale qui détermine ces relations et activités auxquelles, moyennant les conditions appropriées, cette chose *serait disposée*. Une telle habitude n'est pas simplement essentielle à la chose, elle doit plutôt en être l'essence; en d'autres termes, elle doit être prédiquée de la chose « *per se primo modo* » (CP 2.361, 1900) [45].

Sans doute cela n'est-il pas sans rapport avec le second point, à savoir, l'insistance que met Peirce à souligner le rôle de la causalité « finale » plus que celui de la simple causalité efficiente. En effet, si l'essence est moins une collection de propriétés qu'une « habitude d'action » spécifique, un « faisceau d'habitudes », pour un « groupe de lois », ce qu'est une chose devient si étroitement lié à ce *pour* quoi elle est faite, qu'il faut plus que la simple causalité efficiente pour expliquer la manière dont elle exerce, globalement, son pouvoir causal, et donc, plutôt, selon une « idée spécifique », ou une « cause finale » spécifiant les schémas de comportement généraux que tendra à manifester et à devenir un objet ou un organisme donné, la fonction causale de l'essence se définissant alors surtout en termes de causalité formelle et finale [46]. Mais cela veut dire aussi qu'il faut sans doute concevoir la liaison elle-même de tous les objets entre eux, comme Peirce (et plus récemment Brian Ellis) le suggère, dans les termes d'une causalité finale ou intentionnelle [47]. Partant,

44. *Ibid.*, p. 153.
45. *Ibid.*, p. 154.
46. *Ibid.*, p. 158.
47. « La causalité efficiente est cette sorte de causalité par laquelle les parties composent le tout; la causalité finale sans la causalité efficiente ne sert à rien [...] mais la causalité efficiente sans la causalité finale est encore pire, et de loin; c'est le pur chaos, et le chaos n'est même pas le chaos dans la causalité finale; c'est un pur néant. » (CP 1.220, 1902).

une véritable explication scientifique d'un système impliquera la découverte d'une fin ou cause finale définitionnelle, plutôt que l'analyse détaillée de la manière dont ses composants fonctionnent (comme « causes efficientes ») pour se dérouler normalement. Tout cela demande bien sûr à être soigneusement élaboré : la nature des propriétés actuelles (catégoriques ou dispositionnelles) qui constituent le réel, les relations causales et nomiques qui existent entre elles, ce qui est nécessaire pour garantir leur unité, pour assurer le « ciment des choses », ainsi que le rôle exact que jouent et les dispositions et les lois dans l'intelligibilité de la nature.

Mais nous voyons déjà mieux, je l'espère, pourquoi et comment nous disposons là de tous les ingrédients pour assurer une parfaite intégration d'un certain *aliquidditisme* (ou essentialisme « mince ») dans un cadre réaliste dispositionnel dont les grandes lignes pourraient à très grands traits, se dessiner ainsi : 1) Les propriétés, sans lesquelles nous n'aurions aucun accès cognitif aux choses, se définissent principalement comme des dispositions ou des pouvoirs causaux. 2) La réalité n'est pas de part en part essentiellement dispositionnelle : il y a des propriétés essentielles et des propriétés accidentelles (le défi étant : comment les distinguer ?) et il y a aussi des lois. 3) On évite ainsi le pandispositionnalisme ou monisme dispositionnel ainsi que les menaces idéalistes qu'il présente. 4) Des concepts aux choses, il y a plus qu'un pas. Aucune confusion n'est donc faite entre prédicats et propriétés. Une distinction claire est préservée entre « le pouvoir » et les propriétés en vertu de quoi les choses ont leurs pouvoirs [48].

Quelques conclusions et leçons à tirer d'un tel projet

Il me semble tout d'abord, en guise de première conclusion, que nous disposons là d'un modèle fécond pour nous orienter dans le projet, non seulement d'une métaphysique scientifique assez systématique, mais aussi d'une véritable *connaissance* métaphysique de la nature [49]. Un tel cadre permet, durant la phase thérapeutique, d'éviter toutes sortes d'illusions métaphysiques usuelles (sur les modalités, la réalité, le réalisme, en particulier), de fixer ensuite les règles de la méthode a priori d'analyse conceptuelle (qui est de fait logique, mais repose aussi sur le massage énergique de nos intuitions empiriques de sens commun), en étant prêt, si besoin est, à la corriger. Il permet aussi, dans la troisième phase a posteriori, de tester l'analyse conceptuelle via une confrontation avec les sciences empiriques; et, finalement, durant la phase d'engagement métaphysique à proprement parler, d'opter pour ce que j'ai appelé une forme « raisonnée » d'audace (à mi-chemin entre « humilité » et « témérité ») [50].

Du projet peircien, nous pouvons tirer une deuxième conclusion : pour que le réaliste dispositionnel puisse donner un sens au type de réalisme qu'il entend défendre, il lui faut être particulièrement attentif – et ce d'autant plus

48. J'ai proposé un programme métaphysique détaillé, sur la base de ces thèses, dans le chapitre 4 de C. Tiercelin, *Le Ciment des Choses, op. cit.*, auquel je me permets de renvoyer.

49. Pour le développement de mes thèses sur ce point, voir C. Tiercelin, *La connaissance métaphysique*, Paris, éditions Fayard, 2011; version anglaise en ligne : *Metaphysical Knowledge* : URL = http : //books.openedition.org/cdf/2198.

50. Voir la conclusion de C. Tiercelin, *Le Ciment des choses, op. cit.*

que son réalisme est nécessairement *sémantique* – à toutes sortes de menaces idéalistes. Il vaut peut-être la peine de rappeler ici l'insistance de Peirce sur l'importance des contraintes causales dynamiques et externes. Car si Peirce refuse de réduire la réalité aux faits, il ne renonce pas à en tenir compte, et s'il se sépare de Hegel, c'est précisément pour cela : Hegel a fait une trop grande place, à ses yeux, à la troisième catégorie, en oubliant la seconde, et cela est, pour Peirce, rédhibitoire (OP 2, p. 44 = CP 5.436, 1905; OP 1, p. 277 = CP 5.37, 1903; OP 2, p. 97-98 = CP 5.494, c. 1907). De la même manière, un coup de poing viendra à bout de tous les arguments idéalistes niant la réalité du monde extérieur. Bien plus, tant que je n'ai pas senti le bras du shérif sur mon épaule, ma condamnation reste un vain mot. La facticité est donc un élément à part entière de la réalité, et si l'importance accordée à la première et à la troisième catégories fait l'originalité de la position peircienne, il y a aussi, et il faut y insister, un réalisme de la seconde catégorie (cette analyse catégorielle permet à Peirce d'éviter le spectre d'idéalisme et de relativisme qui guette sans cesse en revanche la conception putnamienne, et qui explique notamment pourquoi Putnam jugea nécessaire de passer du réalisme *interne* à un réalisme *naturel* ou *pragmatique*). On peut ainsi définir le réel, à la fois 1) comme ce qui est l'objet de la connaissance, le résultat de l'opinion finale à laquelle la communauté scientifique finirait par arriver, et 2) ce qui est indépendant de ce que l'on peut en penser (et pas seulement indépendant de ce qu'Untel peut en penser). Si la méthode scientifique est supposée conduire à un consensus, c'est parce qu'elle est contrainte par la réalité :

> Il y a des choses réelles dont les caractères sont entièrement indépendants des opinions que nous pouvons avoir à leur sujet; ces réalités affectent nos sens selon des lois régulières, et bien que nos sensations soient aussi différentes que le sont nos relations aux objets, en prenant avantage des lois de la perception, nous pouvons établir par le raisonnement, comment sont réellement les choses (OP 1, p. 230 = CP 5.384, 1877),

en n'oubliant pas que ce dont on ne peut réellement douter (c'est-à-dire sur la base de raisons objectives et pas seulement méthodologiques), on ne peut que le croire, du moins tant que l'expérience n'a pas apporté les preuves du contraire (arguments essentiels pour parer au scepticisme quant au monde extérieur [51]).

En troisième lieu, on doit aussi garder à l'esprit qu'un réalisme dispositionnel valable implique un engagement en faveur du réalisme *scientifique*. Contrairement aux « Spenceriens » et aux « Haeckelites », Peirce a toujours dit qu'un réaliste ne pouvait pas être « agnostique » : le réalisme est une hypothèse explicative nécessaire ou, comme devaient le qualifier Quine ou Putnam, un « principe d'intelligibilité ». Peirce fixe un idéal d'intelligibilité et assigne une mission principalement explicative à la science. De fait, un nominaliste peut rejeter le réalisme dispositionnel et considérer les lois d'une manière humienne, comme des régularités conventionnelles, des « fictions introduites par l'esprit » pour faire tenir ensemble nos expériences (CP 6.99, 1900), ou nos classifications comme

51. Voir C. Tiercelin, *Le Doute en question, op. cit.*, p. 84-108.

purement linguistiques et conventionnelles, sans aucunement correspondre à quelque espèce naturelle que ce soit. Mais alors – voir l'acharnement avec lequel Peirce a défendu sa position contre des conventionnalistes comme Poincaré, Mach ou Pearson – comment peut-il seulement prédire quoi que ce soit ? (CP 1.26, 1903; CP 6.273, 1893). Rappelons encore le fameux argument de la pierre (« l'expérience de Harvard ») dont on « sait » qu'elle va tomber si on la lâche (OP 1, p. 439 = CP 5.210, 1903). D'où aussi l'importance, au cœur de la méthode scientifique, de l'abduction, à mi-chemin entre instinct et inférence [52], plutôt que conçue sur le mode de « l'inférence à la meilleure explication ». En d'autres termes, ce n'est pas le succès de la science de son temps qui montre à Peirce que le réalisme scolastique est vrai; c'est la possibilité même de la science qui exige des universaux réels : sans eux, l'explication, la prédiction, l'induction, la science deviennent tout bonnement impossibles – même si on peut admettre que les lois acceptées par les savants à telle ou telle époque se révèlent ne pas être authentiques, ou que les espèces naturelles postulées se révèlent ne pas être finalement réelles. Quels universaux sont réels, c'est là une question qui ne pourrait finalement se régler que dans une science hypothétique achevée, même s'il serait « stupide de nier que la science a fait de nombreuses découvertes vraies » (CP 6.172, 1900). Les êtres humains, au demeurant, peuvent faire de bonnes abductions parce qu'ils ont « une adaptation naturelle à imaginer les théories correctes » (OP 2, p. 178 = CP 5.591, 1903). On peut comprendre pourquoi Peirce insiste tant sur la vérité du réalisme scolastique (OP 2, p. 35 = CP 5.423, 1905) [53].

Il importe aussi de noter comment marche un tel principe d'intelligibilité, et pourquoi c'est un instrument aussi efficace, non pas tant pour parvenir à une métaphysique *systématique* ou encore moins dogmatique, que pour résoudre des questions métaphysiques spécifiques, et produire une *connaissance* métaphysique authentique s'appuyant sur une position faillibiliste (W5, 226-8, 1885; CP 4.61, 1894) et de sens commun critique, proche par moments du scepticisme. La réalité a bien souvent ce statut assez voisin de celui que lui donne par exemple Putnam, d'« hypothèse empirique scientifique ». Aussi la plupart des textes témoignent-ils en faveur d'une théorie des degrés de la réalité et de l'indétermination [54], ce qui est par ailleurs conforme au panpsychisme*, que Peirce, à tort ou à raison adopte, et qui lui fait dire que l'univers est imprégné par les signes ou que la matière est « enserrée d'habitudes ».

Pour Peirce, le pragmatisme n'est pas une fin

Il n'empêche : pour Peirce, le pragmatisme n'est pas une fin, c'est le moyen de mettre en place, une fois « purifiée », une « métaphysique scientifique réaliste », qui le rapproche du « propé-positivisme » (OP 2, p. 35 = CP 5.423, 1905). L'engagement pragmatiste et réaliste de Peirce est donc un engagement métaphysique fort, et la question est bien sûr de savoir s'il avait raison de

52. S. Haack, "Extreme Scholastic Realism", art. cit., p. 29 et C. Tiercelin, « Abduction and the Semiotics of Perception », *Semiotica*, F. Merrell et J. Queiroz (éd.), 2005, p. 389-412.
53. S. Haack, "Extreme Scholastic Realism", art. cit.
54. *Cf.* par ex. NEM IV, p. 48-49 et p. 383-384; NEM III, 2, p. 1055; CP 6.186, 188, 191, 1897; CP 6.326, 1907; CP 6.466, 1906; CP 6.494, 496, 499, c. 1905.

s'engager ainsi, et surtout, si un tel engagement s'impose dans un programme pragmatiste bien compris.

Voilà qui oblige naturellement et, en premier lieu, à évaluer comme tel le projet cosmologique peircien [55], qui s'apparente bien à une philosophie de la nature (aux accents par moments, fortement schellingiens [56]), de prêter davantage attention, aussi, à ce que Peirce nous apprend non seulement sur le continu [57], mais aussi sur l'inférence statistique [58], la probabilité (Ramsey), l'indéterminisme, ou encore à la pertinence de son modèle interprétatif, non seulement en raison de la conception aristotélicienne du hasard, de la matière et du possible qui s'y déploie, mais parce qu'il peut enrichir les discussions contemporaines sur l'interprétation à donner à la mécanique quantique [59].

Toutefois, et quel que soit le verdict posé sur cette métaphysique scientifique elle-même, la pertinence du projet, comme j'ai essayé de le montrer, est bien plus large, et en particulier, en ce qu'elle nous oblige à prendre position sur plusieurs points d'importance : sur le choix à opérer (ou non) en faveur (ou non) du réalisme scientifique, mais aussi sur la question de savoir si l'on peut et/ou doit interpréter le réalisme scientifique d'un point de vue *métaphysique : soit* en y voyant une position qui devrait d'abord et avant tout s'appliquer à des *théories* (nous permettant, par exemple, de passer du succès de la science à la vérité des théories, à la réalité des entités postulées par la théorie, tout en restant neutre sur l'ameublement ontologique du monde, par exemple, sur la nature humienne ou non humienne des lois de la nature [60]), *soit* – deuxième option – en y voyant une position qui nous donnerait des raisons de croire à des faits relativement à la *structure* des inobservables mais pas à la nature intrinsèque des *entités* inobservables, *soit* même – troisième option – en y voyant une position, ainsi que le pense par exemple Brian Ellis, qui va nécessairement de pair avec telle ou telle *métaphysique* (de préférence, le physicalisme), nous informant sur la *nature* de la réalité, tout en conservant une théorie épistémique et métaphysiquement neutre de la vérité [61].

55. Sur lequel, comme on sait, les commentateurs ont des sentiments mêlés, les uns restant sceptiques sur la valeur scientifique réelle des hypothèses de la cosmologie évolutionnaire de Peirce ou son « éléphant blanc » : W. B. Gallie, *Peirce and Pragmatism, op. cit.;* et A. Reynolds, *Peirce's Scientific Metaphysics : The Philosophy of Chance, Law, and Evolution*, Nashville, Vanderbilt UP, 2002, les autres étant plus ouverts à l'entreprise : H. Putnam, *Renewing Philosophy,* Cambridge, Mass., Harvard UP, 1992; C. Hookway, *Peirce,* London, Routledge and Kegan Paul, 1985; D. Sfendoni-Mentzou, « The Role of Potentiality in Peirce's Tychism and in Contemporary Discussions in Quantum Mechanics », *in* E.C. Moore (dir.), *Charles S. Peirce and the Philosophy of Science*, Tuscaloosa and London, The University of Alabama Press, 1993, p. 246-261 ; C. Tiercelin, « Le projet peircien d'une métaphysique scientifique », *in* J.-P. Cometti et C. Tiercelin (dir.), *Proceedings of the Cerisy International Conference :* « Cent ans de philosophie américaine », Cerisy, 1995, Presses de l'Université de Pau, 2003, p. 157-182.

56. Ce que j'ai fait remarquer à plusieurs reprises; par ex. C. Tiercelin, « Peirce's objective idealism : a defence », art. cit.; « C. S. Peirce ou l'idée d'une métaphysique scientifique évolutionnaire », *in* O. Bloch (dir.), *Philosophies de la Nature,* Paris, Publications de la Sorbonne, série Philosophie, n° 5, 2001, p. 453-463; « Le projet peircien d'une métaphysique scientifique », art. cit.

57. K. Ketner et H. Putnam (ed.), Introduction to *Reasoning and the Logic of Things* (Peirce's Cambridge Lectures 1898), Cambridge, Harvard UP, 1992.

58. I. Levi, « Induction as Self Correcting According to Peirce », *in* D. H. Mellor (dir.), *Science, Belief and Behaviour,* Cambridge, Cambridge UP, 1980, p. 127-140, et « Inference and Logic according to Peirce », *in* J. Brunning et P. Forster (dir.), *The Rule of Reason,* Toronto, University of Toronto Press, 1997, p. 34-56.

59. P. V. Christiansen, « Peirce as Participant in the Bohr-Einstein Discussion », *in* E. C. Moore (dir.), *C. S. Peirce and the Philosophy of Science*, Tuscaloosa and London, The University of Alabama Press, 1993, p. 223-232.

60. S. Psillos, Scientific Realism : how science tracks the truth, London, Routledge, 1999.

61. B. Ellis, *Scientific Essentialism, op. cit.*

À l'évidence, Peirce choisit la troisième option, une conception foncièrement épistémique (et métaphysiquement neutre) de la vérité, et une métaphysique réaliste dispositionnelle dont les traits principaux sont, en résumé, les suivants : rejet d'une lecture humienne des lois (en adoptant toutefois une conception non nécessitariste mais purement conditionnelle) ; admission des espèces naturelles (qui se définissent plus comme des « faisceaux d'habitudes » qu'en des termes substantialistes) ; refus d'un dispositionnalisme intégral [62].

Sans commenter plus avant la pertinence (qui me semble immense aussi bien pour la science que pour la métaphysique ou encore pour l'éthique) de ce réalisme dispositionnel dont je n'ai pu donner ici qu'un aperçu, je me contenterai pour finir de tirer quelques leçons de ce projet et de suggérer qu'une telle attitude métaphysique est toujours pertinente dans le contexte d'une stratégie pragmatiste comme telle [63] et ce, pour trois raisons au moins, que Peirce avait bien vues.

La première tient à la conception qui était la sienne, et qui est aussi la mienne, de la philosophie en général comme étant nécessairement en continuité avec la science. La philosophie est expérimentale, fille du laboratoire, ce qui, dans l'esprit de Peirce, signifie l'exact contraire et d'une attitude littéraire (ou théologique) et d'une attitude dogmatique ou scientiste : c'est l'esprit de modestie et d'expérimentation qui doit prévaloir, en philosophie comme en science. Etre à l'écoute des sciences, sans s'en laisser conter par elles, ce d'autant plus que « chacun de nous, le savant y compris » a une métaphysique.

Nous touchons ici à la deuxième raison du nécessaire engagement : telle étant la situation, il faut se débarrasser des préjugés métaphysiques et pour cela il n'est d'autre moyen que de se livrer à un examen des premiers principes (CP 1.129, c. 1905). Mais pourquoi une telle entreprise n'est-elle pas d'emblée vouée à l'échec ? Car après tout, l'état actuel de la philosophie est plutôt « scrofuleux » (CP 6.6, c. 1903), en proie au « charabia ». Ici, il y a beaucoup à réfléchir encore à la méthodologie (fortement inspirée du scotisme) que tente d'adopter Peirce et notamment à son traitement de la possibilité. De Duns Scot, dont on sait qu'il a permis la fondation de la métaphysique comme science et son autonomie par rapport aux autres sciences (logique, physique, mais aussi théologie [64]), Peirce retient que, par delà l'opposition de l'être et du possible, ce dont il faut s'assurer, c'est du « réel-possible », *i.e.* de la réalité même de l'être possible des choses qui existent, tant il est vrai que le possible est seul susceptible de couvrir le domaine de l'existant contingent comme celui du nécessaire ou de la quiddité métaphysique. Or, pour ce faire, il n'est point d'autre méthode que celle qui consiste à raisonner par le possible (ou ce que certains appelleraient aujourd'hui en suivant la méthode de « l'analyse conceptuelle »), ce qui ne veut pas dire, contrairement à ce que la postérité a souvent reproché à Duns Scot, déduire le principe premier par

62. C. Tiercelin, « Dispositions and essences », *in* B. Gnassounou, M. Kistler et R. Harré (dir.), *Dispositions and Causality*, Aldershot, Ashgate, 2007, p. 81-102.

63. Je crois que c'est là, plus encore que sur la question du réalisme ou du pragmatisme, qu'il y a lieu aujourd'hui de faire le départ entre divers courants pragmatistes, comme le montre de façon éclatante, dans l'un de ses derniers ouvrages *Ethics Without Ontology*, Putnam qui, pour sa part, insiste (à mon sens, donc, à tort), sur le nécessaire abandon d'une telle perspective.

64. J. Duns Scot, *Ordinatio*, I, 3, § 81 in *Opera Omnia*, Civitas Vaticana, Typis Polyglottis Vaticanis, 1950.

analyse, au terme d'une conception développée sur des essences, mais tenter de dégager la structure interne du possible-réel, tant il est vrai que celui-ci s'enracine dans le réel concret de telle manière qu'on puisse induire le premier du second [65]. Procéder par le possible logique n'est donc pas simple précaution méthodologique : toute inintelligibilité, toute impossibilité logique est en fait le signe d'une impossibilité réelle. À l'inverse, on ne saurait confondre le possible logique avec le possible réel. Reste que si le possible réel n'est pas réductible au possible logique, ils ne sont pas non plus étrangers l'un à l'autre, sans quoi nos concepts ne seraient que des mots et notre science serait vide de tout contenu objectif [66]. Même quand elles existent en acte, les choses restent possibles ; mieux : puisqu'elles existent en acte, elles sont forcément possibles, et ne perdent jamais ce caractère essentiel. La nature reste donc à la fois possible, *i.e.* apte à exister, *et* réelle, car elle n'est pas une production de l'esprit à la manière d'une possibilité logique. Par quoi il ne s'agit pas de vouloir déduire analytiquement le réel à partir d'essences conçues comme possibles, d'oublier que le langage ordinaire (ou la logique modale) n'est pas une garantie suffisante de la réalité de classes dans la nature, ou de justifier les procédures logiques elles-mêmes en les dérivant d'une forme plus ou moins avouée d'essentialisme, ce pourquoi Peirce insiste aussi sur la nécessaire dimension a posteriori du travail métaphysique. Toutefois, « même si ce qui est actuel doit pour cette raison être possible, l'expérience seule ne peut déterminer ce qui est actuel, en l'absence d'une délimitation métaphysique du possible ». Ainsi, « la science empirique au mieux nous dit ce qui *est* le cas, non ce qui *est* ou *peut* être (mais se trouve ne pas être) le cas. La métaphysique traite de possibilités. Et c'est seulement si nous pouvons délimiter la portée du possible que nous pouvons espérer déterminer empiriquement ce qui est actuel. Ce pourquoi la science empirique dépend de la métaphysique et ne peut usurper le rôle qui revient à celle-ci [67] ».

Mais il y a une troisième raison pour laquelle Peirce jugeait cet engagement indispensable. Si Peirce pensait que le problème des universaux était, ce dont Russell le félicitait de l'avoir vu, « aussi pressant aujourd'hui que jamais » (CP 4.1, 1898) et constituait une alternative *réelle*, c'est bien parce que pour un pragmatiste, ce qui en définitive, est toujours premier, c'est l'éthique. Quand Peirce défend le réalisme des universaux, et une forme de réalisme dispositionnaliste, lequel vaut pareillement pour les sciences et pour l'éthique, c'est parce que l'éthique – qu'il entend bien plus comme l'éducation de nos capacités et dispositions morales que comme reposant sur quelque faculté a priori, sur un quelconque sens moral ou sur telles ou telles prescriptions normatives que nous devrions suivre –, nous impose une obligation : celle de trouver une base solide qui nous permette de comprendre non seulement comment notre langage mais aussi bien nos perceptions nous relient au monde réel. Et c'est pourquoi, dès le début, Peirce a considéré que la seule

65. J. Duns Scot, *Traité du Premier Principe*, texte et trad. fr du *Tractatus de Primo Principio*, (sous la direction de Ruedi Imbach), Paris, Vrin, 2001.

66. J. Duns Scot, *Ordinatio*, I, d. 2, p. 2, q. 1-4 in *Opera Omnia*, *op. cit.*

67. E. J. Lowe, *The Possibility of Metaphysics : Substance, Identity, and Time*, Oxford, Oxford UP, 1998, p. 5, 9 et 16.

manière de rendre ses idées claires sur ce sujet, c'était de fournir une analyse correcte de la réalité elle-même (laquelle, incidemment, fut la motivation de sa recherche de la vérité, et non l'inverse) et d'opter pour une position *réaliste* dans ce qu'il pensait être le *problème majeur* à régler, si l'on voulait faire le moindre progrès dans la pensée, et non pas, comme Putnam l'a pour sa part de plus en plus considéré, un *pseudo-problème*[68], à savoir le problème des universaux :

> Tant qu'il y aura une querelle entre le nominalisme et le réalisme, tant que la position que nous soutenons sur cette question ne sera pas déterminée par une démonstration incontestable, mais sera plus ou moins affaire d'inclination, tout homme qui en vient à ressentir la profonde hostilité qui règne entre les deux tendances, s'il est un homme, s'engagera pour l'un ou pour l'autre, et ne pourra pas plus obéir aux deux qu'il ne peut servir à la fois Dieu et Mammon. Si ces deux élans se neutralisent en lui, c'est qu'il ne lui restera plus dès lors de grande motivation intellectuelle […]. Bien que la question du réalisme et du nominalisme ait ses racines dans les technicités de la logique, ses branches s'étendent à toute notre vie. La question de savoir si le *genus homo* a la moindre existence, si ce n'est dans des individus, est la question de savoir s'il y a quelque chose qui ait plus de dignité, de valeur et d'importance que le bonheur individuel, les aspirations individuelles et la vie individuelle. Les hommes ont-ils réellement quelque chose en commun, en sorte que la communauté doive être considérée comme une fin en soi, et si oui, quelle est la valeur relative de ces deux facteurs, voilà la question pratique la plus fondamentale qui concerne toute institution publique dont il est en notre pouvoir d'influencer la constitution (OP 1, p. 162-163).

Si Peirce a sur ce point, comme je le crois, raison, alors, on comprend mieux pourquoi cela a du sens de soutenir que le pragmatisme *implique* le réalisme et qu'il « aurait pu difficilement entrer dans la tête de quelqu'un qui ne fût pas déjà convaincu de la réalité des universaux » (OP 2, p. 109 = CP 5.503, 1902), pourquoi aussi un tel engagement réaliste peut difficilement ne pas prendre la forme d'un engagement *métaphysique* fort en faveur de telle ou telle forme de réalisme *dispositionnel.* Mais on peut également et surtout mesurer à quel point il y a là en germe, des pistes prometteuses et authentiquement pragmatistes et ce, à plusieurs titres : d'abord, pour élaborer une forme de métaphysique vraiment *scientifique* (mais non scientiste), du moins si l'on est convaincu que l'une des leçons majeures à retenir du pragmatisme aujourd'hui est, non d'abandonner d'emblée, mais, au contraire, de poursuivre la recherche classique d'une forme possible de *connaissance* métaphysique; ensuite, pour construire un engagement réaliste *et* pragmatiste qui soit notamment à même de bloquer certaines formes de scepticisme et de relativisme moral, et donc de constituer cette authentique voie « entre les sables détrempés du relativisme et les rochers glacés du dogmatisme[69] » que nous appelons tous de nos vœux.

Claudine Tiercelin
Collège de France, PSL

68. H. Putnam, *Ethics without Ontology*, Cambridge, Mass., Harvard UP, 2004.
69. S. Blackburn, *Being Good*, Oxford, Oxford UP, 2001, p. 29.

DOSSIER

C. S. Peirce

« ÉCLAIRCIR LES CONCEPTIONS » : PEIRCE ET WHEWELL, 1869

Mathias Girel

Si l'intérêt de Peirce pour l'historien des sciences William Whewell (1794-1866) est bien connu, l'influence de ce dernier sur la première formulation du pragmatisme peircien a moins été étudiée. Le présent article s'appuie sur une conférence, consacrée à Whewell et donnée par Peirce en 1869, pour analyser plus en détail ce que Peirce pouvait alors entendre par « éclaircissement des conceptions ». Les repères décisifs sont ici fournis par le triple rapport au kantisme, à l'histoire des sciences et aux controverses scientifiques.

Comment rendre nos idées claires, de Peirce, est souvent considéré, avec son « jumeau », *Comment se fixe la croyance*[1], comme l'acte de naissance du pragmatisme, quelques vingt ans avant son baptême officiel, par James, lors d'une célèbre conférence donnée à Berkeley[2]. Peirce y expose une méthode permettant d'éclaircir des « conceptions » abstraites, au-delà des critères habituels de clarté et de distinction et condense cette méthode en une maxime : « Considérer quels sont les effets pratiques, que nous pensons pouvoir être produits par l'objet de notre conception. La conception de tous ces effets est la conception complète de l'objet. » (W3, 365, 1879 = OP1, p. 248) Ce premier point est en général celui que connaît tout étudiant de l'âge classique de la philosophie américaine, dans une période qui va des années 1860 à la Première guerre. Les spécialistes de Peirce, eux, font remarquer que ce dernier semble avoir évolué, au fil du temps, sur le contenu de cette maxime. Dans les années 1870, le contexte semble être celui, naturaliste, de la théorie dispositionnaliste de la croyance qui est alors adoptée par

1. Publiés dans le *Popular Science Monthly* respectivement en novembre 1877 et janvier 1878, puis en français dans la *Revue Philosophique de la France et de L'Étranger* en décembre 1878 et janvier 1879. Aux côtés de quatre autres articles, ils ont originellement paru sous le titre général « Illustrations of the Logic of Science » (*Cf.* W3, 242-374).

2. W. James, « Philosophical Conceptions and Practical Results », 1898, repris dans W. James, *Pragmatism*, Cambridge, Harvard UP, 1975, p. 255-274.

Peirce. Par la suite, Peirce semble davantage insister sur tous les « modes généraux de conduite rationnelle » et sur le fait que sa maxime est avant tout destinée à éclaircir les notions abstraites, sur lesquelles des arguments rationnels peuvent reposer. Les éclaircissements pragmatistes sont ainsi reformulés en 1897 dans la *Logic of Relatives :* « Le troisième degré de clarté consiste dans une représentation de l'idée telle qu'on peut faire reposer sur elle un raisonnement fructueux (*to turn upon it*), et qu'on peut l'appliquer à la résolution de problèmes pratiques difficiles. » (CP 3.457 = EP2, 556, n. 5) Il n'est pas douteux que Peirce, dès la fin des années 1870, a tenté de corriger et de préciser son premier énoncé, comme en témoignent tous ses propres commentaires, ainsi que ses recherches, très visibles après 1900, pour tenter de fournir une « preuve » du pragmatisme [3].

Dans le présent article, nous invitons toutefois à prendre avec quelque prudence ce découpage. Tout en lui reconnaissant une certaine vertu pédagogique, car il semble bien évident que la philosophie du continu du dernier Peirce donne un sens beaucoup plus fort à son réalisme, il convient de voir que, dès les années 1860 et 1870, Peirce a sans doute à l'esprit au moins une théorie portant sur la clarification des notions scientifiques qui ne se prête pas aisément à une lecture nominaliste, naturaliste et pour tout dire réductionniste. Réévaluer son influence permettrait de préciser ce que Peirce, au-delà de la lettre de l'article de 1878, entend par « incidence pratique », dans l'énoncé de sa maxime et de distinguer son entreprise de ce qui deviendra ensuite le vérificationnisme.

Notre parti pris interprétatif consiste à replonger la série d'articles du *Popular Science Monthly* dans le massif de manuscrits et de conférences qui le prépare, lors de la décennie précédente. Cette précaution n'est pas nouvelle : il est par exemple bien connu que des éléments stratégiques du pragmatisme de Peirce sont déjà bien présents dans la grande recension qu'il donne de l'édition Fraser des *Œuvres* de Berkeley en 1871 [4]. Dans l'espace limité du présent article, nous souhaiterions convoquer un autre texte, proche de cette recension, et qui nous semble plus explicite encore quant aux dimensions et aux ambitions du premier pragmatisme de Peirce. Il s'agit des conférences de 1869 *Sur les Logiciens britanniques* (W2, 310-345). À les lire de près, on retrouve d'ailleurs plusieurs passages et idées qui seront textuellement repris deux ans plus tard dans la recension de 1871 : l'idée que le nominalisme est le « trait distinctif » des logiciens britanniques (W2, 310-317) [5], l'argument polémique selon lequel Roger Bacon serait plus important pour l'histoire des sciences que Francis Bacon (W2, 311), l'idée que les arguments d'autorité ne sont pas l'apanage d'approches obscurantistes de la connaissance (W2, 312-313), l'attention au détail dans le test des théories, l'idée enfin que la querelle des réalistes et des nominalistes a des conséquences lourdes quant à ce que l'on entend par « pratique » [6]. En un sens qui va être précisé, on peut en outre lire les deux premières *Illustrations de la Logique de la*

3. Voir C. Hookway, *The Pragmatic Maxim : essays on Peirce and pragmatism*, Oxford, Oxford UP, 2012.

4. Voir notamment C. De Waal, « The Real Issue between Nominalism and Realism : Peirce and Berkeley Reconsidered, » *Transactions of the Charles S. Peirce Society* 32 (3), 1996, p. 425-442.

5. Première Conférence, « Early nominalism and realism ».

6. En particulier, sur la question de la communauté, *cf.* W2, 336, 1869.

Science comme l'aboutissement d'un projet qui est exprimé très clairement dans ces *Conférences* que Peirce donne à Harvard en 1869, et qui le conduit à se prononcer sur (1) l'issue pratique comme élément déterminant dans l'éclaircissement d'une conception, (2) la spécificité de la controverse et du doute scientifiques.

Whewell contre Mill

Ces considérations sont énoncées lors d'une conférence que Peirce consacre à William Whewell (W2, 337-345, 1869)[7], après avoir retracé l'essentiel de la querelle sur le nominalisme et le réalisme. Il était naturel de considérer cet auteur dans ce cadre, puisque le débat contemporain l'avait opposé, et fait s'opposer, aux positions développées par John Stuart Mill dans sa *Logique*[8]. Dans cette perspective, Mill représentait le versant empiriste et nominaliste, attentif aux « particuliers », Whewell le réalisme et l'alliance avec le kantisme. Il est certain que des différences plus subtiles, mais tout aussi décisives, séparaient les deux sensibilités : Mill semblait proposer, curieusement pour un empiriste, une approche pour tout dire intemporelle des produits de la connaissance et des « canons » de l'induction, alors que Whewell, par sa méthode même, mettait davantage l'accent sur les processus à l'œuvre dans la recherche, sur le développement et l'histoire des découvertes et des théories scientifiques. Le reproche majeur que Whewell adresse à Mill est que les différentes méthodes proposées dans la *Logique* ne sont que des idéalisations de la pratique scientifique et en aucun cas les méthodes qui ont effectivement été suivies par les hommes de science. Peirce, lecteur attentif de Whewell, avait déjà bien perçu que c'était précisément ce que Mill avait négligé, ce qui le conduisait à louer chez Whewell

> une théorie de la science fondée sur son histoire, d'une façon véritablement inductive, et pas simplement en utilisant l'histoire pour conforter des opinions préconçues, comme Mill le fait (car ses opinions sont tout à fait moyenâgeuses)[9]. (NEM2, 852, 1869).

Il s'agit déjà, bien avant la querelle entre Kuhn et les approches de la science issues du positivisme logique, de « jouer » l'histoire des sciences contre une théorie abstraite de ces mêmes sciences. Les deux ouvrages majeurs de Whewell : *l'Histoire des sciences inductives* et la *Philosophie des sciences inductives, fondée sur leur histoire*, exprimaient, eux, clairement, dans leur titre même, que la philosophie des sciences avait tout à apprendre de leur histoire effective[10]. Peirce, après avoir rappelé que l'histoire des

7. Sur l'approche « historique » des sciences chez Whewell et Peirce, voir J. W. Dauben, « Peirce and History of Science, » in K. L. Ketner (dir.), *Peirce and Contemporary Thought : Philosophical Inquiries*, New York, Fordham UP, 1995, p. 171-173. Peirce fait souvent référence à la « colligation », que Whewell a identifiée comme étant une part essentielle du raisonnement. Voir également l'article récent de H. M. Cowles, « The Age of Methods : William Whewell, Charles Peirce, and Scientific Kinds », *Isis*, 107 (4), 2016, p. 722-737. Pour une première approche de Whewell, *cf.* L. Snyder, « 'The whole box of tools': William Whewell and the logic of induction, » in D. Gabbay et J. Woods (dir.), *Handbook of the History of Logic*, Amsterdam, North-Holland/Elsevier, 2008, p. 163-228.

8. Whewell avait déjà été évoqué dans les *Conférences* de Harvard en 1865 (W1, 205-223).

9. Cité par J. W. Dauben, art. cit., p. 172.

10. Au fil des rééditions et des ajouts, les deux ouvrages devinrent trois : 1) *History of Scientific ideas*, 2 vols., 1858 (386 et 324 pages) ; 2) *Novum Organon Renovatum*, 1 vol., 1858 (370 pages) ; 3) *On the Philosophy*

sciences telle qu'elle est pratiquée par Whewell n'est pas écrite « dans un esprit littéraire » (expression propre, dit Peirce, « à inspirer la nausée »[11]), mais par un spécialiste des sciences, précise qu'il ne s'agit pourtant en rien d'une histoire *psychologique* des sciences, qui s'appuierait sur les individus étonnants que sont les grands hommes de science. Il s'agit d'une histoire « publique », fondée sur les publications, les découvertes, et les débats qu'ont pu entretenir les « scientifiques [12] ». Le progrès scientifique y « est dans une large mesure public et appartient à la communauté des hommes de science du même département [13] », c'est bien une théorie « historique » (W2, 339, 1869) de la science qui rendra le mieux compte des conditions du succès scientifique. L'attention à l'histoire est ce qui explique le titre choisi pour un des ouvrages de 1858 : *Novum Organon Renovatum*. Il ne s'agit pas de « refaire » le livre de Bacon, mais bien de le réécrire de fond en comble : l'induction chez Whewell devient un *problème* plus qu'une solution, et, alors que l'ouvrage de Bacon était prospectif, celui de Whewell revenait sur l'histoire de la science, depuis Bacon notamment, pour en préciser la méthode et les principes [14].

On peut par commodité et à la suite de Strong relever trois signes distinctifs de l'œuvre de Whewell, qui connaîtront tous des développements importants au cours du XXe siècle : la « relativité historique de la théorie et du fait », « le rôle indispensable des hypothèses dans la réalisation de découvertes » et enfin la grande importance pour le progrès de la connaissance de controverses portant sur des théories [15]. Ces trois points sont parfaitement vus par Peirce.

Kantisme et histoire des sciences

C'est à l'occasion du premier argument que s'articule de façon saisissante ce que les contemporains de Whewell qualifiaient de « kantisme [16] » et ce que nous identifierions aujourd'hui comme une forme d'historicisme. Il faut préciser la qualification de « kantienne », que l'on appose souvent à l'époque à l'œuvre de Whewell, et qui pourrait étonner. Peirce, qui connaissait cette philosophie de première main, précise en quel sens, fort relâché, Whewell peut être qualifié de « kantien » par ses contemporains ; il l'est uniquement en ce que, pour lui, « la connaissance (*cognition*) consiste en deux éléments,

of Discovery, chapters historical and critical, including the completion of the third edition of the Philosophy of the Inductive Sciences, 1 vol., 1860 (532 pages). Ce troisième ouvrage est essentiel pour tout travail qui chercherait à comprendre précisément le concept peircien *d'abduction.*

11. S. Haack, "As for that Phrase 'Studying in a Literary Spirit…'", *Proceedings and Addresses of the American Philosophical Association* 70 (2), 1996, p. 57-75.

12. Peirce préfère en général parler d'« hommes de science », mais le terme de « scientifique » est forgé par Whewell dans les ouvrages évoqués. Sur l'étymologie, voir S. Ross, « Scientist : The story of a word, » *Annals of Science*, 18, 2, 1962, p. 65-85.

13. Un progrès dont Peirce ajoute : « ses conclusions sont unanimes, ses interprétations de la nature ne sont pas des interprétations privées, et il faut publier à la face du monde tout ce qui suffira pour permettre au monde d'adopter des conclusions de l'enquêteur individuel » (W2, 339, 1869).

14. W. Whewell, *Novum organon renovatum*, 3e éd., Londres, J. W. Parker and son, 1858, p. 3-4.

15. E. W. Strong, « William Whewell and John Stuart Mill : Their Controversy about Scientific Knowledge, » *Journal of the History of Ideas* 16 (2), 1955, p. 210 ; J. Wettersten, « William Whewell : Problems of Induction vs. Problems of Rationality, » *The British Journal for the Philosophy of Science* 45 (2), 1994, p. 716 ; et la bibliographie de J. Wettersten, « Rethinking Whewell, » *Philosophy of the Social Sciences* 23, 1993, p. 481-515.

16. Peirce (W2, 341). Ce diagnostic avait été formulé très clairement par De Morgan dès 1840 : A. De Morgan, «Review of the Philosophy of the Inductive Sciences», *Athenaeum*, 672 : 707-9, septembre 1840.

dont l'un est idéaliste et l'autre empirique » (W2, 341, 1869). Elle consiste en « forme » et « matière » (W2, 341) : « Ces deux éléments, les sensations et les idées, sont également indispensables à l'existence de notre connaissance [17]. » Peirce prend l'exemple (sans doute plus pédagogique qu'exact) du code chiffré : avoir accès aux données claires, au contenu, ne sert à rien tant que l'on n'a pas la clé, qui serait, elle, de l'ordre de la forme. Or, le second aspect de la connaissance, sa forme, est pris dans l'histoire : les théories et les conceptions scientifiques, à partir desquelles nous interrogeons la nature et la sommons de répondre à nos questions, varient d'une époque à l'autre. Il n'y a par conséquent selon Whewell de séparation entre théorie et fait que d'un point de vue très abstrait : « dans un fait, les idées sont appliquées si promptement et si familièrement, et si entièrement incorporées avec les sensations, que nous ne *les* voyons pas, nous voyons *à travers elles* [18] ». C'est en ce sens qu'il y a une historicité des faits :

Le second aspect de la connaissance, sa forme, est pris dans l'histoire

> Quelles habitudes de pensée, quelle information préalable, quelles Idées est-ce que cela implique, de concevoir le Fait comme un Fait ? [...] Est-ce que les anciens n'affirmaient pas comme un Fait, que la Terre était au repos, et que les étoiles se déplaçaient ? Et y a-t-il un fait qui possède une évidence apparente plus forte pour justifier les personnes qui l'affirmaient de la façon la plus décidée que celui-ci possédait [19] ?

Peirce, pour illustrer l'idée que nous voyons les faits « à travers » des théories, donne plusieurs exemples du rôle joué par les théories et les préjugés dans l'observation, mais ils sont notés de façon très abrégée, sans doute pour des raisons liées au caractère oral de l'exposé, dans le texte de ses conférences : celui des « nébuleuses » ne semble pas poser de problème majeur; on n'observe pas directement une nébuleuse sans faire un certain nombre d'hypothèses fort complexes sur leur genèse et sur leur dynamique actuelle. Peirce prend également de façon polémique l'exemple des « fantômes » et des « planchettes » : les soi-disant « sciences » occultes fourmillent d'observations, cela n'en fait pas pour autant des sciences. Il ajoute l'exemple des « protubérances » du soleil, qui étaient au cœur de ses préoccupations en tant qu'astronome : les deux éclipses de 1869 et 1870 permirent de mieux observer la couronne du soleil, et l'analyse spectroscopique permit, au-delà de la pure observation de « protubérances », de détecter la présence d'hélium dans ces dernières.Or, « Voir de l'hélium dans le soleil », expérience faite par Peirce en 1869 [20], est une opération très éloignée de ce qui constituait souvent les exemples canoniques de l'empirisme sensationnaliste : (1) il fallait pouvoir manier en même temps un télescope et un spectroscope et savoir les manier, (2) il fallait disposer de conditions d'observations particulières (l'éclipse d'août 1869),

17. W. Whewell, *Novum organum renovatum*, *op. cit.*, chap. III, Aph. IV.
18. W. Whewell, *History of scientific ideas I*, 3e éd., Londres, J. W. Parker and son, 1858, p. 44.
19. *Ibid.*, p. 48.
20. Telle que relatée en 1896 dans MS 1036 (citée par les éditeurs de W2, 531) et dont le compte-rendu se trouve, de façon plus succincte, dans W2, 290-93.

(3) il fallait pouvoir rapporter l'observation inattendue de certaines lignes jaunes à un élément chimique, ce qui suppose une inférence hypothétique. Il est donc, pour la présente analyse, acquis que Peirce, quand il parlera d'éclaircissement des conceptions en 1878, ne peut avoir à l'esprit le modèle rudimentaire de vérification sensualiste et nominaliste qu'on lui prête parfois. C'est dans ce cadre qu'interviennent les deux aspects les plus célèbres de la théorie de Whewell. La « colligation », ou rassemblement, regroupement, des faits, concerne la « matière » de la connaissance. L'« explication », ou clarification des « conceptions », concerne davantage la « forme ». Sur le premier point, l'apport essentiel de Whewell est de montrer que la plupart des théories de l'induction ne parlent pas de ce qui est pourtant essentiel, de l'opération par laquelle on réunit les faits. Son exemple-clé est celui de Kepler, qui ne « trouverait » pas par induction ses lois ; il a à sa disposition, comme ses contemporains, les observations sur le mouvement des planètes, et il apporte, « fournie par son propre esprit », la conception de l'ellipse.

> Tomber sur la bonne conception est un progrès difficile à réaliser ; et quand ce progrès est effectué, les faits revêtent un aspect différent de celui qu'ils possédaient auparavant : une fois cela fait, ils sont vus depuis un nouveau point de vue, et saisir ce point de vue est une opération mentale spéciale, qui exige des dons (*endowments*) et des habitudes de pensée particuliers [...] Par conséquent Kepler, je le dis, réunit des faits en leur surimposant la *conception* d'une ellipse ; et ce fut un élément essentiel de son induction [21].

Pour cette raison, l'histoire des sciences que propose Whewell sera une histoire des *conceptions* (on ne dit pas encore des « paradigmes ») qui fédèrent l'appréhension de faits scientifiques à un moment donné (Force, Nombre, Composition, Polarité, etc.). S'il y a bien une forme d'historicisme, implicite dans maintes descriptions, elle est très vite à nuancer tant les « conceptions » semblent tantôt renvoyer à quelque forme a priori, voire à des Idées platoniciennes, et tant l'idée de Progrès n'est pas remise en cause (d'une façon qui fait penser à la manière dont la conclusion de l'ouvrage de Duhem, près d'un demi-siècle plus tard, relativise l'accusation de « commodisme » que l'on avait pu élever contre la *Théorie physique*).

Controverses et « clarification » des conceptions

Or, décrivant l'émergence de ces conceptions, Whewell développe lui aussi une théorie de la *clarification* des idées scientifiques qui est très proche et très lointaine dans sa formulation de celle de Peirce [22].

21. W. Whewell, *Of Induction*, with especial reference to Mr. J. Stuart Mill's *System of Logic*, Londres, J. Parker, 1849, p. 28. *Cf.* (CP 1.71, 1898) sur la même question et surtout (CP 2.96, 1902) pour l'articulation entre l'hypothèse et l'induction dans le cas de l'orbite de Mars. Cette question a fait l'objet de nombreux commentaires, voir notamment P. Achinstein, "Inference to the Best Explanation : Or, Who Won the Mill-Whewell Debate ?, " Studies in the History and Philosophy of Science 23, 1992, p. 349-364 ; et R. E. Butts, J. R. Brown, et J. Mittelstrass (dir.), *An Intimate Relation : Studies in the History and Philosophy of Science : presented to Robert E. Butts on his 60 th Birthday, Boston studies in the philosophy of science,* Dordrecht/ Boston, Kluwer Academic Publishers, 1989, p. 116.

22. Voir en particulier W. Whewell, *Novum organon renovatum, op. cit.*, Livre II, chap. II, s. 4 « Clear and appropriate ideas » et Livre III, chap. III et IV « Methods of acquiring clear scientific ideas ».

Elle s'en distingue sur un point important : Whewell pense que la clarification des conceptions s'opère principalement par le biais de controverses. Ce serait le cas en particulier pour « la définition de la force uniforme, la question concernant la mesure de la force de percussion, la guerre sur la force vive, la controverse sur le centre de l'oscillation, sur le principe de l'action du cœur[23]. » (W2, 341) Par le biais des controverses, les conceptions s'éclaircissent jusqu'à donner lieu à des « définitions », mais – et c'est ici que l'on se rapproche de Peirce – ces définitions ne sont d'aucune portée si on les coupe de leur *usage*.

Whewell insiste en effet sur les présupposés de la plupart des définitions scientifiques : elles s'accompagnent d'autres propositions qui ne sont en général pas formulées mais qui donnent à la dispute scientifique tout son sens et « toute son importance[24] ». Il n'est pas exagéré de dire qu'une notion n'apparaît dans toute sa clarté que lorsque sont mis au jour à la fois son rôle et son contexte d'utilisation, qui souvent restent dans l'ombre, y compris dans les récits que font les expérimentateurs eux-mêmes : il ne suffit pas qu'une idée soit claire, il faut également qu'elle soit « appropriée », et l'on ne peut s'empêcher de penser qu'il suffit d'ajouter qu'une des meilleures façons de s'assurer de ce caractère est de dire précisément quel problème théorique cette notion permet de résoudre, quelles « conséquences pratiques » sont attendues de son utilisation, pour avoir quelque chose qui ressemble fort au pragmatisme. C'est une impression qui est renforcée par la lecture du livre II, chapitre II du *Novum Organon Renovatum*[25] :

> Aphorisme II. L'explication des conceptions, requise pour le progrès de la science, a été effectuée par le moyen de discussions et de controverses parmi les savants; souvent ces controverses ont porté sur des définitions, et souvent elles ont abouti à l'établissement d'une définition [...].
>
> Aphorisme III. Les conceptions doivent, pour servir à la science, être non seulement claires, mais appropriées; c'est-à-dire qu'elles doivent être des modifications de celle-là même des idées fondamentales par laquelle des phénomènes peuvent être véritablement interprétés. Cette maxime peut nous garantir de l'erreur, mais elle ne mène pas forcément à la découverte[26].

Or Whewell, qui montre bien comment les grandes controverses ont souvent été des querelles de définitions (sur la *vis viva*, sur la mesure de la force, sur la notion d'espèce minérale), fait remarquer que, s'il s'agit là de la face visible des grandes controverses, ce n'en est pas pour autant l'*enjeu*. Il admet même que l'on peut faire de la bonne science sans pour autant être parvenu à une définition claire, comme c'est pour lui le cas de Galilée au sujet de la force motrice[27].

> Il est très important pour nous d'observer que ces controverses n'ont jamais porté sur des définitions isolées et *arbitraires*, comme on paraît souvent enclin à l'imaginer. Toujours on admet tacitement quelque proposition qui doit être exprimée

23. Paraphrase de W. Whewell, *Novum organon renovatum*, *op. cit.*, p. 34.
24. *Ibid.*, p. 36.
25. Je suis ici la traduction donnée par R. Blanché dans W. Whewell, *De la construction de la science (Novum organon renovatum*, livre II*)*, Paris, Vrin, 1938. Peirce le paraphrase en (W2, 342).
26. W. Whewell, *De la construction de la science*, *op. cit.*, p. 5-6.
27. *Ibid.*, p. 15.

> au moyen de la définition et qui lui donne son importance. La discussion au sujet de la définition acquiert ainsi une valeur réelle et devient une question concernant le vrai et le faux. Ainsi, dans la question, qu'est-ce qu'une force uniforme ? On prenait pour accordé que la gravité est une force uniforme; dans les débats sur la *vis viva*, on admettait que, dans l'action mutuelle des corps, l'effet total de la force reste invariable; dans la définition zoologique de l'espèce, à savoir qu'elle est composée d'individus qui descendent ou pourraient descendre des mêmes parents, on présuppose que les individus ainsi rapprochés se ressemblent davantage entre eux qu'ils ne ressemblent à ceux qu'exclut la définition; ou, peut-être, que les espèces ainsi définies présentent des différences permanentes et déterminées.
>
> L'établissement d'une définition correcte d'un terme peut être une étape utile dans l'éclaircissement de nos conceptions; mais ce ne sera le cas *qu'au moment* où nous aurons à considérer une proposition dans laquelle le terme en question est employé. Car alors la question est véritablement de savoir comment la conception sera comprise et définie afin que la proposition soit vraie [28].

La finalité de la controverse scientifique, ce n'est donc pas la construction de définitions, c'est leur *usage;* et il en découle naturellement que quiconque tente d'*éclairer* les termes (et donc les définitions) doit, à un moment ou à un autre, éclairer les *propositions* dans lesquelles ces définitions et ces « conceptions » sont mobilisées. Whewell nous enjoint, bien avant les s, de demander : quelle différence *fait* une différence ?

Les éclaircissements des notions scientifiques que Peirce proposera en 1878 font bien intervenir, non pas des définitions, mais des *propositions*, voire des *faisceaux de propositions*, et il est frappant qu'il évoque dès cette conférence trois des exemples clés de *Comment rendre nos idées claires*, la force uniforme, le parallélogramme des forces et la gravité (W2, 342). Que cette dimension ne lui échappe pas, dès 1869, est très net, et on peut le voir à la manière dont il explique ce qu'est une conception « appropriée ». Il rentre en effet de façon détaillée dans l'analyse d'un exemple emprunté à la chimie : il note que la chimie présente la récurrence frappante de nombres entiers; or, l'usage du spectroscope donne le plus ou moins grand degré de réfraction des corps analysés, et cette réfraction dépend de la plus ou moins grande rapidité des vibrations; or « il n'y a aucune partie de la théorie mathématique pure de la force dans laquelle interviennent plus les nombres entiers que dans celle des vibrations » (W2, 343-44). Ce serait donc une idée « appropriée » (ce qui ne signifie pas que ce soit la seule ni la bonne) que celle qui fait intervenir la notion de force élastique.

La finalité de la controverse scientifique, ce n'est pas la construction de définitions, c'est leur usage

À l'inverse, faute de rechercher des conceptions « appropriées [29] », les chimistes se sont préoccupés de modèles mécaniques qui culminent dans la théorie « atomique » :

28. W. Whewell, *De la construction de la science*, *op. cit.*
29. *Ibid.*, p. 41 *sq.*

Comment les chimistes ont-ils tenté d'expliquer ces choses ? À l'aide de suppositions concernant la *taille*, la *forme*, et l'*arrangement* des particules des corps. Or ce sont de pures idées géométriques, qui n'ont aucune relation aux faits qui doivent être expliqués. Et la conséquence est que la théorie atomique n'expliquera pas un seul fait tel qu'il m'apparaît sans l'aide d'hypothèses subsidiaires, lesquelles hypothèses subsidiaires, prises pour elles-mêmes, ou d'autres également probables, suffiront d'elles-mêmes à rendre compte de tous les faits dont on peut rendre compte grâce à la supposition additionnelle des atomes (W2, 344).

La critique de Peirce est intéressante : les hypothèses subsidiaires peuvent effectuer tout le travail explicatif, bien que leur visibilité soit parfois obscurcie par l'aspect plus spectaculaire de modèles mécaniques. Cette glose de Whewell est pragmatiste : ce qui fait partie de la théorie, c'est ce qui contribue à sa fin, qui est d'expliquer tel ou tel phénomène chimique; si les hypothèses subsidiaires y parviennent, alors que les modèles mécaniques et atomiques ne le font qu'en apparence, ce sont les premières et non les secondes qui font partie de la théorie, quelles que soient les impressions que puissent avoir à ce sujet les chimistes. L'éclaircissement de ce domaine de la science passera par l'examen du rôle joué par ces hypothèses.

Il y a cependant, on l'a suggéré, une différence importante entre Peirce et Whewell : ce dernier fait jouer un rôle premier aux controverses dans l'éclaircissement des notions scientifiques, et son intérêt se porte avant tout sur les documents qui attestent de ces controverses. Il y a là pour Peirce un *danger* et peut-être une *lacune :* le danger serait celui d'encourager l'esprit de « disputaillerie », qui est pour lui responsable en large part de la stérilité des scolastiques. La lacune est que Whewell n'entreprend pas de montrer, du point de vue du chercheur, comment une notion qui était auparavant obscure, devient claire dans l'esprit du chercheur, d'un terme à l'autre de la controverse. Si ce passage n'est pas un pur effet mécanique de l'affrontement d'opinions contraires, il y a ici une tâche descriptive pour la méthodologie, qui n'a pas été menée à bien par Whewell :

Cela attire à nouveau notre attention sur le fait que la théorie de Whewell est tirée de l'histoire publique de la science. Il est, je n'ai aucun doute là-dessus, vrai que les conceptions scientifiques se sont toujours éclaircies à travers des débats. Et cela est une vérité importante. Mais quel fut le processus mental, quels furent le changement et la loi de changement dans l'esprit individuel par lequel une idée obscure s'est éclaircie ? À ce sujet, Whewell ne nous dit rien, et en vérité il ne semble avoir aucune idée de la question. Un esprit de métaphysicien aurait été entièrement captivé (*engrossed*) par *cette* question à l'exclusion entière de celle qui concerne le processus *public* de controverse (W2, 342)[30].

Est-ce que Peirce annonce ici son intérêt pour ce qui se passe dans les croyances de l'individu, tout membre d'une communauté qu'il soit ? On est tenté de le penser. Précisons ce qui nous fait adopter cette hypothèse : si le

30. Possibilité encore vacillante, sans doute, dans l'esprit de Peirce, car ce qui semble être une version antérieure du même manuscrit estimait que l'histoire publique des controverses « doit rendre compte correctement des faits dans l'ensemble mais peut ne pas représenter ce qui touche à l'individu et qui n'est pas publié. Un métaphysicien serait susceptible de penser que c'est ce dernier aspect qui est le principal, mais c'est une erreur. » (NEM 2, 852, 1869, cité par J. W. Dauben, art. cit., p. 172)

progrès scientifique ne résultait finalement que de « petites variations » et d'un équivalent de la « sélection naturelle » au travers de controverses, sans contrepartie du côté de l'esprit individuel de l'enquêteur, on se demande bien *pour qui* les conceptions seraient finalement rendues plus claires et plus appropriées. Sans tomber dans le travers qui consisterait à psychologiser la logique de la science, il y a là une tâche descriptive qui est imposée à la philosophie fondée sur l'histoire des sciences : or l'indication des usages des nouvelles conceptions permettrait, par leur double aspect, à la fois public et privé, de mener à bien cette mission.

Conclusion

À ce stade, il nous semble donc que « l'issue pratique », que Peirce décrira comme la marque propre des éclaircissements pragmatiques, se trouve déjà en germe dans l'idée de Whewell selon laquelle les controverses scientifiques portent en fait sur les propositions et sur l'usage qui est attendu des définitions, et l'on peut envisager deux conséquences distinctes de la lecture que Peirce opère de Whewell : il est possible qu'elle mette Peirce sur la voie des éclaircissements pragmatiques d'une manière qui n'est que partiellement exprimée dans les articles de 1877-1878 [31], il se peut qu'elle attire son attention sur la nécessité d'une explication du surgissement des hypothèses :

> Une autre question à laquelle nous devons répondre [est] : « Comment naissent ces idées appropriées ? » Whewell dirait qu'elles proviennent de la nature de l'esprit. Mais la nature de l'esprit est une chose qui elle-même est due à un processus d'évolution ; et nous voulons savoir comment exactement ces idées en sont venues à être implantées dans la nature de l'esprit. De plus, ces idées ont pour la plupart grandi au cours de l'histoire scientifique ; et nous voulons savoir comment exactement elles ont grandi et sous quelle action (*agency*) générale [32].

Dans le premier cas, cette lecture se prolonge dans *Comment rendre nos idées claires*, dans le second, elle aboutit à *L'Ordre de la nature* [33], mais on retrouve bien Whewell à la racine des questions que Peirce se pose en 1877-1878, et ce rapport interdit par avance de faire de la maxime pragmatiste de Peirce une forme rudimentaire et avant-gardiste de ce qui sera ensuite la maxime vérificationniste des positivistes logiques.

Mathias Girel
École Normale Supérieure, USR3608
Centre Cavaillès
PSL Research University

31. Voir HPPLS 1, 144 (*Lowell Lectures* de 1892).
32. *Ibid.* Toute cette conférence contient des éléments intéressants sur la méthode de Whewell et sur le rapport différent que Whewell et Mill entretiennent à l'histoire des sciences.
33. « The Order of Nature », le cinquième article des *Illustrations de la Logique de la Science*, publié dans le *Popular Science Monthly* en juin 1878 (W3, 306-322).

C. S. Peirce

COMMENT ON INVENTE LES HYPOTHÈSES : PEIRCE ET LA THÉORIE DE L'ABDUCTION

Frédéric Roudaut

L'abduction désigne chez Peirce le raisonnement par lequel on adopte une hypothèse pour sa capacité à expliquer certains faits. Elle a fait constamment l'objet des préoccupations de Peirce, qui y voyait une branche de la logique essentielle mais jusqu'alors trop ignorée. Nous nous proposons ici de retracer l'évolution des idées de Peirce à ce sujet, ce qui nous permettra de voir combien elles peuvent encore apporter aux problématiques contemporaines en épistémologie, et particulièrement eu égard à la question de l'« Inférence à la meilleure explication » sur laquelle se focalisent de nos jours les débats autour du réalisme scientifique.

Y a-t-il une logique de la découverte scientifique ? Comment les chercheurs trouvent-ils leurs hypothèses et font-ils avancer nos connaissances ? C'est là un sujet qui a constamment été au cœur des préoccupations de Peirce, qui y voyait une partie de la logique injustement négligée et pourtant de première importance. Il utilisa le terme « abduction* », par distinction avec « déduction » et « induction », pour désigner le raisonnement par lequel on adopte une hypothèse, la spécificité de ce raisonnement étant sa visée explicative : l'abduction est un raisonnement gouverné par le désir *d'expliquer* un phénomène. À ce titre, elle ressemble beaucoup à ce que, dans l'épistémologie contemporaine, on nomme « Inférence à la meilleure explication* » (IME), l'inférence censée nous conduire du fait qu'une hypothèse explique mieux les phénomènes que ses concurrentes à la conclusion qu'elle est (probablement) vraie [1]. L'IME est au cœur de la querelle entre « réalistes » et « antiréalistes » scientifiques. Les premiers

1. G. Harman, « Inference to the Best Explanation », *Philosophical Review*, vol. 74, n° 1, 1965, p. 88-95.

pensent que la science repose fondamentalement sur l'IME et que celle-ci nous permet de connaître la réalité au-delà des phénomènes (par exemple les atomes, les électrons, etc.), tandis que les seconds estiment que la science, pour ne pas sombrer dans la métaphysique, ne doit se prononcer que sur les phénomènes et ne tenir les « entités théoriques », au mieux, que comme des fictions commodes ou des instruments prédictivement utiles. [2] Les antiréalistes sont ainsi conduits à récuser l'IME en tant que mode de raisonnement et à lui dénier toute validité. La question fondamentale est de savoir s'il y a un rapport quelconque entre la *valeur explicative* d'une hypothèse et sa *vérité.*

Nous allons dans ce qui suit retracer les étapes de la réflexion de Peirce sur l'abduction, qui a souvent présenté des caractères visionnaires, et nous verrons que l'abduction se distingue nettement de l'IME, avec laquelle elle est pourtant souvent confondue, et qu'en outre les analyses de Peirce sur la logique abductive apportent des éléments précieux pour évaluer la légitimité de l'IME et éclairer la question du lien entre pouvoir explicatif et vérité. Nous verrons également combien la question de l'abduction est centrale dans le Pragmatisme*, que Peirce définissait d'ailleurs comme « la logique de l'abduction. »

Peirce et la logique

Peirce a passé une grande partie de son temps à tenter de classer les différents genres de raisonnement, examiner leurs propriétés et leurs relations mutuelles ; ce faisant, il a en permanence ouvert de nouvelles voies et anticipé sur un nombre remarquable de thèmes et de problèmes de l'épistémologie du XXe siècle. Contrairement à ses grands homologues européens comme Russell ou Frege, qui ne s'occupaient que de logique déductive et cherchaient à toute force à réduire les mathématiques à la logique (elle-même réduite à la science de la déduction), Peirce ne considérait le raisonnement mathématique et déductif que comme un type de raisonnement, et avait une conception de la logique beaucoup plus large : la science du *raisonnement* en général ; or, il y a bien d'autres formes de raisonnement que la déduction, et les autres formes sont peut-être plus importantes encore à étudier.

À la suite de Kant, Peirce distingue deux grands genres de raisonnements : les raisonnements nécessaires ou « explicatifs » comme disait Kant – c'est-à-dire les raisonnements déductifs, dans lesquels la conclusion est nécessairement vraie quand les prémisses le sont – et les raisonnements « ampliatifs » (induction et abduction), dont la conclusion va au-delà de l'information contenue dans les prémisses. L'induction était déjà un sujet de vif débat à l'époque de Peirce, mais il semble que l'abduction – le raisonnement par lequel on cherche à expliquer un fait ou un ensemble de faits étonnants – ait été négligée par les logiciens jusque-là, ce qui est très regrettable, quand on considère que l'abduction est le seul type de raisonnement capable de *produire des idées nouvelles* et donc de faire avancer la connaissance et de nous faire *comprendre rationnellement* la réalité. Peirce n'a jamais cessé d'insister sur

2. *Cf.* P. Duhem, *La Théorie physique, son objet, sa structure*, Paris, Vrin, 1906 ; et B. C. Van Fraassen, *The Scientific Image*, Oxford, Clarendon Press, 1980.

ce point : il n'y a que par l'abduction que notre connaissance de la réalité peut s'accroître, car l'abduction repose sur la recherche d'une *explication* de certains phénomènes ; expliquer les phénomènes veut généralement dire en identifier les causes, et il n'est pas rare que ces dernières soient inobservables (molécules, atomes, électrons, etc., ou encore faits historiques qui, étant passés, sont désormais impossibles à observer). L'abduction nous emporte donc typiquement *au-delà* des phénomènes visibles et de l'expérience sensible, à la différence de l'induction. Sans l'abduction, nous serions donc voués à ne connaître que les phénomènes, sans vraiment les comprendre. On voit qu'en négligeant le raisonnement abductif, les logiciens ont négligé *le* raisonnement par excellence grâce auquel nos connaissances s'accroissent.

Dans une lettre de 1913, Peirce distingue deux grandes vertus que peut avoir une inférence : la *sécurité* et l'« *uberté** » (la fécondité) (CP 8.383-388). La sécurité mesure la fiabilité de l'inférence à conduire des prémisses vraies à une conclusion vraie, tandis que l'uberté mesure la capacité d'une inférence à produire des connaissances nouvelles. On voit aisément que, dans ce système à deux dimensions, la déduction jouit d'une sécurité maximale et d'une uberté nulle (la déduction ne peut jamais produire une connaissance vraiment nouvelle, elle se borne à expliciter ce qui est déjà contenu dans les prémisses), tandis que l'abduction est très haute en uberté, mais très faible en sécurité (il n'est jamais garanti que l'explication la plus satisfaisante soit vraie). L'induction occupe une position intermédiaire : elle est faillible, mais de plus en plus fiable à mesure qu'on élargit l'échantillon ; elle augmente aussi notre connaissance, mais pas aussi radicalement que dans l'abduction. Le tort des logiciens jusqu'ici a donc été de ne s'intéresser qu'à la sécurité et pas à l'uberté, d'où une focalisation exclusive et dommageable sur la déduction.

La théorie peircienne de l'abduction est passée par deux grandes phases. Dans la première (à partir de 1867), Peirce est fortement sous l'influence de la syllogistique aristotélicienne ; il distingue déjà les trois sortes de raisonnement – déduction, induction et « hypothèse », comme il l'appelle alors – et conçoit les deux dernières comme des inférences obtenues en réagençant les propositions du syllogisme déductif en Barbara. Mais ce cadre syllogistique s'avèrera trop étroit et inadapté pour exprimer la forme réelle de l'abduction. Son approche de celle-ci, et de la logique en général, change vers 1882. À partir de cette date, il envisage la logique comme la « méthode des méthodes », la méthode pour trouver des méthodes pour découvrir la vérité (CP 7.50, c. 1906 ; CP 7.79, 1900) – c'est-à-dire comme la *méthode de la science* elle-même, tout simplement. Dans ce nouveau contexte, l'abduction apparaît comme la première des trois étapes de l'enquête*, le point de départ de la recherche de la vérité. Les deux autres étapes sont la déduction et l'induction, la fonction de ces deux autres inférences étant désormais de valider ou, le cas échéant, de réfuter, le résultat de l'abduction initiale.

C'est l'histoire de cette évolution que nous allons retracer ici. Nous verrons chemin faisant comment Peirce a contribué par anticipation à certains des plus importants débats de l'épistémologie du XXe siècle et comment ses idées peuvent aider à aborder le débat autour de l'IME.

L'approche syllogistique du raisonnement

Avant d'aborder la théorie du raisonnement en général, et du raisonnement abductif en particulier, commençons par rappeler la définition que Peirce donne du raisonnement dans les *Notes on Ampliative Reasoning :* le raisonnement est

> un processus par lequel le raisonneur est conscient qu'un jugement, la conclusion, est déterminé par un ou plusieurs autres jugements, les prémisses, conformément à une certaine habitude de pensée, qu'il peut être ou n'être pas capable de formuler, mais qu'il approuve en tant que conduisant à la vraie connaissance. Par vraie connaissance il entend [...] la connaissance ultime dans laquelle il espère que sa croyance se reposera ultimement, non perturbée par le doute, eu égard à l'objet particulier auquel se rapporte sa conclusion. Sans cette approbation logique, il manque au processus, bien qu'il puisse être fortement analogue à un raisonnement à d'autres égards, l'essence du raisonnement. (CP 2.773, 1900)

Le raisonnement est donc une transition d'une pensée à une autre selon une certaine *habitude;* cette habitude correspond à une *règle*, un « principe directeur » dira aussi Peirce, et le but final de tout raisonnement est évidemment de s'approcher de la vérité; mais, dans le contexte du pragmatisme, la vérité n'est rien d'autre que *l'état de stabilisation de la croyance*, la suppression du doute et de l'inconfort intellectuel[3]. Cela étant, le rôle du logicien est d'identifier les « principes directeurs », les règles d'inférence, qui constituent nos habitudes de raisonnement, et de montrer en quoi ils sont valides. C'est chez Aristote lui-même que Peirce repère la première mention du raisonnement abductif, dans un passage qu'il jugera longtemps corrompu et mal traduit. Il s'agit des *Premiers Analytiques*, où Aristote distingue l'abduction (*apagogè*) de la déduction (*synagogè* ou *anagogè*) et de l'induction (*epagogè*) ainsi : « Il y a abduction quand le premier terme appartient de toute évidence au moyen, tandis qu'il est incertain que le moyen appartienne au dernier terme, cette relation étant toutefois aussi probable, ou même plus probable que la conclusion. »[4] Aristote donne l'exemple suivant : soit A la *science*, B le prédicat « *peut être enseigné* » et C la *vertu*. Il est évident que la science peut être enseignée (Tout A est B); il est moins sûr que la vertu soit une science (C est A). Mais si la proposition « C est A » est au moins aussi probable que la proposition « C est B » (la vertu peut s'enseigner), alors, en prenant les deux premières propositions on peut « abduire » la troisième (la rendre plus probable). En effet, si l'on pose que la vertu est une science, on a plus de chances de conclure correctement que la vertu peut s'enseigner. L'abduction nous « rapproche » donc « de la connaissance ».

C'est chez Aristote que Peirce repère la première mention du raisonnement abductif

3. Le pragmatisme peircien n'accorde aucun sens à la définition « métaphysique » de la vérité comme « correspondance avec la réalité », car, dans la mesure où le réel est quelque chose d'indépendant de nos idées, cette « correspondance » ne peut jamais être établie dans l'expérience. La seule définition pragmatiquement sensée de la vérité est donc celle qui en fait une croyance stabilisée, *qu'aucune information future ne remettra jamais en cause.*

4. Aristote, *Premiers Analytiques*, II, 25, Paris, Vrin, 2001, p. 316-7.

Quand il fait référence à ce chapitre des *Analytiques*, Peirce a coutume de le considérer comme « corrompu », y compris dans l'usage du terme « abduction » traditionnellement utilisé pour traduire *apagogè*. Selon lui, ce qu'Aristote avait à l'esprit, c'était un syllogisme dans lequel la conclusion devient la prémisse mineure et celle-ci la conclusion.

Dans sa théorie syllogistique, Peirce conçoit l'induction et l'abduction comme des variantes du syllogisme déductif en « Barbara », c'est-à-dire ayant la structure (M est P, S est M; donc S est P) (syllogisme de la première figure). On distingue dans le syllogisme trois propositions : une Règle (M est P), un Cas (S est M) et un Résultat (S est P). Selon Peirce, l'induction et l'abduction correspondent à deux manières de réorganiser ces trois propositions. On a une induction quand la Règle est inférée du Cas et du Résultat, comme dans :

Ces haricots viennent de ce sac
Ces haricots sont blancs
Donc tous les haricots de ce sac sont blancs

On a abduction (« Hypothèse ») quand c'est le Cas qui est inféré de la Règle et du Résultat, comme dans

Tous les haricots de ce sac sont blancs
Ces haricots sont blancs
Donc ces haricots viennent de ce sac

Bien sûr, aucune de ces deux formes de syllogisme n'est valide au sens ordinaire du terme; toutefois ce sont bien deux types de *raisonnement*, puisqu'à chaque fois le sujet tire une conclusion sur la base de certaines *raisons*.

Quelles sont les différences entre Induction et Hypothèse ? La première cherche à identifier une *règle;* elle généralise donc un échantillon de cas à une population, tandis que la seconde est animée par la recherche d'une *explication :* elle veut expliquer le Résultat (*pourquoi* ces haricots sont-ils blancs ? Probablement *parce qu*'ils viennent tous de *ce* sac). D'autre part, bien qu'on ait affaire à deux raisonnements ampliatifs, l'ampliation n'est pas de même nature dans les deux cas : l'Induction, comme dit Peirce, nous fait passer des faits d'un certain type (« *ces* haricots sont blancs ») à d'autres faits du *même* type (« *tous* les haricots sont blancs ») ; on a affaire à ce qu'on peut appeler une *extrapolation horizontale* [5]. L'Hypothèse, elle, nous fait passer de faits d'un certain type à des faits d'un *autre* type (on passe de « ces haricots *sont blancs* » à « ces haricots *viennent de ce sac* ») (W3, 336, 1878 [6]). Quand par exemple le chimiste passe de certains faits observables à l'idée que la matière est composée d'atomes, il y a clairement changement de niveau de langage. L'idée atomique est introduite parce qu'elle permet d'expliquer les faits, mais elle relève d'un autre type de faits, très différents de ceux qu'on peut observer. On peut donc parler ici d'*extrapolation verticale*. C'est ce que signifie l'affirmation selon laquelle l'Hypothèse « crée des idées nouvelles ».

5. S. Psillos, « An Explorer Upon Untrodden Ground : Peirce on Abduction, » *in* D. M. Gabbay, S. Hartmann et J. Woods (dir.), *Handbook of the History of Logic. Vol. 10 : Inductive Logic*, Elsevier, 2011, p. 117-151.

6. Traduit dans C. S. Peirce, *À la recherche d'une méthode*, G. Deledalle (éd.), Perpignan, Presses Universitaires de Perpignan, 1993, p. 190.

Peirce dit aussi que l'Induction « classifie » alors que l'Hypothèse « explique ». Les deux inférences obéissent donc à des motivations entièrement différentes qui justifient qu'on les distingue soigneusement : quand on infère une hypothèse, c'est parce qu'elle semble capable d'expliquer les prémisses ; sa vertu explicative est précisément la raison pour laquelle on l'adopte, comme dit Peirce, l'hypothèse « est adoptée pour une raison, bonne ou mauvaise, et cette raison, en étant considérée comme telle, confère à l'hypothèse quelque plausibilité. » (CP 2.511n, 1894)

Toutefois, Peirce finira par abandonner cette approche de l'abduction, sans doute parce qu'elle s'avère inapte à rendre compte des différences censées être profondes entre l'induction et l'hypothèse. En effet, si l'Induction (I) et l'Hypothèse (H) ne sont que des réarrangements des mêmes propositions, peuvent-elles être des inférences aussi profondément différentes que le prétend Peirce ? On a vu deux différences putatives entre elles : (H) a une visée explicative, contrairement à (I) ; (H) est créatrice d'idées nouvelles, contrairement à (I). Pourtant ces deux affirmations sont douteuses.

a) D'abord, il ne semble pas tout à fait juste de dire que seule (H) a une finalité explicative, et pas (I) : lorsqu'on fait une induction, la règle qu'on tire par généralisation semble bien avoir une fonction explicative. Il est généralement admis que les énoncés nomologiques, du type « *C'est une loi* que tous les corbeaux sont noirs », ont une force explicative. Peirce reconnaissait d'ailleurs lui-même ce point : dès 1878 (W3, 328 [7]), il note que, lorsqu'on fait une induction, c'est entre autre parce qu'elle *explique* la distribution des caractères *mieux* que ne le ferait une autre règle. Il était de plus contraint de l'admettre en vertu de sa conception de l'explication elle-même : devançant la célèbre théorie de Hempel [8], Peirce définit l'explication en termes déductifs-nomologiques : un phénomène est expliqué dès lors qu'il se déduit d'une règle générale et de conditions initiales (selon un syllogisme en Barbara, donc) [9]. Si d'autre part on définit, comme Peirce, l'explication comme un raisonnement qui « élimine la surprise », l'inférence de la loi à ses instances particulières compte bien comme un genre d'explication.

Peirce finira par reconnaître que sa théorie syllogistique était inadéquate

b) D'autre part, comment est-il possible que (H) soit créatrice d'idées nouvelles, si elle est de nature syllogistique ? Pour qu'une inférence crée des idées neuves, il faudrait que la conclusion fasse apparaître un prédicat qui ne soit pas déjà apparu dans les prémisses ; mais dans un syllogisme, cela ne peut jamais arriver, comme on le voit aisément dans les cas de la déduction et de l'induction. Or, si (H) n'est qu'une autre figure du même syllogisme, on voit mal comment elle pourrait créer du neuf sur le plan lexical ou conceptuel.

7. C. S. Peirce, *À la recherche d'une méthode*, *op. cit.*, p. 183.
8. C. Hempel, *Éléments d'épistémologie*, Paris, Armand Colin, 1972.
9. « Ce que fait l'explication d'un phénomène, c'est fournir une proposition qui, si on avait su qu'elle était vraie avant que le phénomène ne se présente lui-même, aurait rendu ce phénomène prédictible, sinon avec certitude, au moins avec une grande probabilité. Elle rend donc ce phénomène rationnel – c'est-à-dire en fait une conséquence logique, nécessaire ou probable. » (CP 7.192, 1901) *Cf.* aussi CP 6.469, 1908.

Aucune idée nouvelle ne saurait être créée simplement en recombinant les termes. Comment alors soutenir que l'Hypothèse peut nous faire passer à des « faits d'un autre type » ? Si l'on regarde encore l'exemple d'Hypothèse donné plus haut, le problème est flagrant : les prémisses concernent des haricots, un sac et la blancheur, et la conclusion concerne encore des haricots et un sac (comme il se doit). Où donc est la « nouveauté » ? On voit très mal comment, avec une approche syllogistique, on pourrait aboutir à une conclusion vraiment nouvelle du genre « Donc, il y a des atomes » !

À vrai dire, Peirce finira par reconnaître que sa théorie syllogistique était inadéquate et écrasait encore trop l'abduction sur l'induction. Comme il le dira en 1910, il confondait encore trop l'abduction avec l'induction (CP 8.227), et traitait la première comme une « induction sur les qualités » (W8, 151, 1892), c'est-à-dire comme un raisonnement par lequel on infère que S est probablement un M à partir du fait qu'il possède la plupart des qualités typiques des M, comme dans « Napoléon avait telles et telles qualités ; tout grand général a ces qualités. Donc Napoléon était un grand général. »

Mais si ce genre de raisonnement peut nous aider à comprendre comment nous concluons qu'un oiseau est un *corbeau* à partir de l'observation de ses diverses qualités, on ne voit résolument pas comment il pourrait nous élever à des faits *complètement nouveaux* comme l'existence des *atomes.* Ces inconvénients expliquent sans doute pourquoi Peirce dépassera cette conception syllogistique.

La théorie de l'abduction

La forme logique de l'abduction

À partir de 1882, dans l'*Introductory Lecture to the Study of Logic* (W4, 378), Peirce va défendre sa conception de la logique comme la « méthode des méthodes » et la « méthode de la science ». Son vocabulaire va évoluer, et l'Hypothèse va être rebaptisée successivement « présomption », « rétroduction* » et finalement « abduction » au début du XXe siècle.

C'est dans la septième *Conférence sur le Pragmatisme* (OP 1, p. 425 = CP 5.189, 1903) qu'on trouve la formulation définitive de l'abduction peircienne :

> Longtemps avant que j'eusse classé l'abduction comme une inférence pour la première fois, il était déjà reconnu par les logiciens que l'opération consistant à adopter une hypothèse explicative – qui est précisément ce qu'est l'abduction – était sujette à certaines conditions, à savoir que l'hypothèse ne peut être admise, même comme simple hypothèse, à moins qu'on suppose qu'elle pourrait rendre compte des faits ou de certains d'entre eux. La forme d'inférence est par conséquent celle-ci :
>
> Le fait surprenant C est observé ;
> Or si A était vrai, C serait ordinaire
> Donc, il y a une raison de suspecter que A est vrai
>
> Ainsi, A ne peut pas être abductivement inférée, ou, si vous préférez, être abductivement conjecturée, à moins que la totalité de son contenu ne soit déjà présent dans la prémisse « Si A était vrai, C serait ordinaire ».

On voit, par cette dernière remarque, que Peirce s'est bien rendu compte qu'aucune hypothèse ne saurait être « inférée » si elle n'apparaît *déjà* pour commencer dans les prémisses. Par conséquent la question que nous soulevions tout à l'heure va se poser à nouveau : en quel sens l'abduction crée-t-elle des idées nouvelles (puisque c'est là une thèse à laquelle Peirce n'a jamais renoncé) ? Ce n'est pas lorsqu'on *tire l'inférence* que l'hypothèse est créée, c'est quand on l'exprime dans la prémisse majeure : avant d'inférer l'hypothèse, il faut bien l'avoir *conçue*, inventée, imaginée. C'est cet acte d'invention qui crée une idée neuve. Il faut donc conclure que ce que Peirce appelle « abduction » n'est pas *seulement* l'inférence par laquelle on conclut que « l'hypothèse A est peut-être vraie », mais aussi l'acte (antérieur ?) par lequel l'esprit forge cette hypothèse en premier lieu. L'abduction est donc quelque chose de plus complexe qu'il n'y paraît, et on pourra se demander en particulier si cet acte de création de l'hypothèse relève lui aussi d'un « raisonnement ».

Si l'on compare cette nouvelle formulation de l'abduction à l'ancienne formulation syllogistique, la première différence frappante est qu'elle contient une prémisse explicitement conditionnelle : « Si A était vraie, C serait un fait ordinaire ». Cette prémisse exprime le *lien explicatif* entre A et C, et il n'y a abduction que lorsque A est inférée *en raison de* ce lien. Par contraste, dans la version syllogistique antérieure, cette connexion explicative était absente. En mettant en évidence ce lien explicatif, la nouvelle formulation distingue plus nettement l'abduction de l'induction et fait ressortir aussi la visée *causale* de l'abduction.

Maintenant que nous connaissons la forme correcte du raisonnement abductif, nous pouvons aborder la question de savoir à quelles règles il obéit et de quelle sorte de validité il jouit. Comme nous l'avons signalé plus haut, l'abduction, si elle est forte en « uberté », semble faible en « sécurité » : c'est un raisonnement dont la fiabilité ne saute pas aux yeux. De fait, l'une des tâches de la théorie peircienne de la connaissance a toujours consisté à trouver la justification de l'abduction.

Le problème de la justification de l'abduction

Peirce a toujours été très lucide sur le fait que, lorsqu'on « abduit » une hypothèse, on procède à une inférence excessivement risquée : le fait qu'une hypothèse A *explique* de façon satisfaisante les faits C est-il une raison de croire que A est *vraie ?* Quel rapport en général doit-il y avoir entre la force explicative d'une hypothèse et sa vérité (ou sa probabilité) ? Nous savons très bien qu'une explication apparemment excellente peut être complètement fausse, et que, pour un ensemble quelconque de faits à expliquer, il peut exister un nombre indéfini d'explications imaginables, des plus simples et naturelles aux plus farfelues. C'est le problème bien connu de la sous-détermination des théories par l'expérience. Or, si plusieurs, voire une infinité, d'hypothèses concurrentes sont compatibles avec les mêmes faits, comment justifier l'inférence à *telle* hypothèse plutôt que n'importe quelle autre ? Peirce a souvent dit que ce qui justifiait l'abduction (mais aussi l'induction), c'est qu'elle peut être convertie en un syllogisme explicatif déductif : « Si A était vrai, C se produirait; or A est vraie; donc C se produit ». Autrement dit, l'abduction serait justifiée par le fait qu'à partir de l'hypothèse, on peut déduire les faits observés. Mais cela ne saurait être suffisant, puisque, par définition, la même chose sera valable pour l'infinité des hypothèses concurrentes, puisque la possibilité d'un tel syllogisme est précisément ce qui fait qu'une hypothèse est une *explication* potentielle. Il ne saurait donc y avoir d'inférence directe possible de « A explique C » à « A est vraie ». Dans ces conditions, comment une « inférence à la meilleure explication » est-elle possible ?

Si l'on ajoute à cela la remarque de Peirce (CP 2.781, 1900) selon laquelle la force d'une abduction dépend de son pouvoir éliminatif, c'est-à-dire du nombre d'hypothèses concurrentes qu'elle permet d'éliminer, la perspective devient vraiment très sombre pour l'abduction : rares sont les circonstances où le chercheur peut prétendre avoir disqualifié *toutes* les explications possibles *sauf une !*

Il est intéressant de noter ici que cette faiblesse de l'abduction est au cœur d'un des arguments majeurs contre le réalisme scientifique : l'argument « du mauvais lot » de van Fraassen[10]. Pour que l'IME nous donne une chance de découvrir une vérité, il faut d'abord que la vérité soit quelque part *parmi* les hypothèses que nous envisageons; mais ces hypothèses sont rarement plus qu'une poignée : trois, quatre, dix peut-être. Il se peut que parmi ces quelques hypothèses, l'une soit nettement supérieure aux autres en tant qu'explication, mais en inférer qu'elle est probablement vraie serait un pas totalement irrationnel, puisqu'il y a toujours infiniment plus de chances pour que la bonne hypothèse se trouve depuis le début dans l'immense ensemble d'explications auxquelles personne n'a pensé. Les exemples ne manquent pas en histoire des sciences : lorsque Le Verrier démontra l'existence de Neptune pour expliquer les anomalies de la trajectoire d'Uranus, ce fut par une inférence à la meilleure explication : la théorie newtonienne étant supposée bonne, la meilleure explication de l'anomalie devait être la présence d'un astre suffisamment massif pour perturber Uranus; les équations de Newton permettaient, avec beaucoup de travail, de calculer la masse et l'emplacement de cet astre hypothétique, et il ne restait plus qu'à l'observer pour confirmer définitivement l'hypothèse, ce qui fut fait. Mais quand, s'appuyant sur ce beau succès, Le Verrier entreprit d'expliquer le décalage du périhélie de Mercure en postulant l'existence de Vulcain, selon le même raisonnement qu'il avait employé pour découvrir Neptune, il fit fausse route : la planète Vulcain n'était tout simplement pas là pour être découverte ! Le Verrier ou ses contemporains auraient-ils pu trouver la bonne explication de l'anomalie de Mercure ? Certainement pas, puisque celle-ci supposait la théorie de la Relativité Générale, qu'aucun physicien n'aurait été en mesure d'imaginer au milieu du dix-neuvième siècle. Les physiciens de l'époque étaient donc condamnés à chercher parmi des hypothèses plus ou moins bonnes *dans un mauvais lot,* car pour trouver *la* bonne, il fallait littéralement changer de paradigme cosmologique.

En bref, l'IME serait une forme de raisonnement acceptable seulement si l'on avait des raisons de croire que la bonne explication figure parmi les quelques hypothèses qui nous sont venues à l'esprit. Mais a-t-on jamais des raisons de croire cela ?

10. B. C. Van Fraassen, *Lois et symétrie*, Paris, Vrin, 1994, p. 244.

Il faut porter au crédit de Peirce de n'avoir jamais sous-estimé ce défaut de l'abduction :

> L'hypothèse à laquelle elle conclut problématiquement est fréquemment complètement fausse elle-même, et même la méthode peut ne jamais conduire à la vérité, car il se peut que les propriétés des phénomènes qu'elle cherche à expliquer n'aient aucune explication rationnelle. Sa seule justification est que sa méthode est la seule manière dont on peut espérer atteindre une explication rationnelle. (CP 2.777, 1900)

Or, une conséquence importante de cela est que l'abduction n'est pas une inférence destinée à déboucher sur une croyance, mais sur une pure conjecture :

> En règle générale, l'hypothèse est une espèce faible d'argument ; souvent, elle incline notre jugement si légèrement vers sa conclusion que nous ne pouvons pas dire que nous croyons que celle-ci soit vraie ; nous conjecturons seulement qu'elle l'est. (W3, 326, 1878 [11])

Faire une abduction, c'est, dit Peirce, « adopter » une hypothèse en vertu de son pouvoir explicatif ; mais « adopter » ne signifie pas « croire » (tenir pour vrai). *Croire* une hypothèse simplement parce qu'elle « fonctionne », ou même la tenir pour probable, serait une faute logique, pour la simple raison que, au vu du nombre potentiellement immense d'hypothèses alternatives concevables, nous avons toujours infiniment plus de chances de nous tromper que d'avoir raison quand on abduit une hypothèse. Cela étant, Peirce a toujours insisté sur le fait que l'abduction était (1) un *raisonnement* et (2) un raisonnement ayant une justification, donc une forme de *validité*. Mais, au vu de son grave manque de fiabilité, en quoi celle-ci peut-elle consister ?

Dans le passage cité plus haut, nous lisons que « sa seule justification est que sa méthode est la seule par laquelle on puisse espérer atteindre une connaissance rationnelle. » Autrement dit, l'abduction serait justifiée par le seul fait que, si l'on veut comprendre le réel, *on n'a pas le choix :* il faut se risquer à faire des abductions ! Cela paraît tout de même une très maigre « justification » de l'inférence abductive. Les choses ne sont pas désespérées cependant ; l'abduction possède bien une justification logique, mais assez spéciale, car ce n'est pas en elle-même qu'elle est justifiée (par sa forme ou sa nature), mais *par ses relations avec les deux autres types d'inférence*, la déduction et l'induction. C'est donc *de l'extérieur*, pour ainsi dire, que l'abduction va trouver sa justification. Pour comprendre cela, il faut commencer par avoir à l'esprit la conception de la validité qui est celle de Peirce, dans les *Notes on Ampliative Reasoning :*

> VALIDITÉ : la possession par une argumentation ou une inférence de la sorte d'efficacité à conduire à la vérité qu'elle professe avoir ; elle est aussi dite « valide ». Tout argument ou inférence professe se conformer à une méthode générale de raisonnement, méthode qu'on tient pour avoir une vertu ou une autre à produire la vérité. Pour être valide l'argument ou l'inférence doit réellement poursuivre la méthode qu'il professe poursuivre et, qui plus est, cette méthode doit avoir le genre de vertu à produire la vérité qu'elle est supposée avoir. [...] On ne doit pas

11. Traduit dans C. S. Peirce, *À la recherche d'une méthode*, *op. cit.*, p. 181.

confondre la validité avec la force, car un argument peut être parfaitement valide et pourtant excessivement faible. (CP 2.779, 1900)

Autrement dit : chaque raisonnement prétend avoir *une certaine sorte d'efficacité* à conduire à la vérité ; il est « valide » dès lors qu'il a effectivement la tendance qu'il prétend avoir à conduire à la vérité. Le raisonnement déductif, par exemple, prétend naturellement conduire *infailliblement* du vrai au vrai ; et c'est *effectivement* ce qu'il fait. Voilà en quoi consiste la validité de *chaque* déduction. L'induction, de son côté, ne prétend pas conduire infailliblement à des conclusions vraies : chaque induction reconnaît tacitement son risque d'erreur, puisqu'une induction dépend toujours de l'ignorance d'une quantité indéfinie d'informations (tous les cas non encore examinés). Cependant, l'induction *en général* est un mode de raisonnement valide, car, pour Peirce, il est auto-correcteur : plus on le répète (plus on élargit l'échantillon qui sert de base inductive), plus la conclusion *doit* converger vers la vérité – du moins si la population « totale » sur laquelle on échantillonne est finie. Une induction est donc d'autant plus *forte* que l'échantillon est plus grand, le cas limite étant celui où *toute* la population a été échantillonnée, cas dans lequel l'induction prend une forme dégénérée et atteint la certitude. Autrement dit, l'induction est valide parce qu'on peut démontrer déductivement (par une déduction statistique) qu'elle est auto-correctrice. La validité de l'induction est donc suspendue à celle de la déduction. En bref, la validité d'un type d'inférence dépend de la question de savoir si le raisonnement possède autant (ou aussi peu) de force qu'il prétend en avoir. Mais l'abduction, justement, ne prétend avoir *aucune* force en vérité. En ce sens, elle semble trivialement valide, puisqu'elle *n'a pas* de force et *ne prétend pas* en avoir. Difficile à ce point d'être très satisfait d'une telle « justification » de l'abduction !

L'abduction ne prétend avoir aucune force en vérité

Notre embarras s'accroît lorsque nous lisons ceci : « Il faut se rappeler que l'abduction, bien qu'elle soit très peu entravée par les règles logiques, est néanmoins une inférence logique, n'assertant sa conclusion que problématiquement ou conjecturalement, c'est vrai, mais ayant néanmoins une forme logique parfaitement définie. » (OP 1, p. 424 = CP 5.188, 1903) Drôle de raisonnement décidément que cette abduction ! Elle a certes une « forme logique parfaitement définie », nous l'avons rencontrée plus haut, mais en quoi est-ce une « inférence logique » si elle est « très peu entravée par les règles logiques » ? En disant cela, Peirce veut clairement dire que l'abduction n'est soumise à pratiquement aucune contrainte – par exemple, rien n'interdit d'abduire une hypothèse totalement fantasmagorique si celle-ci a le moindre pouvoir explicatif vis-à-vis des phénomènes.

En fait, l'abduction n'obéit qu'à deux exigences : on peut adopter n'importe quelle hypothèse, à condition :

(1) qu'elle soit capable d'expliquer les faits (c'est-à-dire que les faits puissent se déduire d'elle, fût-ce sur le mode probable)

(2) mais aussi qu'elle soit testable, vérifiable expérimentalement.

Ce second point dérive du pragmatisme. Le pragmatisme affirme qu'il ne peut y avoir aucune distinction logique entre deux idées qui ont exactement les mêmes implications pratiques, les mêmes effets dans la conduite et l'expérience future (voir CP 5.196, 1903). Si une idée n'a aucun effet potentiel de ce genre, c'est une idée purement métaphysique qui ne signifie rien (on peut discerner ici une anticipation du réductionnisme du Cercle de Vienne). Conséquence : une hypothèse n'est envisageable, admissible, que si sa vérité, son acceptation, conduit à une différence pratique – par exemple, au fait qu'on *s'attend à observer* ceci ou cela. Il s'ensuit que sont inadmissibles les hypothèses qui ne peuvent pas avoir d'impact sur nos attentes, n'ont pas de conséquences observables.

Comme on le voit, très peu de contraintes « logiques » en effet pèsent sur l'abduction. La première contrainte est à vrai dire triviale. La seconde est plus substantielle cependant : certes, elle ne limite peut-être pas drastiquement l'ensemble des hypothèses méritant d'être envisagées, mais on verra qu'elle induit des considérations « économiques » sur la sélection et le classement des hypothèses selon un « ordre de préférence ».

Ainsi, en elle-même, l'abduction ne jouit d'aucune légitimité logique propre : elle n'a, par elle-même, aucune tendance intrinsèque à nous conduire à des vérités. Ce qui la justifie, ce sont donc les deux choses suivantes : (1) c'est la seule espèce d'inférence capable de nous faire *comprendre* le réel, et (2) elle engendre des hypothèses qui peuvent, dans un second temps, être *testées*, mises à l'épreuve. L'abduction ne tire donc sa légitimité que de son articulation avec la déduction et l'induction, qui vont se retrouver subordonnées à elle dans la théorie peircienne de l'enquête telle qu'elle s'élabore à partir des années 1880.

Peirce conçoit l'enquête comme un processus en trois étapes, qu'il décrit ainsi en 1908 dans *A Neglected Argument for the Reality of God :*

> La série entière des opérations mentales ayant lieu entre la prise de conscience du phénomène étonnant et l'acceptation de l'hypothèse, [...] la recherche de circonstances pertinentes et leur appréhension, parfois sans qu'on s'en aperçoive, leur examen attentif, [...] l'irruption de la conjecture surprenante, la découverte du fait qu'elle s'adapte en douceur à l'anomalie tandis qu'on la fait aller et venir telle une clé dans une serrure, et l'estimation finale de sa plausibilité, voilà ce que je considère comme la première étape de l'enquête. J'ai baptisé rétroduction sa forme caractéristique en tant que raisonnement, c'est-à-dire raisonnement du conséquent à l'antécédent. [...]
> La rétroduction n'apporte aucune sécurité. L'hypothèse doit être testée plus avant. Cette mise à l'épreuve, pour être logiquement valide, doit honnêtement commencer, non pas comme la rétroduction, par l'examen des phénomènes, mais par l'examen de l'hypothèse et un ensemble de toutes sortes de conséquences expérimentales conditionnelles qui s'ensuivraient de sa vérité. Cela constitue la deuxième étape de l'enquête. En ce qui concerne la forme caractéristique de ce raisonnement, notre langage a fort heureusement admis depuis deux siècles le nom de déduction. (CP 6.469-472, 1908)

Et cette troisième étape est gouvernée par l'induction. On voit que les idées de Peirce ont évolué aussi au sujet de cette dernière. Initialement conçue comme l'extrapolation d'un échantillon à une population, elle est désormais présentée comme un outil de confirmation pour une hypothèse préalablement formulée ; sa fonction n'est plus de découvrir des règles, des généralités, mais *d'évaluer le degré de confirmation* d'une hypothèse. L'induction est désormais subordonnée à l'abduction. Comme le dit Peirce :

> La seule procédure légitime pour l'induction, dont le rôle consiste à tester une hypothèse recommandée par la procédure rétroductive, est de recevoir ses suggestions d'abord de l'hypothèse, de prendre les prédictions expérimentales qu'elle fait conditionnellement, puis de tenter l'expérience pour voir si elle tourne de la façon qui était virtuellement prédite dans l'hypothèse où elle le serait. [...] Maintenant quand nous arrivons à l'étape inductive de l'enquête, ce que nous voulons c'est trouver à quel point notre hypothèse se rapproche de la vérité, c'est-à-dire, quelle proportion de ses anticipations seront vérifiées. (CP 2.755, c. 1908)[12]

Autrement dit, lorsqu'une hypothèse produit des prédictions qui sont brillamment vérifiées par l'expérience ultérieure, nous avons de bonnes raisons de croire que les futures mises à l'épreuve ne les démentiront pas, et que les prédictions non encore testées seront vérifiées elles aussi. Il vaut la peine de noter à ce propos que, en vertu de la maxime pragmatiste* (et dans une nouvelle préfiguration de l'empirisme logique à venir), Peirce assimile l'hypothèse à *la totalité de ses conséquences observables :* puisque le contenu logique d'une proposition équivaut à ses effets observables possibles (maxime pragmatiste), il s'ensuit qu'une hypothèse est *vraie* si et seulement si *l'intégralité de ses implications empiriques sont vraies*[13].

À ce titre, même l'hypothèse atomique est donc « vérifiable » en principe car chaque confirmation expérimentale d'une hypothèse constitue un début de vérification de celle-ci[14]. Contrairement à ce qu'on trouvera chez Popper, Peirce n'a donc aucun scrupule à dire qu'une hypothèse est « vérifiable », et pas seulement « falsifiable ». Certes, aucune hypothèse scientifique n'est jamais *totalement* vérifiée, puisqu'on n'effectuera jamais la totalité des observations et des expériences possibles, qui sont en nombre infini. D'où l'importance de l'induction, qui nous apporte une vérification de substitution (bien sûr toujours défaisable, faillible).

On peut souligner à présent une différence importante entre l'abduction et l'IME : comme nous venons de le voir, l'abduction n'est pas censée déboucher sur une *croyance*, mais sur l'« adoption » d'une hypothèse ; par contraste,

12. Voir aussi la sixième *Conférence sur le Pragmatisme* (OP 1, p. 400-401 = CP 5.170, 1903).

13. « Quoi qu'il en soit, la signification tout entière de l'hypothèse réside dans ses prédictions empiriques conditionnelles : si toutes ses prédictions sont vraies, l'hypothèse est totalement vraie. » (*The Logic of Drawing History from Ancient Documents*, CP 7.203, 1901)

14. Voir sur ce point les remarques de Peirce contre le positivisme de Comte, selon lequel « vérifiable » équivaut à « directement observable », par exemple dans la huitième des « Lowell Lectures » : « Une hypothèse explicative, c'est-à-dire une conception qui ne se limite pas à vouloir permettre à l'esprit de saisir en une fois une variété de faits, mais qui cherche à connecter ces faits à nos conceptions générales de l'univers, devrait, un en sens, être vérifiable. C'est-à-dire qu'elle devrait n'être à peu près rien de plus que la liaison des innombrables prédictions possibles concernant l'expérience future, de telle sorte que, quand elles échouent, elle échoue aussi. » (OP 2, p. 180-181 = CP 5.597, 1903)

les partisans de l'IME défendent l'idée que les considérations explicatives (abductives) sont « un guide vers la vérité [15] », autrement dit, ils pensent que le fait qu'une hypothèse ait un certain pouvoir explicatif lui confère une certaine probabilité et justifie donc qu'on la *croie* plus ou moins. Rien de tel chez Peirce, qui a toujours insisté sur le fait que la conclusion d'une abduction était *purement conjecturale* et ne devait pas engendrer la croyance. La raison en est sa très haute faillibilité en tant qu'inférence. En revanche, il devient de plus en plus légitime de croire à l'hypothèse quand elle va de confirmation en confirmation quand on la met à l'épreuve : l'accumulation des succès prédictifs rend possible une induction, et l'induction engendre une habitude (on s'attend à ce que cela continue de la même façon dans le futur), et cette habitude est justement la croyance. Quant à l'abduction, son effet n'est pas de produire une croyance, mais, dit Peirce, une « émotion » (W3, 336, 1878 [16]) – il veut sans doute dire par là que l'hypothèse nous donne le *sentiment de comprendre* les faits, un genre particulier de satisfaction intellectuelle. L'important est que Peirce a constamment insisté sur la nécessité de distinguer ce sentiment de compréhension de la croyance en l'hypothèse, et mis en garde contre la tentation de passer trop vite de l'un à l'autre. Par exemple, il reproche justement aux philosophes anciens (Thalès, Anaximandre, Platon) d'être tombés dans ce travers régulièrement, et d'avoir souvent cru n'importe quelle hypothèse dès lors qu'elle « semblait rendre le monde raisonnable » (CP 7.202, 1901). Il s'agit d'ailleurs de l'une des « méthodes pour fixer la croyance » qu'il fustige dans son essai « Comment se fixe la croyance ? » (OP 1, p. 215-235 = W3, 242-256, 338-354, 1877), et on y reconnaît aisément la méthode de prédilection des métaphysiciens, qui vont accorder leur crédit à toutes sortes de théories parce qu'elles leur semblent « agréables à la raison ». Mais il n'y a aucun passage automatique reliant la valeur explicative à la vérité, à tel point qu'on ne peut même pas considérer l'abduction comme conférant une « probabilité » à sa conclusion. Dans le langage de Peirce, l'hypothèse, à ce stade, est tout au plus « plausible », mais non « probable ».

Comment fonctionne l'abduction ?

Regardons à présent comment, selon Peirce, fonctionne l'abduction : *comment* les chercheurs trouvent-ils leurs hypothèses ? Qu'est-ce qui les détermine à adopter celle-ci ou celle-là ? Puisque, pour tout phénomène à expliquer, il peut y avoir un nombre indéfini d'explications différentes imaginables, le chercheur sera naturellement porté à considérer en priorité les hypothèses les plus raisonnables (*Notes on Ampliative Reasoning*, CP 2.776, 1900). Mais qu'est-ce qui rend une hypothèse *raisonnable* et digne de considération ? La réponse évidente est que ce sont nos croyances et nos connaissances d'arrière-plan. En effet, toute recherche se fait sur un arrière-plan de connaissances préalables ou de théories tenues pour vraies à l'avance. Lorsqu'une hypothèse destinée à expliquer de nouveaux faits s'accorde bien avec ce que nous croyons déjà savoir par ailleurs, elle nous paraîtra naturellement vraisemblable et crédible. Ainsi, ce qui rend une hypothèse

15. P. Lipton, *Inference to the Best Explanation*, Londres et New York, Routledge, 1991.
16. Traduit dans C. S. Peirce, *À la recherche d'une méthode*, *op. cit.*, p. 190.

probable (*likely*), c'est l'ensemble de toutes nos connaissances d'arrière-plan ou toutes nos idées préconçues au sujet du réel.

Malgré cela, Peirce insiste régulièrement sur le fait que, dans l'abduction, *il ne faut pas* se fier à ses connaissances d'arrière-plan, c'est-à-dire à la « probabilité a priori » des hypothèses. Il écrit ainsi dans les *Lessons from the History of Science :*

> Car après tout, qu'est-ce qu'une hypothèse probable ? C'est une hypothèse qui colle avec nos idées préconçues. Mais celles-ci peuvent être erronées. Leur erreur est justement ce que le scientifique essaie de surmonter plus particulièrement. (CP 1.20-21, 1903; voir aussi OP 2, p. 182-183 = CP 5.599, 1903)

Autrement dit, quand vous faites une abduction, ne vous laissez pas influencer par le fait que telle ou telle hypothèse paraît particulièrement « raisonnable » à la lumière de vos connaissances préalables. Ces connaissances préalables vous feront attribuer à cette hypothèse une probabilité assez haute,mais, dit Peirce, ce sera très souvent une grave erreur, car en procédant ainsi vous passerez souvent à côté d'autres hypothèses, peut-être plus étranges et audacieuses, mais vraies.

En fait, ce à quoi on assiste ici, c'est au rejet par Peirce de la logique inductive bayésienne, qui s'appuie sur la « règle de Bayes », un théorème du calcul des probabilités, pour montrer comment les données de l'expérience modifient la probabilité de nos hypothèses (et fournit donc une « logique » pour l'induction et l'abduction).[17] Peirce reproche au bayésianisme* d'entretenir la confusion sur le concept de probabilité (en confondant la probabilité au sens propre, c'est-à-dire statistique, et la vérisimilitude ou crédibilité), d'utiliser des principes de raisonnement irrationnels (tel le principe de raison insuffisante de Laplace, censé justifier les attributions de probabilités en situation d'ignorance totale) et, par-dessus le marché, d'entraver les progrès de la recherche en encourageant le conservatisme intellectuel. Si en effet vous fixez systématiquement vos « probabilités a priori » en fonction du degré auquel vos hypothèses s'accordent à vos croyances préalables, alors vous conférerez à chaque fois une prime probabiliste aux hypothèses qui s'accordent avec votre paradigme ou à vos préjugés, ce qui reviendra à disqualifier automatiquement, et peut-être à tort, les hypothèses plus bizarres mais plus novatrices. En accord avec ce que dira Popper plus tard, Peirce a conscience que ce qui intéresse la science, ce ne sont pas les « hypothèses les plus probables », mais les hypothèses les plus *informatives*. Or, une hypothèse est d'autant plus informative qu'elle a *plus de chances d'être fausse* (ou qu'elle est plus invraisemblable à première vue). C'est justement lorsqu'ils suivent la logique bayésienne que les savants empêchent leur discipline de faire ses plus grands progrès : c'est ce qui explique le temps qu'il a fallu pour prendre au sérieux l'héliocentrisme, c'est aussi ce qui a fait passer Einstein pour un hurluberlu quand il a présenté sa théorie de la Relativité restreinte, et c'est encore ce qui a empêché ce même Einstein, toute sa vie, d'accepter la théorie quantique telle qu'elle était.

17. Sur les probabilités chez Peirce, voir l'article de Benoit Gaultier dans ce volume, p. 67-90.

Ajoutons que, lorsque vous vous appuyez trop sur vos connaissances préalables pour évaluer des hypothèses, votre attitude n'est pas rigoureusement « scientifique » aux yeux de Peirce : se fier aveuglément à son « paradigme », c'est figer dans le marbre les acquis scientifiques antérieurs et devenir dogmatique, en oubliant qu'en science, rien n'est jamais définitivement acquis et qu'un bon savant est quelqu'un qui doit être prêt à tout instant à remettre en jeu la totalité de ses convictions.

Tout cela explique pourquoi Peirce pensait que l'abduction, finalement, n'obéit à aucune règle, en dehors des deux conditions très générales exposées plus haut (l'hypothèse doit avoir une valeur explicative et doit être testable) : si une hypothèse testable a une vertu explicative, alors elle *mérite* a priori d'être prise en considération, quand bien même elle paraîtrait passablement farfelue à première vue.

L'instinct abductif

Nous en sommes au point suivant : nous voulons comprendre comment les chercheurs trouvent leurs hypothèses; nous venons de voir qu'ils étaient souvent influencés dans ce processus par leurs connaissances d'arrière-plan, mais qu'en même temps cette façon de s'appuyer sur les acquis antérieurs était une grande source d'erreur et de retard dans le progrès scientifique. Ce qui doit être expliqué, c'est aussi comment des savants parviennent à découvrir des hypothèses *initialement invraisemblables ou stupéfiantes :* le principe d'inertie chez Galilée, l'hypothèse atomique chez Dalton, le quantum d'action chez Planck, la relativité de l'espace et du temps chez Einstein, etc. Autant d'idées vraiment nouvelles, qui, à leur apparition, ne s'intégraient pas du tout à l'état des connaissances d'alors.

Comment les chercheurs trouvent-ils leurs hypothèses ?

Peirce met en évidence un curieux paradoxe. D'un côté, l'abduction est extrêmement faillible : en général, les abductions se trompent beaucoup plus souvent qu'elles ne réussissent (même quand on finit par trouver la bonne explication, c'est généralement après plusieurs abductions ratées) ; et pourtant, si l'on en juge *par induction* à partir de l'histoire des sciences (qui n'est pas si longue), on constate que l'homme a réussi un nombre *anormalement élevé* d'abductions. En fait, il semble y avoir ici deux inductions qui vont en sens contraire.

D'un côté, une induction pessimiste [18] qui consiste à remarquer que l'histoire des sciences est une longue suite d'explications et de théories adoptées pour être abandonnées un peu plus tard car réfutées. Ce constat pourrait nous conduire à conclure que nos meilleures théories scientifiques actuelles sont elles aussi très probablement fausses. C'est l'un des arguments-massue de l'antiréalisme contemporain.

D'un autre côté, une induction optimiste : l'étude de cette même histoire des sciences, du moins depuis Copernic, nous frappe par l'accumulation de découvertes justes (à en juger par leur « valeur de survie ») : à chaque

18. *Cf.* L. Laudan, « A Confutation of Convergent Realism », *Philosophy of Science*, vol. 48, n° 1, 1981, p. 19-49.

époque, des choses ont été découvertes qui n'ont jamais été remises en question ultérieurement (le système de Copernic, les lois de Galilée, les lois de la mécanique, de la thermodynamique, etc.). Quels que soient les bouleversements que connaît la science, certaines choses sont préservées aux époques ultérieures et considérées comme « vraies » une fois pour toutes. Or, la valeur de survie de tous ces éléments témoigne du génie abductif de leurs auteurs. Autrement dit, *la fréquence relative avec laquelle l'homme fait les bonnes abductions est anormalement élevée, compte tenu de la faillibilité intrinsèque de cette sorte d'inférence.* Et comme ces abductions brillantes sont souvent en porte-à-faux avec les connaissances dominantes à l'époque, on ne peut pas les expliquer de manière bayésienne.

Il y a là un « fait surprenant » appelant une explication ! Comment expliquer que les hommes aient su produire si régulièrement les bonnes conjectures (à en juger bien sûr par leur confirmation inductive ultérieure) ? La seule explication est l'existence d'un « instinct », d'un « *insight* » remarquable, un don pour « deviner juste » :

> Quelle que soit la manière dont l'homme a acquis cette faculté de deviner les voies de la nature, cela n'a certainement pas été par une logique critique et contrôlée (*self-controlled*). Même à présent nous ne pouvons donner aucune raison exacte de ses meilleures conjectures (*guesses*). Il me semble que le jugement le plus clair qu'on puisse faire de la situation logique [...] est de dire que l'homme a une certaine perspicacité (*Insight*), pas assez forte pour être plus souvent juste que fausse, mais suffisamment forte pour ne pas être outrageusement plus souvent fausse que juste, dans les Tiercéités*, les éléments généraux de la nature. [...] Cette faculté est en même temps de la nature générale de l'instinct, ressemblant à l'instinct des animaux par sa capacité à surpasser jusqu'à présent les pouvoirs généraux de notre raison et à nous diriger comme si nous étions en possession de faits qui sont au-delà de la portée de nos sens. Elle ressemble aussi à l'instinct dans sa petite tendance à l'erreur, car bien qu'elle ait plus souvent tort que raison, pourtant la fréquence relative avec laquelle elle tombe juste est, tout compte fait, la chose la plus merveilleuse de notre constitution. (OP 1, p. 403 = CP 5.173, 1903)

Et l'on peut lire aussi, dans les *Lessons from the History of Science :*

> En examinant les raisonnements de ces physiciens qui ont donné à la science moderne la propulsion initiale qui lui a assuré une vie riche depuis lors, on est frappé par le grand poids (quoique pas absolument décisif) qu'ils accordaient à leurs jugements instinctifs. Galilée invoque *il lume naturale* aux étapes les plus critiques de son raisonnement. Kepler, Gilbert et Harvey, pour ne pas parler de Copernic, se reposent substantiellement sur un pouvoir intérieur, pas suffisant pour atteindre la vérité par lui-même, mais fournissant néanmoins un facteur essentiel aux influences transportant leur esprit vers la vérité.
> Il est certain que le seul espoir pour que le raisonnement rétroductif atteigne jamais la vérité, c'est qu'il y ait quelque tendance naturelle vers un accord entre les idées qui se présentent d'elles-mêmes à l'esprit humain et celles qui sont concernées par les lois de la nature. (CP 1.80-81, 1898)

Voilà qui peut paraître bien spéculatif. L'abduction reposerait finalement sur un instinct, donc sur une faculté non logique (incontrôlable, involontaire). Toutefois, ce n'est pas gratuitement que Peirce avance cette hypothèse : c'est en faisant, justement, une inférence à la meilleure explication! En effet, on constate que l'homme a produit finalement assez souvent de bonnes hypothèses; or l'abduction en elle-même produit beaucoup plus d'erreurs que de conclusions vraies. On ne peut donc pas expliquer ses succès par le simple hasard : si les Galilée, Kepler, et autres, avaient seulement deviné « au hasard », ils n'auraient probablement trouvé aucune vérité. Ce doit donc être un instinct, une prédisposition innée à tomber sur les bonnes idées. À l'appui de cette explication, Peirce n'hésite pas à invoquer le darwinisme (voir OP 2, p. 184-185 = CP 5.603, 1903) et à spéculer sur l'idée que, si l'esprit de l'homme n'était pas largement adapté à la découverte des lois de la nature, il n'aurait pas aussi bien survécu et prospéré. On peut même trouver chez Peirce l'anticipation de la psychologie évolutionniste contemporaine, lorsqu'il souligne que la sélection naturelle a particulièrement adapté l'homme à raisonner sur les forces mécaniques (les causes physiques) et sur les états mentaux de ses congénères.

Quoi qu'il en soit du bien-fondé de cette hypothèse, on remarquera que Peirce finit par justifier l'abduction inductivement, en passant par une induction optimiste qui court-circuite l'induction pessimiste chère aux antiréalistes d'aujourd'hui. Il écrit dans *On the Logic of Drawing History from Ancient Documents :*

> J'ai déjà souligné que c'est une hypothèse primitive sous-tendant toutes les abductions que l'esprit humain est apparenté à la vérité (*akin to the truth*) au sens où, après un nombre fini de conjectures (*guesses*) il tombera sur l'hypothèse correcte. Or l'expérience inductive supporte cette hypothèse à un degré remarquable. (CP 7.220, 1901)

Autrement dit : le taux de succès surprenant des abductions humaines depuis les débuts de l'histoire des sciences donne une bonne raison inductive de croire que l'homme a un talent naturel pour l'abduction. Ainsi, malgré la grande faillibilité de l'abduction, il est raisonnable d'avoir foi en elle, et de toute façon la recherche scientifique elle-même ne peut continuer que si les chercheurs croient en leurs pouvoirs abductifs.

Les trois visages de l'abduction

On voit donc que ce que Peirce appelle « abduction » est en réalité un ensemble d'opérations très diverses; l'abduction désigne aussi bien

(1) l'apparition de l'hypothèse elle-même dans l'esprit du chercheur (par instinct ou intuition) que

(2) l'adoption de l'hypothèse en vertu de son rôle explicatif (c'est la partie proprement *inférentielle* de l'abduction).

Mais ce n'est pas tout : l'abduction inclut également l'ensemble des opérations par lesquelles le chercheur sélectionne, parmi plusieurs hypothèses initiales, celle ou celles qu'il testera en priorité. C'est en rapport avec cette troisième fonction de l'abduction que Peirce mobilise des considérations économiques.

Peirce a en effet été l'un des tout premiers (après Mach) à souligner le fait que la recherche de la vérité n'était pas une entreprise gratuite : trouver des hypothèses, les mettre à l'épreuve, les départager, etc., tout cela demande du temps, des moyens financiers, de l'ingéniosité, etc. Et toutes ces contraintes économiques font partie intégrante de l'abduction, car, lorsqu'on adopte une hypothèse, il s'agit d'en adopter une qui non seulement soit testable, mais dont la mise à l'épreuve soit rentable : il faut que le coût de l'expérimentation en vaille la peine. Et pour cela, l'hypothèse devrait, de préférence, satisfaire un certain nombre de critères, que Peirce évoque dans *On the Logic of Drawing History from Ancient Documents* (CP 7.220-221, 1901). De manière générale, les considérations économiques tombent dans trois grandes rubriques : le coût, la valeur de la chose proposée, et son effet sur d'autres projets.

Ainsi, si une hypothèse est particulièrement facile à tester (et à éliminer si elle est fausse), si donc sa vérification est peu coûteuse, c'est une bonne raison de l'examiner en priorité, quand bien même elle n'aurait guère d'intérêt en elle-même.

La « valeur » de l'hypothèse, de son côté, concerne toutes les considérations qui portent à croire que l'hypothèse est vraie ou pourrait l'être. Sans surprise, Peirce distingue deux sortes de « marques » de la vérité : les « instinctives » et les « raisonnées ». Si une hypothèse nous semble *instinctivement* plausible, c'est aussi une bonne raison de lui donner une certaine priorité (étant donné la relative fiabilité de l'instinct abductif humain). À côté de ces indications instinctives, on trouve les indications *raisonnées*, lorsqu'une hypothèse est rendue vraisemblable par nos connaissances préalables. Et voici ce que dit Peirce à ce sujet :

> Des marques instinctives, nous passons aux marques raisonnées de la vérité de l'hypothèse. Bien sûr, si nous connaissons des faits positifs quelconques qui rendent une hypothèse donnée objectivement probable, elles la recommandent pour la mise à l'épreuve inductive. Quand ce n'est pas le cas, mais que l'hypothèse nous semble vraisemblable ou invraisemblable, cette vraisemblance est un indice du fait que l'hypothèse s'accorde avec nos idées préconçues; et puisque ces idées sont, peut-on présumer, basées sur l'expérience, il s'ensuit que, toutes choses égales par ailleurs, il y aura une certaine économie à donner à l'hypothèse une place dans l'ordre de préséance en accord avec cette indication. Mais l'expérience doit être notre carte dans la navigation économique; or l'expérience montre que les vérisimilitudes sont des guides traîtres. Rien n'a causé plus de gâchis en temps et en moyens, dans toutes sortes de recherches, que le fait d'être tellement marié à certaines vérisimilitudes qu'on en oublie tous les autres facteurs dans l'économie de la recherche*, de sorte que, à moins qu'elles soient très solidement fondées, il vaut bien mieux ignorer les vérisimilitudes, ou peu s'en faut; et même quand elles semblent solidement fondées, il ne faut les suivre que d'un pas prudent, avec un œil sur les autres considérations et en n'oubliant pas les désastres qu'elles ont causés. (CP 7.220, 1901)

On voit très bien à nouveau ici que, pour Peirce, la vérisimilitude d'une hypothèse, relativement aux connaissances d'arrière-plan, est un critère de choix qui ne doit jamais être prioritaire : si les autres critères sont défavorables, il vaut mieux privilégier une hypothèse moins vraisemblable.

Enfin, sous la rubrique « utilité pour les autres projets », l'économie de la recherche nous conduit à favoriser les hypothèses ayant les qualités suivantes : (1) prudence (*caution*), (2) extension (*breadth*) et (3) simplicité (*incomplexity*). La simplicité correspond au fait que l'hypothèse soit « naturelle », c'est-à-dire facile à appréhender pour l'esprit humain; l'extension concerne la capacité de l'hypothèse à expliquer des phénomènes divers, y compris des phénomènes qu'elle n'était pas prévue pour expliquer initialement. Quant à la « prudence », elle réfère à une règle méthodologique dans l'élaboration des hypothèses que nous ne pouvons détailler ici.

Ainsi, ce qui permet à l'homme de trouver de bonnes hypothèses sans se perdre dans l'infinité des possibles, c'est d'une part un certain « instinct » à deviner juste, mais aussi un ensemble de critères économiques essentiels : outre sa plausibilité instinctive (ou sa vérisimilitude), une hypothèse sera d'autant plus apte à nous intéresser qu'elle présentera les qualités économiques exposées à l'instant. Et c'est parce qu'il se fie en général à ces critères que l'esprit humain, au bout du compte, réussit ses abductions plus souvent que le hasard seul ne le permettrait.

Conclusion

On a pu voir que l'abduction au sens de Peirce était en fait un ensemble d'opérations, qui ne relèvent pas toutes du « raisonnement » : l'abduction fait venir à l'esprit *instinctivement* certaines hypothèses parce qu'elles paraissent « raisonnables [19] »; est aussi l'*inférence* par laquelle on « adopte » ou décide de prendre en considération l'hypothèse; est enfin tout le raisonnement par lequel nous *arbitrons* entre plusieurs hypothèses potentielles pour décider celle que nous allons privilégier, tester en premier, etc.; raisonnement qui s'appuie à la fois sur les qualités logiques des hypothèses et sur les contraintes économiques, mais qui *ne doit pas* – ou pas trop – s'appuyer sur la vraisemblance initiale des hypothèses.

Maintenant, quel rapport entre l'abduction et l'« Inférence à la Meilleure Explication » ? Les auteurs contemporains assimilent souvent ces deux choses et on attribue volontiers à Peirce la paternité de l'IME; mais on peut constater que c'est une méprise. Défendre l'IME consiste à dire que la force explicative d'une hypothèse est une sorte d'indicateur de sa vérité probable. On a pu voir que Peirce rejetait vigoureusement cette idée : une bonne hypothèse peut nous donner un intense sentiment de compréhension rationnelle, mais cela ne prouve jamais le moins du monde que l'hypothèse a quoi que ce soit de vrai. De manière générale, d'ailleurs, Peirce ne considère jamais les « raisonnements probables » comme des raisonnements aptes à conférer une probabilité à leur conclusion. Même l'induction ne le fait pas! En fait, l'idée même qu'une proposition ait une « probabilité » n'a aucun sens dans le cadre de la conception fréquentiste* des probabilités.

Donc, l'IME n'est pas l'abduction. En fait, l'IME correspondrait plutôt à *l'ultime* étape de l'enquête, tandis que l'abduction correspond à sa *première*

19. On trouve même cette phrase étonnante sous la plume de Peirce dans la sixième des *Harvard Lectures* : « On appelle "raisonnable" une opinion qui n'a d'autre fondement que l'instinct. » (OP 1, p. 403 = CP 5.174, 1903).

étape. En effet, à proprement parler, il n'y a « inférence à la meilleure explication » que lorsque (1) on a plusieurs hypothèses concurrentes, (2) ces hypothèses *ont été* testées et que (3) l'une d'elle s'est révélée sensiblement plus satisfaisante que les autres. Lorsque tel est le cas, il semble effectivement rationnel d'*inférer* cette hypothèse – au sens de *la poser comme vraie* (fût-ce provisoirement). Mais comme on le voit, cela n'arrive *qu'à la toute fin* (s'il y en a jamais une !) de l'enquête scientifique. On peut donc dire que, du point de vue peircien, l'IME (ainsi comprise) est *aussi* une inférence hautement valide : quand une hypothèse est, à la suite du processus d'enquête, jugée comme étant (de loin, si possible) la « meilleure explication », cela lui confère une haute vraisemblance et elle peut être (à toutes fins pratiques) considérée comme vraie (en fait, elle est appelée à devenir ce que Peirce appelle une « vérité établie »). L'important est de se rappeler que sa probabilité n'a presque aucun rapport avec sa valeur explicative, mais tout à voir avec son succès inductif.

Quant à la question du réalisme scientifique, là aussi la position de Peirce semble singulière : dans la mesure où il n'hésite pas à dire qu'une hypothèse est « vérifiable », au moins partiellement (grâce à l'induction), il est du côté réaliste ; mais puisque, d'un autre côté, il défend une conception pragmatiste de la vérité, il a des affinités avec l'antiréalisme. En effet, du point de vue pragmatique, dire « Les électrons existent » revient en fait à dire « Tout se passe comme si les électrons existaient » (i.e. notre expérience se déroule constamment en conformité avec cette supposition) ; or, il est justement typique des antiréalistes de traiter ces deux propositions comme équivalentes.

Frédéric Roudaut
Lycée Julliot de La Morandière, Granville

DOSSIER

C. S. Peirce

PEIRCE ET LES DEUX PAQUETS DE CARTES : LES PROBABILITÉS PEUVENT-ELLES ÊTRE LE GUIDE DE LA VIE ?

Benoit Gaultier

Grâce à une célèbre expérience de pensée impliquant un choix à effectuer entre deux paquets de cartes, Peirce estime avoir avancé un argument concluant en faveur de la thèse de l'enracinement social de la logique. Puisque cet argument repose sur une conception fréquentiste des probabilités, il va s'agir d'interroger cette conception et de se demander s'il est possible de défendre l'idée qu'il est rationnel pour un individu de fonder ses actions sur des estimations de probabilités sans avoir à endosser la thèse peircienne de l'enracinement social de la logique. Après avoir souligné la réalité du problème soulevé par Peirce grâce à cette expérience de pensée et montré que le fréquentisme ne peut le résoudre, on se demandera si une conception propensionniste des probabilités pourrait y parvenir.

L'affirmation selon laquelle la logique est « enracinée dans un principe social » fait incontestablement partie des thèses les plus fameuses de Charles S. Peirce. Elle découle directement de la manière dont il entreprend de concilier deux affirmations qu'il tient pour incontestablement correctes et qui sont apparemment incompatibles. La première de ces affirmations est, en accord avec le mot célèbre de l'évêque Butler énonçant que « la probabilité est le guide même de la vie », que « ce serait folie de nier » (W3, 282, 1878) [1] que, lorsque nous avons pour but, par notre action, d'obtenir un certain résultat, nous devons décider de l'action à entreprendre en fonction de ce que nous estimons être la probabilité qu'elle conduise à l'obtention de ce résultat et choisir, parmi les actions qu'il nous est possible d'effectuer, celle dont la probabilité d'y

1. La traduction de ce texte a été publiée dans les *Cahiers philosophiques, Approche sociale de la croyance*, n° 142, 2015, p. 111-114.

conduire est selon nous la plus élevée [2]. La seconde de ces affirmations est que connaître la probabilité que quelque chose se produise ne peut rien nous apprendre à propos de ce qui se passera en une occasion particulière, de sorte qu'il « ne peut y avoir absolument aucun sens à raisonner dans un cas isolé » sur la base de probabilités que nous estimons connaître[3].

Le problème ici, on le voit, n'est pas de savoir comment nous pouvons connaître la probabilité qu'une chose se produise ni de savoir dans quels cas faire confiance à nos estimations de probabilité. Il est de comprendre comment, une probabilité qu'une chose se produise étant connue ou supposée connue, il est possible qu'il soit – comme cela semble intuitivement être le cas – rationnel de raisonner et d'agir d'après elle (et, inversement, fou de ne pas le faire) si la seconde affirmation est vraie. Autrement dit, comment est-il possible que nous soyons logiques ou rationnels lorsque, face à certains des choix particuliers que nous avons à faire dans nos vies, nous raisonnons et agissons en nous appuyant sur des probabilités objectives que nous estimons connaître alors qu'elles ne nous disent rien de ce qui se passera en telle ou telle occasion particulière ? Le paragraphe célèbre dans lequel Peirce pose ce problème est le suivant :

> [S]i un homme devait choisir entre tirer une carte d'un paquet contenant vingt-cinq cartes rouges et une carte noire ou d'un paquet contenant vingt-cinq cartes noires et une carte rouge, et si tirer une carte rouge devait le conduire au bonheur éternel et une carte noire le condamner au désespoir éternel, ce serait folie de nier que le paquet contenant la plus grande proportion de cartes rouges doive avoir sa préférence, bien que la nature du risque soit telle qu'il ne peut être répété. Il n'est pas facile de réconcilier ceci avec notre analyse de la conception du hasard. Mais supposons qu'il choisisse le paquet rouge et tire la mauvaise carte, quelle consolation aurait-il ? Il pourrait dire qu'il a agi en accord avec la raison, mais cela ne ferait que montrer que sa raison n'avait absolument aucune valeur. Et s'il s'avérait choisir la bonne carte, comment pourrait-il considérer cela autrement que comme un heureux accident [4] ?

Peirce raisonne à propos de ce problème de la façon suivante :

puisque

1) il n'est pas rationnel d'effectuer une action dans le but d'obtenir un certain résultat en une occasion particulière si la décision de l'effectuer repose sur un jugement relatif à la probabilité que ce résultat se produise lorsqu'elle est effectuée ;

et puisque

2) il est incontestablement rationnel d'effectuer une action sur la base d'un jugement relatif à la probabilité qu'un certain résultat se produise lorsqu'elle est effectuée ;

il s'ensuit que

3) une action effectuée sur la base d'un jugement relatif à la probabilité qu'un certain résultat se produise lorsqu'elle est effectuée est rationnelle

2. Au moins dans les cas où nous estimons que les rapports coût/bénéfice de l'effectuation de l'une ou l'autre de ces actions ne différeront que selon l'obtention ou non du résultat en question.

3 *Ibid.*

4 *Ibid.*

lorsqu'elle n'est pas effectuée dans le but d'obtenir un certain résultat en une occasion particulière.

Si l'on admet par ailleurs que

4) toute action est effectuée dans le but d'obtenir un certain résultat,

il s'ensuit que

5) une action effectuée sur la base d'un jugement relatif à la probabilité qu'un certain résultat se produise lorsqu'elle est effectuée ne peut être rationnelle que lorsqu'elle est effectuée dans le but d'obtenir un résultat qui n'est pas relatif à une occasion particulière.

Si l'on admet enfin que

6) connaître la probabilité que quelque chose se produise consiste à savoir quelle est la limite de la fréquence de l'occurrence de cette chose dans certaines circonstances déterminées lorsque le nombre de cas où ces circonstances sont réalisées tend vers l'infini – et donc que savoir que la probabilité qu'on tire une carte rouge quand on tire une carte au hasard d'un paquet contenant vingt-cinq cartes rouges et une carte noire est de 25/26 consiste à savoir que si l'on tirait indéfiniment une carte au hasard de ce paquet, la fréquence avec laquelle on tirerait une carte rouge tendrait vers 25/26, tandis qu'elle tendrait vers 1/26 si l'on tirait indéfiniment une carte au hasard d'un paquet contenant vingt-cinq cartes noires et une carte rouge –,

il s'ensuit que

7) pour qu'il soit rationnel d'effectuer une action sur la base d'un jugement relatif à la probabilité qu'un certain résultat se produise en effectuant cette action, il faut qu'elle soit effectuée sur la base d'un jugement relatif à la fréquence avec laquelle ce résultat tendrait à se produire si on l'effectuait indéfiniment – autrement dit, il faut qu'elle soit effectuée en raison de la fréquence avec laquelle ce résultat tendrait à se produire si on l'effectuait indéfiniment.

Or, d'après Peirce,

8) pour qu'une action soit effectuée en raison de cela, il faut, puisque nos vies ne sont pas infinies et que, quand bien même elles le seraient, il se pourrait que cette action ne puisse être effectuée qu'une seule fois au cours de celles-ci, que nous ne l'effectuions pas en raison de notre intérêt individuel (ni de celui d'un groupe fini d'individus) à ce que le résultat en question se produise, mais en raison de l'intérêt de la communauté illimitée de ceux qui effectueraient cette action à ce que ce résultat tende à se produire avec une certaine fréquence au sein de cette communauté. Si l'on considère par exemple l'action de tirer une carte au hasard d'un paquet composé de vingt-cinq cartes rouges et d'une carte noire plutôt que d'un paquet composé de vingt-cinq cartes noires et d'une carte rouge effectuée sur la base du fait que la probabilité de tirer une carte rouge du premier paquet – et ainsi d'accéder au bonheur éternel – soit de 25/26, elle ne peut être rationnelle qu'à la condition d'être effectuée en raison de la fréquence de 25/26 avec laquelle ce résultat désirable tendrait à se produire si cette action était effectuée indéfiniment. Et donc en raison de l'intérêt de la communauté illimitée de ceux qui l'effectueraient à ce que ce résultat tende à se produire avec cette fréquence au sein de cette communauté.

Il s'ensuit que

9) pour qu'une action basée sur un jugement de probabilité soit rationnelle, il faut que nous l'effectuions en identifiant notre intérêt individuel à celui de la communauté illimitée de ceux qui effectueraient cette action.

Il en va de même s'agissant d'une inférence que nous effectuons sur la base d'un jugement relatif à la probabilité – de 25/26 par exemple – que sa conclusion soit vraie : pour qu'elle soit rationnelle, il faut qu'elle soit effectuée en raison de la limite de la fréquence avec laquelle sa conclusion serait vraie si elle était effectuée indéfiniment, et donc en raison du fait que la communauté illimitée de ceux qui effectueraient cette inférence tende, en l'effectuant, à atteindre le vrai vingt-cinq fois sur vingt-six, ce qui requiert d'identifier notre intérêt individuel à atteindre le vrai à celui de cette communauté à tendre à atteindre le vrai avec cette fréquence.

« Pour être logiques, les hommes ne doivent pas être égoïstes »

Nos actions et inférences qui reposent sur un jugement relatif à la probabilité qu'un certain résultat se produise lorsqu'elles sont effectuées ne peuvent donc être rationnelles, d'après Peirce, lorsque seul nous intéresse notre succès personnel ou celui d'un groupe d'individus déterminé : si j'estime que rien n'a de valeur qui soit supérieure à mes intérêts individuels, ma conduite et mes inférences basées sur des jugements de probabilité sont inévitablement irrationnelles ou illogiques. En un mot, « [p]our être logiques, les hommes ne doivent pas être égoïstes » ; « aucun homme dont le désir suprême est son bien-être ou celui de toute autre personne ou groupe de personnes existantes ne peut être logique » (CP 2.661, 1910, *cf.* OP2, p. 208 = CP 8.253, 1900) :

> [A]ucune inférence d'un individu quelconque ne peut être complètement logique sans certaines déterminations de son esprit, qui ne concernent immédiatement aucune inférence en particulier […]. Si un homme a un intérêt personnel transcendant qui surpasse infiniment tous les autres, alors, d'après la théorie de la validité de l'inférence qui vient d'être développée, il est privé de toute sécurité, et il ne peut faire aucune inférence valide. (OP1, p. 105 = W2, 269, 1868)
>
> La logicité requiert inexorablement que nos intérêts *ne* soient *pas* limités. Ils ne doivent pas s'arrêter à notre propre sort, mais doivent embrasser la communauté toute entière. Cette communauté, une fois encore, ne doit pas être limitée mais s'étendre à toutes les races d'êtres avec lesquels nous pouvons entrer en relation intellectuelle immédiate ou médiate. Elle doit s'étendre, même vaguement, au-delà de cette époque géologique, au-delà de toute limite. Celui qui ne sacrifierait pas son âme personnelle pour sauver le monde entier est, me semble-t-il, illogique dans toutes ses inférences, collectivement. La logique s'enracine dans le principe social. (W3, 284, 1878) [5]

Peirce estime avoir avancé, grâce au cas des deux paquets de cartes, un argument concluant en faveur de la thèse de l'enracinement social de la logique. Puisque cet argument repose sur une certaine conception des probabilités, il va s'agir, dans cet article, d'interroger cette conception et de se demander s'il est possible de défendre l'idée qu'il est rationnel pour un individu de fonder ses actions sur des estimations de probabilités objectives

5. La traduction de cet extrait a été publiée dans les *Cahiers Philosophiques*, art. cit., p. 112.

sans avoir à endosser la thèse peircienne de l'identification psychologique à la communauté infinie de ceux qui agiraient tout comme lui sur la base de ces estimations. Cette thèse, pour dire clairement les choses, me semble en effet être dénuée de la moindre plausibilité.

La réalité des probabilités objectives

De façon assez compréhensible, le raisonnement de Peirce a généralement été considéré davantage comme une *reductio ad absurdum* de certaines de ses prémisses ou de certains de ses présupposés que comme une démonstration de la vérité de sa conclusion [6]. Deux des façons les plus évidentes de rejeter ce raisonnement sont les suivantes :

A) le fait qu'il y ait, selon le paquet de cartes choisi, une chance sur vingt-six (ou, de façon équivalente, une probabilité de 1/26) ou bien vingt-cinq chances sur vingt-six (ou, de façon équivalente, une probabilité de 25/26) de tirer une carte rouge, n'est pas, contrairement à ce que présuppose Peirce, une caractéristique objective du monde – relative notamment à la composition physique des deux paquets de cartes –, indépendante de l'évaluation que nous en faisons sur la base des données ou des informations dont nous disposons, et se manifestant dans la fréquence avec laquelle certains événements se produisent dans certaines circonstances. Si l'on adopte une conception non pas « objective » mais « logique » ou bien « subjective » des probabilités, le fait qu'une chose possède une certaine probabilité de se produire dans certaines circonstances est toujours relatif aux données ou informations dont on dispose, ou aux propositions que l'on tient pour vraies. La valeur de cette probabilité peut alors être conçue comme

a) l'expression du degré auquel la proposition que cette chose se produira dans ces circonstances est objectivement soutenue par les informations dont on dispose ou par les propositions que l'on tient pour vraies, ou comme

b) l'expression du degré auquel on croit, ou auquel il est rationnel de croire étant donné ces informations ou la vérité de ces propositions, que cette chose se produira dans ces circonstances.

Si l'on adopte l'une ou l'autre de ces conceptions, choisir le paquet contenant vingt-cinq cartes rouges (plutôt que celui contenant vingt-cinq cartes noires) est rationnel ou logique dans la mesure où :

a) la proposition « une carte rouge en sera tirée » se trouve soutenue à un degré de 25/26 (plutôt que de 1/26) par les informations dont on dispose,

6. Pour une défense du verdict opposé, voir H. Putnam, *The Many Faces of Realism*, LaSalle, Open Court, 1987, p. 80-87 ; C. Tiercelin, *Le Doute en question*, Paris, L'Éclat, 2005, p. 172-176 ; et C. Tiercelin, *Hilary Putnam, l'héritage pragmatiste*, Paris, P.U.F., 2002, p. 47-49, nouvelle édition : Paris, Éditions du Collège de France, accessible en ligne, URL = http : //books.openedition.org/cdf/2010. Jean-Marie Chevalier semble également ne pas considérer le raisonnement de Peirce comme une *reductio ad absurdum* de certaines de ses prémisses, implicites ou explicites. Chevalier connecte par ailleurs le raisonnement de Peirce et sa conclusion selon laquelle « la logique s'enracine dans le principe social » à une autre thèse peircienne, d'après laquelle « puisque la fixation de la vérité est toujours future et collective, il serait vain pour un chercheur de travailler dans l'espoir d'un bénéfice personnel. Il œuvre pour la communauté, par amour de la vérité et désir d'apprendre. [...] Les progrès de la science conduisent les esprits vers un but commun indépendamment des volontés individuelles. Peirce va désormais développer ce thème dans le cadre plus particulier des probabilités. La thèse qu'il défend est que la seule justification à notre croyance dans la validité des calculs probabilistes est le point de vue de la communauté » (J.-M. Chevalier, « L'épistémologie sociale de Peirce », *Cahiers philosophiques, Approche sociale de la croyance*, n° 142, 2015, p. 108-109).

notamment par la connaissance que l'on a de la proportion de cartes rouges qu'il contient et par le fait qu'on estime n'avoir aucun moyen de savoir quelle carte parmi les vingt-six pourrait être la carte noire; ou dans la mesure où

b) ce choix se fonde sur le fait qu'on croie (rationnellement) à un degré de 25/26 qu'une carte rouge sera tirée du paquet en question alors qu'on ne croit (rationnellement) qu'à un degré de 1/26 qu'une carte rouge sera tirée de l'autre paquet.

B) L'autre façon évidente de rejeter le raisonnement de Peirce consiste à rejeter non pas l'idée que les probabilités comme celle de 25/26 de tirer une carte rouge du paquet contenant vingt-cinq cartes rouges sont des caractéristiques objectives du monde, mais la conception fréquentiste des probabilités qui n'est qu'une des formes possibles de cette idée, et dont on peut estimer qu'elle est au fondement des prémisses (1) et (6) du raisonnement qui a été indiqué.

Je n'argumenterai pas ici en faveur de l'idée qu'il existe des chances ou des probabilités objectives, au sens qui a été indiqué, et que le fait qu'il y ait une chance sur vingt-six de tirer une carte rouge lorsqu'on tire une carte au hasard du paquet contenant vingt-cinq cartes noires constitue l'une d'entre elles. Je présupposerai, comme Peirce, la vérité de cette idée dont le caractère intuitif a été récemment souligné ainsi par Michael Strevens :

> Le bulletin météorologique annonce que la probabilité qu'un ouragan arrive plus tard dans la journée est de 90 %. Un homme averti en vaut deux : vous attendant à ce qu'un ouragan arrive, vous prenez votre lampe-tempête avec vous avant de quitter la maison. La probabilité intervient deux fois dans ce scénario : d'abord sous la forme d'une probabilité physique, parfois appelée *chance*, quantifiant sur certains aspects de la météo locale qui rendent un ouragan très susceptible de se produire; ensuite sous la forme d'une probabilité épistémique capturant une certaine attitude – en l'occurrence une très grande confiance – vis-à-vis de la proposition qu'un ouragan va frapper. [...] Le fait que ces deux probabilités constituent deux genres de chose différents n'est peut-être pas immédiatement évident, mais l'on peut faire apparaître leur différence en observant qu'elles peuvent varier indépendamment l'une de l'autre : par exemple, si les météorologues se trompent, la chance qu'un ouragan se produise peut être très faible bien qu'eux et moi soyons très sûrs qu'un ouragan va se produire[7].

La réalité objective de probabilités comme celle de 1/2 de tirer une carte rouge au hasard d'un paquet de vingt-six cartes comprenant treize cartes noires et treize cartes rouges se manifeste typiquement dans ce que, avec Strevens, on pourrait appeler des « distributions probabilistes de résultats [*probabilistic patterns of outcomes*], caractérisées par un certain type d'ordre à long terme [...] et un certain type de désordre à court terme ». Comme le remarque Strevens :

> La plus simple et la plus fameuse de ces distributions est celle de Bernoulli [...]. Cette distribution est typique des résultats produits par des instruments de pari, par exemple la distribution de piles et de faces obtenue en lançant une pièce. L'ordre à long terme prend la forme d'une fréquence stable égale à la probabilité

7. M. Strevens, « Probability and Chance », *in* D. M. Borchert (dir.), *Encyclopedia of Philosophy*, 2nd edition, Detroit, Macmillan, 2006.

correspondante ; dans le cas de la pièce qu'on lance, il s'agit bien évidement de la fréquence de 1/2 avec laquelle les piles et les faces apparaissent (presque toujours) à long terme. Le désordre à court terme, bien qu'il soit une propriété objective de la distribution, est peut-être mieux saisi en termes épistémiques : lorsque vous savez que la fréquence à long terme de faces est de 1/2, le résultat d'un lancer ne vous fournit aucune information utile à propos du prochain résultat. La loi des grands nombres implique qu'un dispositif comme un jeu de hasard produira à long terme ses distributions probabilistes caractéristiques avec une très haute probabilité (physique)[8].

On rappellera que le théorème de Bernoulli (ou « loi faible des grands nombres ») énonce, comme l'écrit Jacques Bouveresse, que

> quand le nombre des essais effectués augmente de façon indéfinie, la probabilité que la fréquence moyenne d'un résultat donné dans la suite, pour un nombre très grand de suites de cette sorte comportant le même nombre d'essais, diffère de la probabilité du résultat en question d'une quantité ε, aussi petite qu'on veut, tend vers zéro. Il ne nous garantit nullement que, si la fréquence relative du résultat concerné dans la suite observée est devenue à un moment donné très proche de la probabilité, elle va le rester[9].

Pour cela,

> il faudrait pouvoir affirmer que, quel que ce soit le nombre ε, choisi aussi petit qu'on veut, on peut toujours trouver un nombre n tel qu'à partir du n-ième terme de la suite des essais, la valeur absolue de la différence entre la fréquence constatée et la probabilité est et restera inférieure à ε. Or rien de tel, justement, ne peut être affirmé, puisque, même s'il est vrai qu'une distribution qui s'écarte considérablement de la distribution la plus probable devient de plus en plus improbable à mesure que le nombre des essais augmente, elle ne devient malgré tout jamais impossible[10].

Ce théorème peut être considéré comme l'explication mathématique de ce que Von Mises considère être « le "phénomène premier" de la théorie de la probabilité[11] », à savoir la *stabilité croissante des fréquences statistiques* avec lesquelles se produisent certains résultats dans certaines circonstances, qu'il élève au rang de loi empirique fondamentale de la théorie de la probabilité, confirmée notamment par l'observation des tirages de jeux de hasard (comme la roulette ou les jeux de dés) ou par les données sur lesquelles s'appuient les compagnies d'assurance[12]. L'autre manifestation typique de la réalité objective des probabilités comme celle de 1/2 de tirer une carte rouge au

8. *Ibid.*
9. J. Bouveresse, « Le problème de l'application du calcul des probabilités à la réalité : Schlick, Feigl, Natkin », in J. Bouveresse et P. Wagner (dir.), *Mathématiques et expérience : l'empirisme logique à l'épreuve*, Paris, Odile Jacob, 2008, p. 194.
10. *Ibid.*
11. Cité par D. Gillies, *Philosophical Theories of Probability*, Londres, Routledge, 2000, p. 92.
12. Sur la relation entre la loi faible des grands nombres de Bernoulli et le genre d'observations empiriques – qu'elles portent sur le monde naturel ou sur le monde humain – dont elle est supposée pouvoir rendre raison, voir le remarquable chapitre suivant : J. Bouveresse, *Robert Musil. L'homme probable, le hasard, la moyenne et l'escargot de l'histoire*, Paris, L'Éclat, 1993, chap. 5 « Pourquoi l'histoire humaine est toujours au fond celle de l'homme moyen ».

hasard d'un paquet de vingt-six cartes comprenant treize cartes noires et treize cartes rouges consiste dans le fait qu'au type d'ordre à long terme qu'enregistre la loi de la stabilité croissante des fréquences statistiques se conjugue un certain type de désordre à court terme, à savoir le caractère aléatoire de chacun des résultats obtenus en tirant une carte au hasard du paquet de cartes. Caractère aléatoire qui implique ou consiste dans le fait que quelle que soit la séquence de cartes rouges et de cartes noires venant d'être observée, il est impossible d'en prédire quoi que ce soit s'agissant du prochain tirage – autrement dit, qui implique ou consiste dans *l'impossibilité des martingales*, que Von Mises élève également au rang de loi empirique fondamentale de la théorie de la probabilité.

Comme je l'ai déjà indiqué, je tiendrai ici pour acquis qu'il existe des chances ou des probabilités objectives, et que le fait qu'il y ait une chance sur vingt-six de tirer une carte rouge lorsqu'on tire une carte au hasard du paquet contenant vingt-cinq cartes noires constitue l'une d'entre elles. Je tiendrai également pour acquis que de telles probabilités se manifestent typiquement de la façon que Von Mises vise à capturer à travers ses deux lois. La question que je m'efforcerai de résoudre est de savoir comment il peut être rationnel d'agir sur la base de la connaissance qu'on estime avoir de telles probabilités – par exemple, de choisir le paquet de cartes contenant vingt-cinq cartes rouges.

Qu'en est-il de l'autre manière de rejeter le raisonnement de Peirce, celle qui consiste à le considérer comme une *reductio ad absurdum* du type de conception fréquentiste des probabilités sur lequel il semble manifestement reposer à travers ses prémisses (1) et (6) ? Conduit-elle inévitablement – à moins peut-être d'endosser l'inférence assez peu convaincante effectuée par Peirce de (7) à (8) puis à (9) – à la conclusion qu'il est irrationnel d'agir sur la base de la connaissance qu'on estime avoir de certaines probabilités objectives et, par exemple, de choisir le paquet de cartes contenant vingt-cinq cartes rouges ? Si oui, de quelle façon au juste ? Et l'adoption d'une conception propensionniste des probabilités peut-elle ne pas conduire à cette conclusion, qui semble clairement inacceptable ?

Afin de répondre à ces questions, qui nous occuperont jusqu'à la fin de cet article, commençons par dégager la nature du fréquentisme défendu par Peirce dans la première partie de son œuvre, avant qu'il avance le premier une conception propensionniste des probabilités.

Le fréquentisme et le problème des deux paquets de cartes

Comme le remarque Alan Hájek [13], les fréquentistes, partant du fait qu'il y ait intuitivement une relation intime entre les fréquences relatives et les probabilités, établissent entre ces deux choses la relation la plus intime qui soit – l'identité – et soutiennent ainsi que la probabilité de tirer une carte rouge au hasard d'un paquet de cartes composé de cartes rouges et de cartes noires n'est rien d'autre que la fréquence relative avec laquelle des

13. A. Hájek, « Interpretations of Probability », *in* Edward N. Zalta (dir.), *The Stanford Encyclopedia of Philosophy*, 2012 (Winter 2012 Edition), URL = https : //plato.stanford.edu/archives/win2012/entries/probability-interpret/.

cartes rouges sont tirées de ce paquet au cours d'une séquence appropriée de tirages. Étant donné les difficultés manifestes du fréquentisme *actualiste* ou *fini*[14] d'après lequel la valeur de la probabilité en question se trouve déterminée non pas seulement épistémiquement mais ontologiquement par une séquence finie ou potentiellement finie de tirages, Peirce, à la suite de Venn, opte pour un fréquentisme *hypothétique*. Si, comme énoncé dans (6), connaître la probabilité que quelque chose se produise consiste à savoir quelle est la limite de la fréquence de l'occurrence de cette chose dans certaines circonstances déterminées lorsque le nombre de cas où ces circonstances sont réalisées tend vers l'infini, c'est parce que cette probabilité *est* cette limite. Ainsi, le fait que la probabilité qu'on tire une carte rouge quand on tire une carte au hasard d'un paquet contenant vingt-cinq cartes rouges et une carte noire soit de 25/26 consiste dans le fait que si l'on tirait indéfiniment une carte au hasard de ce paquet, la fréquence avec laquelle on tirerait une carte rouge tendrait vers 25/26.

Dès lors, pour Peirce, si je sais qu'il y a vingt-cinq chances sur vingt-six de tirer une carte rouge au hasard d'un premier paquet de cartes et une chance sur vingt-six d'en tirer une au hasard d'un second, et si j'estime préférable de tirer des cartes rouges parce que la félicité éternelle leur est associée, il est *irrationnel* d'en inférer qu'il me faut, à l'occasion du seul tirage que j'aurai à effectuer au cours de ma vie, faire le choix de tirer une carte au hasard du premier paquet plutôt que du second. *À moins que* j'en infère cela au motif que la carte qui tendrait à être tirée du premier paquet par la communauté illimitée de ceux qui, dans cette situation, choisiraient ce paquet, serait une carte rouge. En d'autres termes, d'après Peirce, si, à l'occasion du choix que j'ai à faire entre les deux paquets, seul me préoccupe mon sort personnel et non celui de cette communauté, il est irrationnel que je choisisse le premier paquet sur la base des probabilités en question.

Peirce opte d'abord pour un fréquentisme hypothétique

Pour prendre un autre exemple : d'après la conception fréquentiste des probabilités initialement défendue par Peirce, affirmer qu'un homme déterminé souffrant d'une certaine maladie a très peu de chances d'y survivre parce que, sur cinquante hommes souffrant de cette maladie ayant pris le seul médicament un tant soit peu efficace contre elle, un seul d'entre eux en moyenne y survit ne consiste pas en réalité à attribuer une probabilité de survie à *cet* homme. Cela consiste plutôt à affirmer qu'inférer du fait pour un homme de souffrir de cette maladie à son décès après avoir reçu ce traitement médicamenteux « ne nous conduirait à l'erreur, à long terme, qu'une fois sur cinquante; c'est ce que nous voulons dire quand nous disons que la probabilité que cet homme guérisse est de 1/50 » (W4, 412, 1883). Dès lors, si l'on imagine qu'un médecin, dans un dispensaire reculé, ne peut plus

14. Sur ces difficultés, *cf.* par exemple A. Hájek, « Interpretations of Probability », *art. cit.*; A. Hájek, « Fifteen Arguments Against Hypothetical Frequentism », *Erkenntnis*, vol. 70, n° 2, 2009, p. 214; et B. Fitelson, A. Hájek, N. Hall, « Probability » *in* J. Pfeifer et S. Sarkar (dir.), *The Philosophy of Science*, vol. I, Londres, Routledge, 2005, p. 601.

administrer ce traitement qu'à un seul patient et que se présentent en même temps face à lui deux hommes dont l'un souffre de la maladie en question, M1, et l'autre d'une maladie distincte, M2, qui ne peut, elle aussi, être traitée que par le médicament en question, et dont l'administration conduit ceux qui souffrent de M2 à en guérir en moyenne huit fois sur dix alors que M1 et M2 sont mortelles dans 100 % des cas lorsqu'il n'est pas administré, la position fréquentiste de Peirce conduit à la conclusion suivante : si le seul but de ce médecin, en cette occasion, est que l'un de ces deux hommes survive (sans qu'il préfère que l'un survive plutôt que l'autre), il serait irrationnel que, sur la base des probabilités de guérison en question, il administre le traitement à celui qui souffre de M2. Or cette conclusion est intuitivement inacceptable. Puisque le fréquentisme (hypothétique) – d'après lequel, encore une fois, la probabilité de quelque chose est la fréquence (limite) de l'occurrence de cette chose dans certaines circonstances déterminées lorsque le nombre de cas où ces circonstances sont réalisées est très grand (ou tend vers l'infini) – semble bien impliquer cette conclusion, elle constitue pour lui une difficulté redoutable.

Il importe ici de souligner que cette difficulté – que Peirce a contribué à rendre particulièrement saillante dans sa tentative même de la résoudre – n'est pas identique au *problème de la classe de référence* qu'on oppose au souvent au fréquentisme, qu'il soit fini ou hypothétique [15]. Ce problème, pour dire les choses très rapidement, consiste dans le fait qu'à une question comme celle de savoir quelle est la probabilité que je meure à plus de 90 ans, on ne peut, d'après le fréquentisme, apporter de réponse qu'en m'incluant dans une classe d'individus dont l'appartenance à cette classe repose sur leur possession de certaines propriétés que je possède également (par exemple, le fait de jouer au tennis chaque semaine, de ne pas fumer, de consommer trop de sucre, etc.). Or, selon les propriétés prises en compte, il y a plusieurs classes dans lesquelles je peux être inclus, conduisant à des probabilités différentes que je meure à plus de 90 ans. Le problème est que, intuitivement, il ne saurait y avoir plusieurs probabilités que je meure à plus de 90 ans. Une suggestion naturelle pour résoudre ce problème est de considérer que cette probabilité sera correctement évaluée en ne prenant en compte que la classe de tous ceux qui possèdent exactement les mêmes propriétés que moi. La difficulté que rencontre immédiatement cette suggestion est que cette classe ne comporte qu'un seul individu, moi, de sorte que la probabilité que je meure à plus de 90 ans ne peut alors, semble-t-il, être que de 0 ou de 1, selon que je mourrai ou non à plus de 90 ans – ce qui est là encore intuitivement insatisfaisant.

Il n'est pas certain cependant que cette objection soit décisive. Que la classe des individus possédant toutes les propriétés que je possède ne contienne que moi n'empêche pas qu'il puisse y avoir une probabilité objective que je meure à plus de 90 ans qui soit comprise entre 0 et 1. En effet, que je meure à plus de 90 ans pourrait être, étant donné l'ensemble de mes propriétés et, plus généralement, des propriétés du monde actuel à un instant *t*, objectivement indéterminé ; mais que je meure à plus de 90 ans pourrait en même temps se

15. Sur ce problème, *cf.* H. Reichenbach, *The Theory of Probability*, Berkeley, University of California Press, 1949, p. 373-375 ; B. Fitelson, A. Hájek, N. Hall, « Probability », art. cit. ; ou E. K. Cheng, « A Practical Solution to the Reference Class Problem », Columbia Law Review, vol. 109, n° 2, 2009, p. 2081-2105.

produire avec une fréquence (limite) déterminée au sein de la classe (infinie) des mondes possibles dont l'ensemble des propriétés est, à un instant donné, identique à l'ensemble des propriétés du monde actuel à *t*. Pour se faire une idée intuitive de ces mondes possibles, on peut se les représenter comme les mondes qui seraient actuels si le monde actuel était indéfiniment rembobiné après l'instant de ma mort jusqu'à cet instant *t*. N'ayant pas, par définition, d'accès épistémique à ces mondes possibles, nous n'aurons certes jamais la capacité de connaître avec certitude la valeur de cette fréquence. Nous ne pouvons l'évaluer qu'en jugeant, de façon inévitablement faillible, que d'autres individus sont, étant donné leurs propriétés et celles de leur environnement, suffisamment similaires à moi pour que nous fassions partie d'une même classe de référence – ce qui permet de déterminer la valeur de la probabilité que je meure à plus de 90 ans. Mais cette question épistémique n'est pas ce qui importe ici : ce qui importe est que, si l'idée qui vient d'être avancée est correcte, le problème de la classe de référence se trouve résolu puisqu'il y a bien une classe déterminée au sein de laquelle l'événement en question se produit avec une fréquence (limite) déterminée qui est celle qu'implique la probabilité en question. De sorte que le fréquentisme est en mesure de donner un sens à l'idée qu'il y a une probabilité objective que je meure à plus de 90 ans.

Autrement dit, si l'idée en question est correcte, le fréquentisme n'implique pas qu'il n'y a pas de probabilité objective déterminée qu'un événement particulier se produise ou qu'un individu particulier possède certaines propriétés, contrairement à ce qu'avance Von Mises lorsqu'il écrit que « nous ne pouvons rien dire à propos de la probabilité de décès d'un individu même si nous connaissons en détail ses conditions de vie et sa santé. L'expression "probabilité de décès", quand elle fait référence à une personne particulière, n'a pour nous [fréquentistes] aucune signification [16] ». Le fréquentisme n'est pas condamné à refuser qu'il y ait des probabilités objectives singulières, c'est-à-dire des probabilités objectives que certains événements ou faits particuliers se produisent ou soient le cas – comme la désintégration d'un atome donné au cours d'une durée donnée, que telle pièce tombe sur face lors du prochain lancer, ou que je sois encore en vie à 90 ans – car, si l'idée qui a été avancée est correcte, le fréquentisme peut indiquer, sans se renier, un *fact of the matter* déterminant la valeur de ces probabilités.

Le fréquentisme est en mesure de donner un sens à l'idée qu'il y a une probabilité objective que je meure à plus de 90 ans

Que le fréquentisme soit en mesure de donner sens à l'idée de probabilités objectives singulières est certainement à mettre à son crédit car il est difficile de résister à « l'intuition persistante que la probabilité s'applique aux individus », ou au constat que lorsque nous parlons ordinairement de la chance qu'a telle ou telle chose de se produire ou d'être le cas, nous parlons de la probabilité objective qu'a de se produire ou d'être le cas telle ou telle chose *singulière*.

16. Cité par D. Gillies, *Philosophical theories of Probability*, *op. cit.*, p. 114-115.

Comme l'écrit David Lewis :

> Que cela vous plaise ou non, nous avons ce concept [de probabilité de cas individuels]. Nous pensons qu'une pièce sur le point d'être lancée à une certaine chance de tomber sur face, ou qu'un atome radioactif a une certaine chance de se désintégrer dans l'année, indépendamment de ce que quiconque peut en penser et de l'existence d'autres pièces similaires ou (dans une moindre mesure) d'atomes similaires. En tant que philosophes, il se peut que nous trouvions le concept de chance objective problématique, mais ce n'est pas une raison de nier son existence, sa légitimité, ou son indispensabilité. Si nous ne pouvons pas le comprendre, tant pis pour nous [17].

Néanmoins, la solution qui a été proposée au problème de la classe de référence ne permet nullement de résoudre la difficulté du fréquentisme qu'a soulignée Peirce dans l'exemple du paquet de cartes. Cette difficulté repose en effet simplement sur le fait que, d'après le fréquentisme (qu'il soit actualiste ou hypothétique), la probabilité de quelque chose consiste en la fréquence de l'occurrence de cette chose dans certaines circonstances déterminées. Plus précisément, comme on vient de le soutenir, en la fréquence limite de l'occurrence de cette chose (par exemple, que ma mort survienne à plus de 90 ans) dans l'infinité des mondes possibles dont l'ensemble des propriétés à un instant donné est identique à l'ensemble des propriétés du monde actuel à un instant donné *t*. Cependant, même si l'on admet cette solution, notre difficulté demeure. En effet, la probabilité de 25/26 que la prochaine carte qui sera tirée au hasard de ce paquet soit rouge consiste, à suivre cette solution, dans le fait suivant : si je tirais et retirais indéfiniment une carte au hasard de ce paquet dans le cas où le monde serait, après le tirage de la carte à *t2*, indéfiniment rembobiné jusqu'à un instant *t1* (que l'on peut choisir de situer après la proposition de tirer une carte au hasard d'un des deux paquets et avant que les cartes y ont été réparties en suivant un modèle de répartition généré aléatoirement par ordinateur), la fréquence avec laquelle je tirerais une carte rouge tendrait vers 25/26. Or cela, une fois encore, ne détermine nullement quelle sera la couleur de la carte tirée à *t2*.

Autrement dit, rien dans la solution qui a été proposée au problème de la classe de référence ne permet de rejeter l'idée défendue par Peirce dans le raisonnement que j'ai indiqué en commençant : l'action ou la décision de tirer une carte au hasard de ce paquet plutôt que de l'autre, effectuée ou prise sur la base du fait que la probabilité d'en tirer une carte rouge – et ainsi d'accéder au bonheur éternel – soit de 25/26, est irrationnelle si elle est effectuée ou prise non en raison de la fréquence de 25/26 avec laquelle ce résultat désirable tendrait à se produire si cette action était effectuée indéfiniment, mais en raison du résultat que je désire obtenir à *t2*. Or cette idée qu'il « ne peut y avoir absolument aucun sens à raisonner dans un cas isolé » sur la base de probabilités que nous estimons connaître est intuitivement inacceptable, notamment si l'on pense au cas structurellement similaire du médecin et des deux patients indiqué plus haut.

17. D. Lewis, « A Subjectivist's Guide to Objective Chance », in *Philosophical Papers*, vol. 2, Oxford, Oxford UP, 1980/1986, p. 90.

Y a-t-il réellement un problème ?

Peut-être un lecteur familier de la littérature philosophique consacrée aux probabilités voudra-t-il avancer qu'un principe énoncé par David Lewis permet de comprendre comment il peut être rationnel d'agir d'une certaine façon sur la base d'un jugement relatif à la probabilité objective de quelque chose sans pour autant agir de la façon en question en raison de la fréquence avec laquelle cette chose tendrait à se produire si cette action était effectuée indéfiniment. D'après le fameux « Principal Principle » de Lewis, « si l'on savait que la probabilité physique, objective, d'un événement aléatoire (au sens de sa fréquence relative limite dans une série infinie d'essais) était *r*, et si aucune autre information pertinente n'était disponible, alors le degré subjectif approprié de croyance que l'événement aura lieu à l'occasion de n'importe quel essai particulier serait aussi *r* [18] ». Ainsi, si je sais qu'un paquet de vingt-six cartes contient vingt-cinq cartes rouges et qu'un autre paquet de vingt-six cartes en contient une seule, il est rationnel que je croie à un degré de 25/26 (ou que j'aie un degré de confiance de 25/26 en la proposition) que la prochaine carte tirée au hasard du premier paquet, ainsi que chacune des suivantes, sera rouge, et que je croie à un degré de 1/26 (ou que j'aie un degré de confiance de 1/26 en la proposition) que la prochaine carte tirée au hasard du second paquet, ainsi que chacune des suivantes, sera rouge. Si mon but est de tirer une carte rouge de l'un de ces deux paquets, et si, de façon rationnelle, je crois davantage que je tirerai une carte rouge du premier paquet que je ne crois que j'en tirerai une du second, alors il est rationnel que je choisisse le premier paquet, de sorte que la difficulté soulevée par Peirce se trouve résolue.

Cette manière de la résoudre n'est cependant pas satisfaisante parce qu'elle consiste à *poser* que si la probabilité objective d'un événement consiste en sa fréquence limite dans des circonstances d'un certain type, et qu'on la sait être *r*, alors il est rationnel ou « approprié » de croire au degré *r* qu'il se produira dans des circonstances particulières du type en question. Mais aucune *raison* n'est avancée de penser qu'il n'est pas « illogique » ou irrationnel de croire, sur la base de la connaissance d'une probabilité objective consistant en une fréquence limite, que quelque chose se produira ou sera le cas dans des circonstances particulières. Ce ne serait pas le cas si cette manière de résoudre la difficulté soulevée par Peirce était, par exemple, accompagnée d'une défense de la thèse subjectiviste selon laquelle croire que quelque chose a une certaine probabilité de se produire (par exemple, qu'il y a une chance sur vingt-six de tirer au hasard une carte noire du premier paquet) doit être interprété, pour être intelligible, comme consistant à avoir un certain degré de croyance que cette chose se produira (par exemple, à croire au degré 25/26 que je tirerai une carte rouge de ce paquet). Mais si l'on soutient, comme Lewis, la réalité objective des probabilités comme celle de 25/26 de tirer une carte rouge du premier paquet, alors la thèse subjectiviste ne peut constituer un argument en faveur de l'affirmation selon laquelle si l'on estime

18. C. Howson et P. Urbach, *Scientific Reasoning : the Bayesian Approach*, Chicago, Open court, 1993, p. 240.

que la probabilité objective d'un événement est *r*, alors il est rationnel ou « approprié » de croire au degré *r* qu'il se produira dans des circonstances particulières d'un certain type et d'agir en fonction de cela.

Plutôt que le « Principal Principle » de Lewis, on pourrait alors vouloir invoquer le « Frequency Principle » ou la « règle du cas individuel » avancés par Ian Hacking, énonçant que, dans un cas comme celui des deux paquets de cartes, l'hypothèse « la carte qui sera tirée au hasard du premier paquet sera une carte rouge » est bien davantage supportée par les données statistiques dont on dispose que l'hypothèse « la carte qui sera tirée au hasard du second paquet sera une carte rouge », de sorte qu'elle est celle d'après laquelle nous devons agir. Et quand ces données sont les seules données dont on dispose à propos des hypothèses en question, les différents degrés auxquelles elles supportent respectivement l'une et l'autre hypothèses correspondent aux proportions respectives de cartes rouges dans l'un et l'autre paquets ou, corrélativement, aux fréquences respectives de cartes rouges qui seraient tirées à long terme de l'un et l'autre paquets. Un peu plus formellement, Hacking énonce « la règle du cas individuel » de la façon suivante :

Résoudre le problème grâce au « Frequency Principle » ou au « Principal Principle » ?

> Pour tout A, tout B, et toute chose spécifiée individuelle T, si l'expérience montre que les S sont soit A, soit B, jamais les deux, et plus souvent A que B ; si l'on sait que le fait qu'un S particulier quelconque soit ou ne soit pas un A est indépendant d'autres S, et si l'on sait que T est un S, alors l'hypothèse que T est A est davantage supportée par ces données que ne l'est l'hypothèse que T est B. [...] Votre meilleure hypothèse est alors A [19].

Cette règle, écrit Hacking, « peut être utilisée pour former des hypothèses à propos de n'importe quelle chose spécifiée individuelle, comme le prochain tirage d'une urne [20] » dont on sait qu'elle ne contient que des boules blanches et des boules noires et que les premières sont plus nombreuses que les dernières. Ainsi, d'après cette règle, l'hypothèse que la prochaine boule (ou la prochaine carte) tirée de l'urne (ou du premier paquet) – T – sera une boule blanche (ou une carte rouge) – A – est davantage supportée par les données dont on dispose que l'hypothèse qu'elle sera une boule noire (ou une carte noire) – B – puisque ces données sont qu'il y a plus de boules blanches dans l'urne (ou de cartes rouges dans le paquet). Hacking ajoute cependant, plus loin, la chose suivante : « je ne peux pas prouver que la règle du cas individuel n'est pas irrationnelle : en tout cas, si quelqu'un la mettait en question, je ne pourrais pas la déduire d'autres vérités universellement acceptées. Je peux au mieux indiquer des cas dans lesquels il n'y aura pas de long terme et où pourtant il serait correct d'utiliser la règle du cas individuel [21] ». Le problème est donc, ici encore, que tandis que l'on aimerait pouvoir disposer d'une raison de

19. I. Hacking, *Logic of Statistical Inference*, Cambridge, Cambridge UP, 1965/2016, p. 36.
20. *Ibid.*
21. *Ibid.*, p. 46.

penser qu'il n'est pas irrationnel de s'appuyer sur des données statistiques ou des fréquences pour décider des actions à entreprendre en des occasions particulières, tout ce dont on dispose grâce à la « règle du cas individuel » est une mise en forme de l'intuition qu'il serait irrationnel de ne pas le faire [22].

Pourquoi abandonner le fréquentisme

Puisque

1) l'idée peircienne selon laquelle l'action ou la décision de tirer une carte au hasard du premier paquet est irrationnelle si elle est effectuée ou prise non en raison de la fréquence de 25/26 avec laquelle une carte rouge tendrait à en être tirée si cette action était effectuée indéfiniment, mais en raison du fait qu'on désire tirer une carte rouge en une occasion particulière, est intuitivement inacceptable, et que

2) elle semble être impliquée par toute forme de fréquentisme dans la mesure où, d'après cette conception, une probabilité objective ne détermine nullement l'occurrence d'événements particuliers (à moins de le combiner arbitrairement à certains principes comme ceux avancés par Lewis et Hacking), la conclusion qui apparaît s'imposer est que

3) cette conception des probabilités devrait être rejetée.

D'autant qu'elle est exposée à une autre difficulté sérieuse, sur laquelle Alan Hájek et Antony Eagle ont beaucoup insisté, dont la résolution nous conduira vers une autre conception de la nature des probabilités objectives supposée permettre de défendre la rationalité de décisions et d'actions comme celles de tirer une carte du premier paquet plutôt que du second en l'unique occasion que nous aurons de le faire.

Supposons qu'une pièce soit non biaisée et que sa probabilité de tomber sur face lorsqu'on la lance soit ainsi de 1/2. Cela n'implique pas que la fréquence limite avec laquelle elle tomberait sur face si on la lançait indéfiniment serait de 1/2 ; elle pourrait au contraire être égale à n'importe quelle valeur comprise entre 0 et 1. Il est possible par exemple que se produise une séquence de résultats qui serait composée d'un nombre fini de piles indéfiniment suivis de faces ; la fréquence limite avec laquelle elle tomberait sur face serait alors de 1. Serait également possible une séquence du type « PF PFF PFFF PFFFF... » dans laquelle la fréquence relative limite de faces serait là aussi de 1 ; comme l'écrit Hájek, non seulement une telle séquence est compatible avec le fait que la pièce ne soit pas biaisée et que la probabilité qu'elle tombe sur face lorsqu'on la lance soit donc de 1/2, mais qu'elle ne soit pas biaisée et que cette probabilité soit celle-là implique qu'une telle séquence est possible [23]. Rien n'interdit non plus qu'on obtienne une séquence de résultats « FP FFPP

22. Dans une perspective similaire à celle de Hacking, Mellor écrit, à propos du « Frequency Principle » du premier – qui s'énonce ainsi : « si tout ce que nous savons est que la chance [d'un événement] E à l'occasion d'essais d'un genre K est p, alors cette connaissance supporte au degré p la proposition que E se produira à l'occasion d'un certain essai du genre K » (I. Hacking, *Logic of Statistical Inference*, *op. cit.*, p. 124) –, qu'il fait partie « de l'essence de la chance qu'un tel principe soit vrai », mais que seul un fréquentiste peut et doit se sentir tenu de fournir « une raison à l'appui d'une vérité analytique si évidente » (D.H. Mellor, *The Matter of Chance*, Cambridge, Cambridge UP, 2004/1971, p. 67).

23. A. Hájek, « Fifteen Arguments Against Hypothetical Frequentism », art. cit., p. 221.

FFFFPPPP FFFFFFFFPPPPPPPP… », ce qui exclurait dans ce cas qu'il y ait une fréquence relative limite de faces (ou de piles) :

> Nous aurions en ce cas des séquences de 2^n faces suivies par des séquences de 2^n piles. Il n'y aurait pas alors de fréquence relative limite de faces : la fréquence relative de faces dans la séquence oscille grandement, augmentant progressivement au cours de chaque série de faces, puis diminuant progressivement au cours de chaque série de piles; et les séries sont toujours suffisamment longues pour contrebalancer tous les résultats qui précèdent. Le fréquentiste hypothétique doit alors dire que la probabilité que la pièce tombe sur face n'existe pas. Mais comme j'ai postulé que la pièce est non biaisée, cette probabilité est de 1/2 […]. Cette séquence n'est pas plus impossible que votre séquence « bien mélangée » favorite. Il n'y a donc pas de garantie que la limite de la fréquence relative de faces soit définie [24].

Comme le résume Eagle, « toutes ces séquences sont possibles, mais toutes donnent la mauvaise réponse. Les deux premières donnent à “face” une fréquence limite de 1 même si “pile” se produit un nombre infini de fois dans la deuxième. La troisième ne donne aucune fréquence limite; la fréquence de faces oscille entre 3/4 et 1/2 mais ne s'établit jamais de façon stable sur une valeur. Or cela revient à admettre que la fréquence à long terme pourrait avoir n'importe quelle valeur [25] » même si la probabilité que la pièce tombe sur face est de 1/2. Autrement dit, le fréquentisme hypothétique semble connecter « les probabilités aux fréquences limites de façon trop étroite car même dans des séquences infinies les deux peuvent diverger [26] ».

Un fréquentiste hypothétique ne devrait donc pas, semble-t-il, affirmer que bien qu'il soit impossible de prédire quelle fréquence exacte de faces sera obtenue au cours d'une série finie de lancers quelconque, on peut néanmoins être absolument certain, si l'on admet qu'une pièce est non biaisée et donc que la probabilité qu'elle tombe sur face quand on la lance est de 1/2, de ce que serait la fréquence limite de faces si elle était lancée indéfiniment : 1/2.

Peut-être un partisan du fréquentisme voudra-t-il opposer que des séquences comme les trois qui ont été mentionnées sont anormales et que la loi faible des grands nombres de Bernoulli établit que des séquences avec la « bonne » fréquence, c'est-à-dire dont la valeur tend vers celle de la probabilité objective impliquée, sont celles que nous devrions observer si la pièce ou le dé étaient lancés indéfiniment. Cette objection, cependant, ne résout nullement le problème puisque la position fréquentiste n'est pas que la probabilité de 1/2 qu'une pièce non biaisée tombe sur face, ou de 25/26 qu'une carte rouge soit tirée au hasard d'un paquet contenant vingt-cinq cartes rouges et une carte noire, implique que si la pièce était indéfiniment lancée, ou si une carte était indéfiniment tirée au hasard du paquet, la fréquence avec laquelle la pièce tomberait sur face, ou avec laquelle la carte tirée du paquet serait rouge, tendrait *très probablement* vers 1/2 ou vers 25/26, *sans*

24. *Ibid.*, p. 220.
25. A. Eagle, « 21 Arguments Against Propensity Analyses of Probability », *Erkenntnis*, vol. 60, n° 3, 2004, p. 396.
26. A. Hájek, « Interpretations of Probability », art. cit.

qu'il soit exclu qu'il en aille autrement. La position fréquentiste est que cette probabilité implique que cette fréquence tendrait *assurément* vers 1/2 ou vers 25/26 *et qu'il est exclu qu'il en aille autrement.* Le problème que rencontre alors le fréquentisme est que le fait qu'il y ait, par exemple, une chance sur deux qu'une pièce non biaisée tombe sur face ne saurait rendre *impossible* une séquence « anormale » puisque, le résultat de chaque lancer étant indépendant des autres, toutes les séquences possibles de piles et de faces sont, précisément, possibles.

À ce problème, le fréquentisme peut, selon Hugh Mellor, apporter la réponse suivante :

> Nous devons distinguer ce qui *pourrait arriver* dans une situation hypothétique de ce qui *arriverait* dans cette situation. Il est vrai que si notre pièce était lancée indéfiniment, la fréquence limite $f_\infty(F)$ pourrait avoir n'importe quelle valeur entre 0 et 1. Mais la conception fréquentiste hypothétique n'a pas à contester ce point : elle doit simplement insister sur le fait que bien que $f_\infty(F)$ *pourrait* avoir n'importe quelle valeur, elle *serait* en fait de 1/2. Il n'y a pas davantage de contradiction à dire cela qu'à dire que si j'allais à Londres aujourd'hui, je pourrais prendre le bus mais je prendrais le train. Cependant, de la même façon que cela ne nous dit pas, quand je ne vais pas à Londres, ce qui rend vrai que si j'y étais allé, j'aurais pris le train, il se peut que nous voulions savoir, si notre pièce n'est pas indéfiniment lancée, ce qui rend vrai que si elle l'était $f_\infty(F)$ serait de 1/2 [27].

Cette réponse revient cependant, on va le voir, à abandonner le fréquentisme (hypothétique) pour se tourner vers une autre conception objectiviste des probabilités.

Le propensionnisme peut-il résoudre le problème des deux paquets de cartes ?

La réponse de Mellor au problème qui a été soulevé signifie en effet qu'une probabilité consiste non pas en une certaine fréquence (limite), mais en quelque chose qui *rend vrai*, ou qui *fait qu'*une pièce non biaisée, si elle était lancée indéfiniment, tomberait sur face avec une fréquence limite de 1/2 – et non avec une autre fréquence limite, ou sans fréquence limite déterminée, quand bien même cela serait logiquement possible. Autrement dit, une probabilité consiste en une propriété objective de la situation physique impliquant le lancer d'une pièce non biaisée en vertu de laquelle la lancer indéfiniment produirait une séquence de résultats caractérisée par le fait que la fréquence de faces (ou de piles) tendrait vers 1/2 – ce que l'on peut interpréter comme signifiant qu'une probabilité consiste en une *disposition* de cette situation physique à produire une telle séquence de résultats. En ce cas, la réponse de Mellor conduit à l'adoption d'une conception des probabilités de type *propensionniste* d'après laquelle, pour caractériser les choses de façon suffisamment neutre pour pouvoir y inclure les différentes formes de propensionnisme qui ont défendues dans la littérature, « la probabilité est une propension, disposition, ou tendance physique d'un certain type de

27. D. H. Mellor, *Probability : a philosophical introduction*, Londres, Routledge, 2005, p. 43.

situation physique à produire un résultat d'un certain type, ou de produire à long terme une fréquence relative d'un tel résultat[28] ».

Peirce fut le premier défenseur de cette conception des probabilités, qu'il avança après en être venu à juger que le fréquentisme était confronté à certaines difficultés insurmontables.

Propensionnisme du long terme

Pour Peirce, dire que la probabilité d'obtenir un chiffre pair en lançant un dé non biaisé est de 1/2, c'est dire que

> ce dé possède, dans l'état dans lequel il se trouve actuellement, une certaine habitude ou disposition. Il s'agit d'un *would-be* et cette habitude ou disposition ne consiste pas en des réalités actuelles ou en des événements singuliers d'une multitude, qu'elle soit finie ou infinie. Elle consiste cependant en ce qui arriverait dans certaines circonstances si elles restaient inchangées au cours d'une série sans fin d'occurrences actuelles. (CP 8.225, c. 1910)

Il est par ailleurs frappant de constater à quel point la réponse de Mellor à la difficulté du fréquentisme sur laquelle Hájek et Eagle ont insisté fait écho à ce qu'écrit Peirce dans une lettre à Victoria Lady Welby datée du 24 décembre 1908, ainsi que dans un passage rédigé en 1910 : si aucune « certitude syllogistique » n'exclut qu'un dé non biaisé puisse se mettre à tomber obstinément sur le 6 à chaque lancer, il ne s'agit pas de la façon dont il se comporterait s'il était lancé indéfiniment ; et s'il se mettait à se comporter ainsi, nous en déduirions qu'il a changé de propriétés.

> Le dé pourrait ne tomber à chaque fois que sur le six. Je dis qu'il le *pourrait*, au sens où cela ne violerait pas le principe de contradiction s'il le faisait. Mais de toute évidence il ne le *ferait* pas, à moins d'un miracle ; et si un tel miracle *avait* lieu, je devrais dire que le dé a acquis, [...] au cours de cette série de lancers, une habitude anormale, miraculeuse. Car je devrais juger que le fait qu'il suive sans faute une certaine ligne de comportement tout au long d'une succession infinie d'occasions *constitue* très clairement une habitude. (CP 2.667, 1910 ; voir aussi CP 8.361, 1908)

La forme de propensionnisme défendue par Peirce se trouve par ailleurs, hormis sur un point important, bien exprimée par la caractérisation que donne Mellor de sa propre position. D'après ce dernier, « le fait pour un lancer de pièce d'avoir une chance CH(F)=*p* de tomber sur face consiste dans le fait qu'il soit tel que *s*'il y avait une séquence infinie de lancers dont la chance de tomber sur face est CH(F)=*p*, cette séquence aurait une fréquence limite de faces, f_∞(F), dont la valeur serait également *p*[29] » ; et « la chance CH(F) d'un lancer de pièce *a* de tomber sur face » consiste en une disposition que possède ce lancer de pièce *a* à produire une fréquence limite hypothétique f_∞(F) « dont la base *F* est une propriété ou une combinaison de propriétés

28. A. Hájek, « Interpretations of Probability », art. cit.

29. D. H. Mellor, *Probability*, *op. cit.*, p. 51.

que *a* possède réellement [30] ». Autrement dit, si la valeur de cette fréquence est *p*, c'est donc cette base F qui détermine cette valeur en conférant à *a* une disposition à produire une fréquence limite hypothétique $f_\infty(F)$ dont la valeur est *p* – disposition en laquelle consiste le fait pour *a* d'avoir une chance ou probabilité de tomber sur face dont la valeur est *p*.

Le point sur lequel les positions de Peirce et Mellor divergent est que tandis que Peirce considère la disposition en question, ou *would-be*, comme une propriété *de la pièce* qui est lancée dans le lancer de pièce *a*, Mellor tient cette disposition, on le voit, pour une propriété *du lancer de pièce a*. Il n'importe cependant pas ici de trancher la question de savoir si la probabilité de 1/2 que « face » soit le résultat du lancer a de *P* signifie que *P* a la propriété dispositionnelle de tomber sur face avec une fréquence limite de 1/2 lorsqu'elle est indéfiniment lancée, ou si cela signifie que *a* a la propriété dispositionnelle de tomber sur face avec une fréquence limite de 1/2 [31]. Plus important est le fait qu'on objecte souvent à cette forme de propensionnisme, dite « propensionnisme du long terme (PLT) », d'être exposée tout autant que le fréquentisme hypothétique au problème de la classe de référence et qu'il faudrait pour cette raison préférer au PLT une autre forme de propensionnisme, dite « propensionnisme des cas individuels (PCI) ». D'après ce dernier, la probabilité de 1/2 que le résultat d'un lancer a soit « face » n'est pas *une disposition* de *P* ou de *a à produire une fréquence limite* de faces de 1/2, mais une disposition de la situation physique dont *a* fait partie à ce que *P* tombe sur face.

Néanmoins, la solution qui a été avancée plus haut au problème de la classe de référence s'applique très naturellement au PLT : la probabilité de 1/2 que le résultat d'un lancer a soit « face » consiste dans le fait qu'en vertu de la constitution physique de *P* et de l'ensemble des choses qui sont vraies du monde et de *P* à l'instant *t1* où *P* s'échappe de ma main (à une certaine hauteur, avec un certain angle, une certaine rotation, une certaine vitesse, etc.), si le monde était indéfiniment rembobiné jusqu'à *t1* après que *P* est tombée sur une des deux faces à *t2*, la fréquence limite avec laquelle *P* tomberait sur face serait de 1/2. Cela, en supposant que le résultat du lancer soit objectivement indéterminé à *t1*, ce qui n'est sans doute pas le cas – de sorte qu'on pourrait préférer situer *t1* au moment où j'attrape la pièce pour la lancer, si l'on estime que cela rendrait le résultat du lancer objectivement indéterminé à *t1*. Autrement dit, *P* possède, étant donné sa constitution physique à *t1*, la propriété dispositionnelle suivante : si le monde était indéfiniment rembobiné jusqu'à *t1* après que *P* est tombée sur une des deux faces à *t2*, *P* tomberait sur face avec une fréquence limite de 1/2. Cette propriété dispositionnelle est une propriété de *P* tout comme la fragilité d'un verre en cristal est une propriété de ce verre ou la dureté de *P* une propriété de *P*. Mais tandis que l'une de ces deux propriétés de *P*, sa dureté, se manifeste dans ce qui arriverait à *P* dans telles ou telles circonstances particulières

30. *Ibid.*, p. 58.

31. Sur cette question, *cf.* D. Gillies, *Philosophical Theories of Probability*, *op. cit.*, p. 118 ; D. H. Mellor, *Probability*, *op. cit.*, p. 50-51 ; M. Suarez, « Propensities and Pragmatism », *The Journal of Philosophy*, vol. 110, n° 2, 2013, p. 91-92.

déterminées, l'autre se manifeste dans ce qui arriverait à *P* si telles ou telles circonstances particulières déterminées se répétaient indéfiniment. C'est pourquoi, comme l'écrit Mellor, cette propriété ne doit pas être conçue comme une simple *tendance* de *P* (ou plutôt, selon lui, de *a*) à tomber sur face dans certaines circonstances : si les conditions de la manifestation de cette propriété dispositionnelle étaient réalisées, *P* n'aurait pas alors simplement tendance à tomber sur face avec une fréquence limite de 1/2, mais tomberait à coup sûr sur face avec cette fréquence.

Cette conception des probabilités ne permet cependant pas davantage que le fréquentisme de résoudre le problème posé par le cas des deux paquets de cartes puisqu'il repose sur l'idée suivante : il est irrationnel ou illogique pour un individu S d'agir d'une certaine façon A à *t1* si a) le but que poursuit S en agissant ainsi à *t1* est qu'un événement particulier d'un certain type se produise à *t2*, si b) S agit ainsi en raison d'un jugement relatif à la probabilité objective qu'un tel événement se produise en agissant d'une telle façon, et si c) si les probabilités objectives sont pour S de la nature que leur attribue le fréquentisme. En effet, en ce cas, le jugement en question est relatif à ce qui se produirait si A était ré-effectuée indéfiniment à *t1* – à savoir, le fait que des événements particuliers du type en question se produiraient avec une fréquence limite déterminée – et non à ce qui se produirait à *t2* si A était effectuée à *t1*. Or il en va de même si les probabilités objectives sont pour S de la nature que leur attribue la forme de propensionnisme soutenue par Peirce et Mellor, à savoir le PLT, car en ce cas le jugement en question est également relatif à ce qui se produirait si A était ré-effectuée indéfiniment à *t1* et non à ce qui se produirait à *t2* si A était effectuée à *t1*. Or puisqu'il est intuitivement rationnel pour S de (décider de) faire A à *t1* lorsque S a pour but qu'un événement particulier d'un certain type se produise à *t2* et lorsqu'il estime que la probabilité objective qu'un tel événement se produise en agissant d'une telle façon est plus élevée qu'en agissant d'une autre façon B (par exemple lorsque S estime que la probabilité de tirer une carte rouge du paquet en contenant vingt-cinq est plus élevée que celle d'en tirer une du paquet en contenant une seule), il s'ensuit que le PLT doit être rejeté tout autant que le fréquentisme. Ce qui fait qu'une pièce non biaisée *P* tomberait sur face avec une fréquence limite de 1/2 si elle était lancée indéfiniment (au sens qui a été indiqué) est certes, comme l'écrit Eagle, une « propension qui est instanciée [*token realised*] dans chaque [lancer] [32] », puisqu'elle est une propriété dispositionnelle de *P* que *P* possède en vertu de sa constitution physique. Mais il n'en demeure pas moins qu'elle est une disposition ou une propension à produire une fréquence limite et non à produire les résultats de lancers particuliers, qu'elle ne saurait donc expliquer ni permettre de prédire.

Cette conception propensionniste des probabilités ne résout pas le problème

32. A. Eagle, « 21 Arguments Against Propensity Analyses of Probability », art. cit., p. 378.

En conséquence, estimer qu'une probabilité objective est une disposition ou propension de ce genre, combiné au fait de savoir que la probabilité objective d'un dé à 60 faces de tomber, à l'occasion du prochain lancer, sur un nombre autre que le 17 est de 59/60, ne saurait rendre davantage rationnel de s'attendre à ce qu'il tombe, à l'occasion du prochain lancer, sur un nombre autre que le 17 que de s'attendre à ce qu'il tombe sur le 17. Cependant, le fait d'être propensionniste du long terme plutôt que fréquentiste hypothétique rend rationnel de s'attendre à ce que ce dé, s'il était indéfiniment lancé (au sens qui a été indiqué), tombe sur un nombre autre que le 17 avec une fréquence limite de 59/60. En effet, comme le soutient Mellor, ce propensionnisme exclut, contrairement au fréquentisme, que certaines séquences « anormales » de résultats, quoique logiquement possibles, se produisent. Telle est la raison pour laquelle Peirce, en abandonnant le fréquentisme pour le propensionnisme du long terme, n'a pas pour autant abandonné l'idée suivante : il est rationnel d'agir d'une certaine façon A à *t1* sur la base d'un jugement relatif à la probabilité objective qu'un certain type de résultat s'ensuive à la condition d'agir ainsi à *t1* en raison de la fréquence limite avec laquelle des résultats de ce type se produiraient si une action comme A était indéfiniment ré-effectuée, et non en raison de ce qu'on espère voir suivre de A à *t2*. Telle est, autrement dit, la raison pour laquelle, en changeant de conception des probabilités, Peirce n'a pas abandonné la thèse selon laquelle la logique s'enracine dans un principe social.

Par ailleurs, une objection initialement formulée par Richard Jeffrey [33] contre le fréquentisme hypothétique vaut *a fortiori* (ou peut-être avant tout) contre le propensionnisme du long terme. L'idée selon laquelle certaines propensions ou dispositions font que certaines séquences logiquement possibles de lancers ou de tirages ne se produiraient pas et que certaines fréquences limites, qui plus est correspondant à la valeur des probabilités concernées, seraient observées, semble être en tension avec une idée que doit intuitivement respecter toute conception des probabilités : celle selon laquelle le résultat de chaque lancer de *P* ou de chaque tirage de carte est 1) *aléatoire* et 2) *indépendant* du résultat des lancers ou tirages qui seraient effectués au cours d'une infinité de rembobinages du monde. Contre la suggestion d'après laquelle il est possible que les dispositions physiques en question fassent que certaines séquences ne se produiraient pas, non en déterminant, même minimalement, le résultat de chaque lancer ou tirage, mais en agissant directement sur l'espace des séquences possibles, Eagle objecte à juste titre que « la manière dont une propriété supposément physique pourrait agir de façon à restreindre par elle-même l'espace des possibilités apparaît assez mystérieuse [34] ».

33. R. Jeffrey, « Mises Redux », *in* R. E. Butts et J. Hintikka (dir), *Basic Problems in Methodology and Linguistics*, Dordrecht, D. Reidel, 1977, p. 213-222.

34. A. Eagle, « 21 Arguments Against Propensity Analyses of Probability », art. cit., p. 399.

Propensionnisme des cas individuels

Le propensionnisme des cas individuels (PCI), contrairement au PLT, échappe à cette objection et semble, par ailleurs, en position de résoudre le problème des deux paquets de cartes. D'après le PCI, les propensions en lesquelles consistent les probabilités objectives sont des « propensions à produire un résultat particulier en une occasion spécifique [35] », « à réaliser des résultats particuliers [36] » : pour David Miller, « la probabilité d'un résultat n'est la mesure d'aucune fréquence, mais [...] de l'*inclination* de la manière dont sont les choses actuellement à réaliser ce résultat [37] ». Tandis que la fragilité d'un verre en cristal le dispose à *toujours* se briser dans certaines circonstances (autrement dit, à chaque fois qu'il est soumis à certaines conditions déterminées), la probabilité de 1/2 d'une pièce non biaisée *P* à tomber sur face lors d'un lancer a signifie qu'est à l'œuvre une *tendance* – en *P*, en *a*, ou, plus largement, dans la configuration physique dans laquelle *a* prend place – à ce que *P* tombe sur face lors de *a*. Tendance dont l'*intensité* est mesurée par la valeur de la probabilité de *P* à tomber sur face lors de *a*. James Fetzer écrit ainsi :

> Les probabilités doivent être comprises comme caractérisant la force de la tendance causale à l'œuvre dans un essai individuel doté de ses caractéristiques physiques à engendrer l'un ou l'autre de ses résultats possibles. La propension à obtenir le bonheur éternel en tirant une carte d'un paquet est de 25/26 s'il s'agit de la force de la tendance de ce résultat à être engendré au cours d'un essai individuel avec ses caractéristiques physiques. [...] La probabilité d'un résultat d'un certain type dans des conditions d'un certain type désigne la force de la tendance dispositionnelle à ce qu'un tel dispositif produise un tel résultat au cours d'un essai *individuel* [38].

Le PCI implique ainsi, d'après Strevens, que « s'agissant d'un résultat particulier que vous aimeriez prédire ou expliquer, il y a un *fact of the matter* relatif à la probabilité physique du résultat, que vous pouvez – et sans doute devez – utiliser dans votre prédiction ou votre explication [39] », à savoir l'intensité de la tendance qui est, a été ou sera causalement à l'œuvre dans l'occurrence du résultat en question. Au problème des deux paquets de cartes, la réponse est alors qu'il est rationnel de choisir le paquet contenant le plus de cartes rouges sur la base du jugement que la probabilité de tirer une carte rouge de ce paquet est supérieure à celle d'en tirer une du paquet n'en contenant qu'une seule si, en jugeant cela, on juge la chose suivante : dans le cas où le premier paquet serait choisi, s'exercerait une tendance causale très forte, d'intensité 25/26, à ce que la prochaine carte tirée (ainsi que chacune de celles qui pourraient l'être par la suite) soit une carte rouge tandis que, dans le cas où le second paquet serait choisi, s'exercerait une tendance très faible, d'intensité 1/26, à ce que la prochaine carte tirée (ainsi que chacune

35. D. Gillies, *Philosophical theories of Probability*, *op. cit.*, p. 126.
36. *Ibid.*, p. 127.
37. *Ibid.*, cité par D. Gillies.
38. J. Fetzer, « Peirce and Propensities », in E. Moore (dir.), *Charles S. Peirce and the Philosophy of Science*, Tuscaloosa et Londres, University of Alabama Press, 1993, p. 66.
39. M. Strevens, « Probability and Chance », art. cit.

de celles qui pourraient l'être par la suite) soit une carte rouge. Quant à la raison pour laquelle le PCI échappe au problème de Jeffrey, elle est, à suivre la position de Fetzer, que si ces tendances ou « propensions de cas individuels » génèrent ces fréquences limites, elles « ne garantissent pas logiquement » que la valeur de ces dernières sera identique à celle de l'intensité de ces tendances, c'est-à-dire à la valeur des probabilités impliquées. Ces tendances ne fournissent qu'une « probabilité extrêmement élevée – via l'application du théorème de Bernoulli – que [certains événements] se produiront avec des fréquences limites égales à leur probabilité[40] ».

Une telle position est-elle satisfaisante et permet-elle donc réellement de résoudre le problème des deux paquets de cartes ? Je m'en tiendrai ici à deux brèves remarques visant à souligner, à la suite d'autres auteurs, le caractère particulièrement obscur du PCI.

Tout d'abord, la nature de la relation entre, d'un côté, les tendances ou « propensions de cas individuels » qui sont au cœur de cette position et, de l'autre, les fréquences relatives qu'elles produisent, apparaît assez peu claire ; notamment parce que la « probabilité extrêmement élevée » que la valeur de ces fréquences soit celle des probabilités impliquées – qui n'est autre, encore une fois, que le degré d'intensité de ces tendances – ne semble pas elle-même pouvoir consister en une tendance ou propension, sous peine de régression à l'infini.

Ensuite, l'idée de tendance causale plus ou moins forte à produire certains résultats particuliers dans des circonstances particulières semble vouée à rester mystérieuse dès lors que ces tendances causales d'intensité variable ne sont pas conçues de la façon dont les partisans du PCI veulent, précisément, qu'elles ne soient pas conçues : comme une *manière de caractériser* le fait que certains résultats particuliers se produiraient avec une certaine fréquence limite dans certaines circonstances, si elles se répétaient indéfiniment. En effet, comme l'écrit Berkovitz, « la caractérisation des tendances de cas individuels comme un genre de connexion causale faible admettant des degrés [...] ne semble pas très éclairante[41] ». Comme le remarque très justement Eagle, « on pourrait initialement croire que la notion de causation partielle (prise au sens où ma fatigue et le fait que j'aie été ébloui sont tous deux des causes partielles de mon accident de voiture) pourrait bien ici être utile, mais en réalité il n'en est rien[42] ». Si l'on admet en effet que

1) une cause partielle est « une partie d'une explication complète qui entraînerait logiquement l'événement causé si elle était fournie en son entier[43] » et que

2) contrairement aux propriétés dispositionnelles comme la fragilité, une tendance du genre en question à ce qu'un événement se produise ne garantit pas que, sous certaines conditions déterminées, cet événement se produirait, il s'ensuit que

40. J. Fetzer, « A single case propensity theory of explanation », *Synthese*, vol. 28, n° 1, 1974, p. 186.
41. J. Berkovitz, « The Propensity Interpretation of Probability : A Re-evaluation », *Erkenntnis*, vol. 80, n° 3, 2015, p. 664.
42. A. Eagle, « 21 Arguments Against Propensity Analyses of Probability », art. cit., p. 379-380.
43. *Ibid.*

3) il ne peut y avoir de causes partielles de cet événement qui, combinées à une tendance du genre en question, feraient qu'il se produirait nécessairement – et donc que de telles tendances ne peuvent être considérées comme des causes partielles de quoi que ce soit.

Peut-être voudra-t-on avancer que (1) n'a rien d'évident – ce qui semble assez peu contestable –, et que la nature des tendances en question pourrait peut-être se comprendre dans le cadre d'une théorie de la causation basée sur, ou impliquant le rejet (1) [44]. Mais en attendant qu'une telle théorie soit fournie, le problème des deux paquets de cartes de Peirce demeure sans réponse satisfaisante. Cette conclusion, aporétique sous un aspect, souligne en même temps précisément le point que cet article visait à faire apparaître : il n'est plus possible d'ignorer le problème des deux paquets de cartes en se berçant de l'idée réconfortante qu'un problème aussi massif et basique doit nécessairement être un faux problème ou être susceptible d'être aisément résolu.

Benoit Gaultier
Collège de France (GRÉ),
Université d'Aix-Marseille

44. Pour une tentative de rendre compte des probabilités en termes de tendances causales d'intensité variable fondée sur une théorie de la causalité rejetant (1), voir R. L. Anjum et S. Mumford, *Getting Causes from Powers*, Oxford, Oxford UP, 2011, p. 77-81.

C. S. Peirce

PEIRCE, PHILOSOPHE DU LANGAGE

Francesco Bellucci [1]

Cet article soutient que s'il existe une philosophie du langage chez Peirce, il faut la chercher dans sa conception de la grammaire spéculative. Je reconstitue l'évolution de la grammaire spéculative de Peirce dans la période 1894-1906, et je montre que, tandis que dans les années 1890 la grammaire spéculative est considérée comme une théorie de la proposition, Peirce la conçoit dès 1903 comme une classification générale des signes, incluant une théorie des actes de langage tout à fait pionnière.

Peirce avait-il une philosophie du langage ? Si c'est le cas, quelles relations entretient-elle avec sa logique ? Puisque la logique doit selon Peirce être identifiée à la sémiotique*, quelle relation existe-t-il entre sa philosophie du langage et sa sémiotique ? Selon le Peirce de la maturité, la logique se compose de trois départements : la grammaire spéculative*, la critique logique et la rhétorique spéculative*. Cet article va donc essayer de montrer que s'il y a une philosophie du langage chez Peirce, on devra la trouver dans l'idée d'une grammaire spéculative ; que la grammaire spéculative, qui dans les années 1890 est une théorie de la proposition, à partir du *Syllabus* de 1903 devient une classification des signes ; que l'entreprise grammaticale et classificatoire est incompréhensible si elle n'est pas située dans l'horizon logique, parce que la grammaire est le département premier et propédeutique d'une logique qui inclut en outre une critique et une rhétorique ; et que donc Peirce est un philosophe de la logique qui se rend peu à peu compte que la logique doit être étendue à la philosophie du langage à travers une classification des signes [2].

Dans une brillante analyse de la grammaire spéculative de Peirce restée à peu près lettre morte, Maurizio Ferriani avait correctement identifié la

1. Cet article a paru sous le titre « Su Peirce filosofo del linguaggio » dans la *Rivista italiana di filosofia del linguaggio*, vol. 10, n. 1, 2016, URL= http : //www.rifl.unical.it/index.php/rifl. Nous remercions les éditeurs pour leur aimable autorisation accordée à la traduction.

2. Dans la suite de cet article, j'éviterai autant que faire se peut de confronter les présupposés de ma lecture de la sémiotique de Peirce avec d'autres lectures, quelles qu'elles soient. Pour un début de comparaison, *cf.* Francesco Bellucci, « "Logic, considered as Semeiotic." On Peirce's Philosophy of Logic », *Transactions of the Charles S. Peirce Society* 50 (4), 2014, p. 523-547.

grammaire spéculative et la théorie de la proposition, reconnu la nature déductive de l'analyse du signe propositionnel* dans le *Syllabus*, et posé le problème de la conceptualisation de la théorie peircienne de l'assertion [3]. Cependant, dans l'analyse de Ferriani, il manquait une appréciation du rôle *classificatoire* de la grammaire spéculative, et donc de son évolution et de sa transformation, après le *Syllabus*, vers une classification des signes. À l'opposé, dans le livre plus récent de T. L. Short, le problème de l'acte d'assertion est bien considéré comme un problème taxonomique [4]. Cependant, comme dans l'analyse de Ferriani, l'approfondissement de la classification des signes fait défaut, de sorte qu'il manque chez Short une appréciation de la motivation logique de l'engagement taxonomique, du reste facile à trouver lorsqu'on prend en compte la grammaire spéculative après 1903 (classification des signes), version plus sophistiquée de la grammaire spéculative d'avant 1903 (théorie du signe propositionnel). Cet article va ainsi tenter de mettre ensemble Ferriani et Short, et de montrer comment chez Peirce la théorie de la proposition (et plus tard la théorie des actes de langage) est un problème sémiotique qu'il cherche à résoudre à travers une classification générale des signes.

Les années 1890

Dans les écrits des années 1890, la grammaire spéculative est explicitement conçue comme une analyse de la proposition. La logique selon Peirce (considérée comme sémiotique) est divisée en trois départements : la grammaire spéculative, la logique au sens strict (par la suite appelée critique logique), et la rhétorique spéculative (ou méthodeutique*) (MS 787, p. 10, 1896; MS 478, p. 42, 1903). La critique logique est le département central de la logique, celui dans lequel les différentes formes inférentielles sont analysées et divisées en valides et non valides; en d'autres termes, la critique logique est une classification des arguments. La rhétorique spéculative est le dernier département de la logique, celui dans lequel les formes inférentielles passées au crible de la critique logique sont analysées et divisées en plus ou moins avantageuses; en d'autres termes, la rhétorique spéculative est une doctrine de la méthode (MS L 75, 1902). Le premier département de la logique, la grammaire spéculative, est une analyse de la structure des signes : avant même qu'un argument soit analysé en termes de validité et d'utilité, il est nécessaire qu'il soit soumis à une analyse grammaticale. Un argument consiste dans la représentation du fait qu'une proposition découle d'autres propositions, et cette représentation peut être représentée dans une proposition (« si les prémisses, alors la conclusion ») [5]. L'analyse de la nature

3. M. Ferriani, « Peirce's Analysis of the Proposition : Grammatical and Logical Aspects », in D. Buzzetti et M. Ferriani (dir.), *Speculative grammar, universal grammar and philosophical analysis of language*, Amsterdam, Benjamins, 1987, p. 149-172. Pour d'autres analyses importantes de la grammaire spéculative : J. E. Brock, « An Introduction to Peirce's Theory of Speech Acts, » *Transactions of the Charles S. Peirce Society* 17 (4), 1981, p. 319-326; C. Tiercelin, « Entre grammaire spéculative et logique terministe : la recherche peircienne d'un nouveau modèle de la signification et du mental », *Histoire Epistémologie Langage* 16, 1994, p. 89-121; C. Chauviré, *Peirce et la signification*, Paris, P.U.F., 1995; P. Thibaud, « Between Saying and Doing : Peirce's Propositional Space, » *Transactions of the Charles S. Peirce Society* 33 (2), 1997, p. 271-327.

4. T. L. Short, *Peirce's Theory of Signs*, Cambridge, Cambridge UP, chap. 7 à 9.

5. Selon un théorème de déduction que Peirce avait appris des médiévaux, en particulier de Pseudo-Scot; *Cf.* F. Bellucci, « Peirce and the Medieval Doctrine of the consequentiae », *History and Philosophy of Logic* 37(3), 2016, p. 244-268.

de la proposition est donc préliminaire à l'analyse de la nature, de la validité et de l'utilité de l'argument. La première branche de la logique devra donc avant tout consister en une analyse de la proposition. L'essai « L'essence du raisonnement », chapitre VI du traité sur la logique « How to Reason », qui fut projeté mais jamais achevé, contient la présentation la plus complète de la section grammaticale de la logique que Peirce a écrite avant le *Syllabus* de 1903 [6]. Le point de départ est l'enquête sur la nature de la proposition :

> § 62. Examinons maintenant en quoi consiste l'élément assertorique d'un jugement. Qu'y a-t-il dans une affirmation qui en fait plus qu'une simple complication d'idées ? Quelle est la différence entre émettre le mot « singe parlant », soutenir que les singes parlent, et s'informer si les singes parlent ou non ? C'est une question difficile. (MS 409, p. 94)

La différence à laquelle Peirce fait allusion est évidemment celle, traditionnelle, entre termes, propositions et arguments [7]. Traditionnellement, une proposition est conçue comme une combinaison de termes, et un argument comme une combinaison de propositions. Toutefois, selon Peirce, ce n'est pas la compositionnalité qui distingue ces trois formes; le terme « singe parlant » n'est pas moins composé que la proposition selon laquelle les singes parlent. La différence entre un terme et une proposition, écrira Peirce dans les « Prolégomènes à une apologie du pragmatisme » de 1906, se trouve dans la fonction logique accomplie (CP 4.572).

Selon l'analyse traditionnelle, une proposition est une connexion de termes au moyen d'une copule. Selon Peirce, cette analyse est viciée par l'hypothèse de l'universalité de la structure syntaxique des langues indo-européennes. Sur la base des *Principes généraux de la structure des langues* de James Byrne [8], mentionnés à plusieurs reprises dans « L'essence du raisonnement », Peirce traite de la structure syntaxique du signe propositionnel dans différentes langues naturelles, dans le but de montrer que l'analyse traditionnelle non seulement ne reflète qu'un petit pourcentage des langues existantes (celles indo-européennes), mais en outre ne reflète pas la structure logique fondamentale du signe propositionnel. Par exemple, dans de nombreuses langues non indo-européennes, la fonction de la copule est accomplie par d'autres éléments linguistiques, parfois par la simple juxtaposition des éléments :

> Dans l'ancienne langue égyptienne, qui semble être à portée d'oreille de l'origine de la parole, l'expression la plus explicite d'une copule se fait au moyen d'un mot qui est réellement le pronom relatif, *qui*. Or, à celui qui considère une phrase du point de vue indo-européen, c'est un casse-tête de comprendre comment « que » peut remplir l'office à la place du « est ». Pourtant rien n'est plus naturel. Le fait que les hiéroglyphes viennent si facilement aux Égyptiens montre combien leur pensée est picturale. Quand l'Égyptien dessine une image hiéroglyphique comme

6. Il existe deux versions de ce chapitre (MS 408 et MS 409).

7. Il s'agit de la division traditionnelle des opérations de l'intellect en « appréhension simple », « jugement » et « raisonnement » que Peirce trouvait dans les *Elements of Logic* de Whately (II, 1). Dans le MS 408 cette division est attribuée au commentaire par Thomas d'Aquin du *De Interpretatione* d'Aristote. Dans le MS 409 il le fait remonter au premier chapitre des *Premiers Analytiques.*

8. J. Byrne, *General Principles of the Structure of Languages*, Londres, Trübner and Co, 1885.

> celle-ci  l'Aryen peut être perplexe pour savoir ce qu'il veut dire, mais à l'Égyptien il indique clairement « Ce à propos de quoi nous écrivons est un soldat », et quand il fait l'image  le sens est « Ce à propos de quoi nous écrivons est abattu ». Écrivez cela avec *pu*  « que » entre eux, et mettez un nom propre, disons Aahmes, devant eux, et nous avons « Aahmes sur quoi nous écrivons est un soldat dont ce que nous écrivons à propos est abattu », c'est-à-dire Aahmes le soldat est renversé. Êtes-vous tout compte fait absolument sûr que ce n'est pas le moyen le plus efficace d'analyser le sens d'une proposition ? (MS 409, p. 139)

Le hiéroglyphe  ne correspond pas au nom commun « soldat », mais à ce que Peirce appelle un rhème* « _ est un soldat » ; de même, le hiéroglyphe  correspond non pas au prédicat « abattu » mais au rhème « _ est abattu ». Mais qu'est-ce qu'un rhème ? Un rhème, explique Peirce, est ce qui reste quand tous les éléments d'une proposition qui peuvent jouer le rôle de sujet ont été soustraits. La structure d'un rhème est constituée du nombre de places sujets qu'il manifeste : si on soustrait de la proposition « Aahmes est un soldat » le sujet Aahmes, ce qui reste (« _ est un soldat ») est un rhème.

La similitude étroite entre la notion peircienne de *rhème* et ce que Frege a appelé un *concept* (fonction insaturée) et Russell une *fonction propositionnelle* a été remarquée depuis longtemps, et il n'est pas besoin d'y insister ici [9]. Peirce rappelle que les grammaires insistent à tort sur le sujet nominatif, alors que du point de vue d'une grammaire universelle ou spéculative le sujet nominatif n'a pas plus de droit à être considéré comme sujet à part entière de la proposition que les objets directs ou indirects. Tant et si bien que, comme Peirce le rappelle toujours sur la base des *Principes* de Byrne, dans les langues inuites et samoyèdes le sujet d'un verbe transitif se met au cas possessif, tandis que dans les langues malaises et dans la langue basque on utilise l'ablatif. L'accent mis sur le sujet nominatif est, encore une fois, un préjugé grammatical indo-européen, et la logique doit être en mesure de faire sans lui.

L'accent mis sur le sujet nominatif est un préjugé grammatical indo-européen

Il est important de souligner que le concept de rhème montre que la copule est un élément dont on peut se dispenser dans la syntaxe. Dans l'ancienne langue égyptienne que Peirce utilise à titre d'exemple, le pronom *pu* peut servir de copule. C'est possible, selon Peirce, parce que dans cette langue les éléments dont une proposition se compose sont des rhemata, c'est-à-dire des prédicats insaturés qui sont saturés grâce à l'identification des positions-sujet que chacun d'eux manifeste dans sa propre structure. Si nous pensons au terme comme à un élément saturé (« soldat », « abattu »), le seul moyen de parvenir à une proposition à partir de ces termes se fait au moyen d'une copule; mais si nous pensons au terme comme à un élément insaturé (« _ est un soldat », « _ est abattu »), le seul moyen d'obtenir une

9. *Cf.* M. Ferriani, « Peirce's Analysis of the Proposition : Grammatical and Logical Aspects », *art. cit.*, et E. Picardi, *La chimica dei concetti*, Bologna, Il Mulino, 1994, p. 181-210.

proposition est par la saturation, autrement dit en identifiant les positions-sujet indéterminées : « quelque chose est un soldat, *lequel* est abattu ».

Le « nom commun » des grammairiens est un élément inessentiel de l'analyse logique. Dans de nombreuses langues historico-naturelles, il n'y a pas de noms communs, mais seulement des verbes :

> Il semble que, en un sens large, les mots ordinaires dans la majeure partie des langues sont assertoriques. Ils affirment dès qu'ils sont de quelque façon liés à un objet. Si vous écrivez VERRE sur une boîte, on comprendra que vous voulez dire que la boîte contient du verre. Cela semble certainement la déclaration la plus vraie pour la plupart des langues de dire qu'un symbole* est un signe conventionnel qui, étant attaché à un objet, signifie que cet objet a certains caractères (MS 409, p. 95).

« Singe parlant » est un terme composé uniquement dans une langue où la juxtaposition ou concaténation linéaire n'est pas déjà aussi un signe d'affirmation. Mais dans de nombreuses langues la simple juxtaposition de deux termes est le signe que l'un est affirmé de l'autre ; Peirce fait valoir sur la base des *Principes* de Byrne que dans la plupart des langues existantes, il est impossible de dire « singe parlant » sans affirmer *ipso facto* que les singes parlent.

Mais si par l'analyse logique un terme ou un rhème est assertorique, qu'est-ce qui distingue une proposition d'un terme ? En bref, une proposition constitue une assertion *complète*, un rhème une assertion *incomplète*. Pour transformer l'assertion incomplète en assertion complète, il est nécessaire de lier le rhème à un indice* :

> Mais un symbole, en soi, est un simple rêve ; il ne montre pas ce dont il parle. Il doit être relié à son objet. À cette fin, un *indice* est indispensable. Aucun autre type de signe ne répondra à cette fin. [...] De tels mots purement *indicatifs* des atomes de discours, il doit y en avoir dans toutes les langues (MS 409, p. 95-96).
>
> Un symbole exprime un simple rêve ; il ne montre pas ce *dont* il parle. L'ajout d'indices, c'est-à-dire de prétendus pronoms, nous permet de faire des assertions parfaites (MS 1214, p. 97).

L'identification des positions-sujet de deux rhemata ne constitue toujours pas une assertion. Dans une langue qui utilise le pronom relatif comme copule, l'identification n'a pas seulement valeur de composition. S'il en allait ainsi, de l'identification des places sujet de « _ est un soldat » et « _ est abattu » on n'aurait pas encore la proposition selon laquelle « quelque soldat est abattu », mais seulement le rhème composé « _ est un soldat abattu ». L'identification doit donc en même temps contenir une indication de l'univers du discours de référence : ainsi « _ est un soldat abattu dans l'univers actuel du discours » équivaut à dire qu'« il y a un soldat abattu » dans cet univers. Toutes les langues ne possèdent pas de noms communs ; mais elles doivent toutes avoir des symboles (rhemata) et des indices. Ces deux types de signes sont nécessaires et suffisants pour exprimer une assertion.

Une proposition est, par conséquent, « le lien d'un mot indicatif et d'un mot symbolique » (MS 409, p. 96). Si l'on ne veut vraiment pas renoncer à la terminologie de l'analyse traditionnelle, on peut dire que l'élément symbolique est le prédicat, l'élément indiciel le sujet. L'indice ou les indices qui jouent le rôle de sujet peuvent être *directs* ou *indirects*. Un indice direct indique simplement l'objet ou les objets auxquels la proposition se réfère. Un doigt pointé est un *indice direct non-linguistique;* un pronom personnel est un *indice direct personnel*, un pronom démonstratif est un *indice direct objectif* (MS 409, p. 96-101). Un indice indirect est une instruction sur la façon de sélectionner l'objet à partir de l'univers du discours. Parmi les indices indirects, deux sont particulièrement importants en logique : l'*indice sélectif universel* et l'*indice sélectif particulier*, qui correspondent aux deux types fondamentaux de *quantificateurs*, universel et existentiel respectivement. Peirce avait développé une théorie élaborée de la quantification dès ses années à la Johns Hopkins (1879-1884), grâce aussi à la contribution fondamentale de Oscar H. Mitchell (*cf.* la « Note B » des *Studies in Logic* de 1883), et avait ensuite généralisé cette théorie dans son essai de 1885 « Sur l'algèbre de la logique ». À l'intérieur de la grammaire spéculative, la théorie de la quantification se reflète dans l'idée que toute proposition peut être exprimée comme l'union d'éléments indiciels et d'éléments symboliques.

En 1896, Peirce écrit deux critiques sur les *Vorlesungen über die Algebra der Logik* de Ernst Schröder, le mathématicien allemand qui, plus que tout autre sur le continent, avait contribué à développer et à diffuser les idées peirciennes sur la logique des relatifs*. La première recension, intitulée « The Regenerated Logic », apparaît dans le premier numéro du septième volume de la revue *Monist* (octobre 1896). La seconde, « The Logic of Relatives », dans le deuxième numéro du même volume (en janvier 1897) [10]. Le manuscrit « Que les propositions catégoriques et hypothétiques sont une en essence » (MS 787) constitue une première version de la première recension, doté d'une certaine importance pour la présente discussion, car dans cet écrit émerge une nouvelle analyse plus raffinée du signe propositionnel, qui ne désavoue pas la précédente, mais plutôt la corrige et la généralise. Peirce commence par une définition de la logique et de ses branches :

> La logique, dans son sens le plus général, devrait traiter de ce qui est vrai de toutes les représentations scientifiques, soit des représentations que peut incarner la connaissance acquise par les opérations intellectuelles sur les données de l'expérience sensible. En un sens plus étroit, la logique traite surtout des conditions de la vérité des représentations scientifiques. Mais pour parfaire cette étude, il est nécessaire, au préalable, d'examiner les conditions dans lesquelles un signe peut être apte à incarner la vérité ou la fausseté. La conception d'une telle science est indiquée dans le titre d'un traité de Duns Scot, *Grammatica Speculativa, sive de modis significandi*. Il consiste en une théorie de la connaissance – *Erkenntnisslehre* –, pas précisément au sens où ce dernier terme est généralement compris, mais une *Erkenntnisslehre* générale, ou une *Erkenntnisslehre* partielle, dans laquelle nous faisons abstraction de tout ce qui est distinctement humain, et de tout ce qui ne nous semble pas être vrai de toute intelligence scientifique possible. Comme l'avait perçu Duns Scot, le sujet principal de cette doctrine préliminaire doit être les différentes *façons de signifier* [11]. (MS 787, p. 10)

10. Dans cette recension, Peirce présente pour la première fois le système des graphes entitatifs.

11. Comme on le sait, la *grammatica speculativa* de Thomas d'Erfurt était, à l'époque de Peirce, attribuée à Duns Scot et incluse dans le premier volume des *Opera Omnia* scotistes (I, p. 45-76) ; voir C. Marmo,

La logique, dans son sens général, est, comme je crois l'avoir montré, seulement un autre nom pour la sémiotique (σημειωτική), la doctrine quasi nécessaire, ou formelle, des signes (CP 2.227, 1897).

La branche centrale de la logique, la logique critique ou logique tout court, est une analyse des formes inférentielles, autrement dit une classification générale des arguments en valides et non valides. Un argument est valide si sa conclusion est vraie lorsque les prémisses sont vraies. Pour cette raison, explique Peirce, la branche centrale de la logique est une étude de la vérité des représentations ou des signes. Toutefois, pour être vraie, une représentation doit pouvoir l'être : comme l'a enseigné Wittgenstein, « on peut comprendre une proposition sans savoir si elle est vraie [12] ». Pour pouvoir être vraie ou fausse, une proposition doit avoir un *sens :* « Ce que l'image doit avoir en commun avec la réalité pour la représenter à sa manière – correctement ou incorrectement – c'est sa forme de représentation [13]. » Une proposition doit pouvoir être vraie; et elle est vraie si les choses sont comme elle dit qu'elles sont. Dans les termes de la division peircienne de la logique, cela revient à dire que, pour pouvoir dire d'un signe s'il est vrai ou faux (logique critique), le signe doit être capable d'être vrai ou faux, c'est-à-dire doit satisfaire certaines exigences grammaticales (grammaire spéculative). Étant donné que le signe qui peut être vrai ou faux est la proposition, la grammaire spéculative est essentiellement une théorie de la proposition. C'est en ce sens que doit être entendue l'affirmation selon laquelle, tandis que la logique critique s'occupe de la vérité des signes, la grammaire traite de leur signification (*meaning, cf.* CP 2.229, 1897). Pour pouvoir être vrai ou faux, un signe doit avoir un sens; et pour pouvoir avoir un sens, un signe doit être structuré d'une certaine manière (il doit avoir une « forme de représentation »).

Pour être vraie ou fausse, une proposition doit avoir un sens

Il est impossible de reconstituer ici en détail le long examen de la structure du signe propositionnel que fait Peirce dans le MS 787. Qu'il suffise d'en rappeler la conclusion : le signe propositionnel est le signe qui est utilisé pour faire une assertion. Dans une assertion, trois éléments doivent être présents : celui à propos duquel quelque chose est affirmé, l'objet du signe (le sujet de la proposition) ; ce qui est asserté de l'objet, une *qualité* ou *relation* de l'objet (le prédicat de la proposition) ; et le signe de l'assertion même, c'est-à-dire le signe que le prédicat est affirmé du sujet. Ces trois éléments correspondent à la division la plus fondamentale des signes, en *icônes**, *indices* et *symboles*. Le sujet est un indice, le prédicat une icône, et le signe de l'assertion un symbole. On remarque que, même dans une analyse comme celle de Peirce, dans laquelle il n'y a pas de place pour la copule, il est tout de même nécessaire de représenter le fait que le prédicat-icône représente le sujet-indice.

Semiotica e linguaggio nella Scolastica, Rome, Istituto Storico Italiano per il Medio Evo, 1994, et, sur Peirce, J. Boler, « Peirce and Medieval Thought », *in* C. Misak (dir.), *The Cambridge Companion to Peirce*, Cambridge, Cambridge UP, 2006, p. 58-86.

12. L. Wittgenstein, *Tractatus logico-philosophicus* 4.024, Paris, Gallimard, 1993, p. 53.

13. *Ibid.*, 2.17, p. 39.

La relation entre cette théorie et celle de *How to Reason* est claire : alors que, dans ce dernier contexte, le prédicat ou rhème est considéré comme un symbole, car il constitue une assertion incomplète et virtuelle, ici les deux fonctions que le prédicat doit jouer (représenter un caractère de l'objet et représenter la force assertive du signe propositionnel) sont séparées et réparties selon deux fonctions sémiotiques différentes et complémentaires. Cette répartition fonctionnelle ne constitue toutefois pas un retour à la doctrine traditionnelle de la copule, puisque, quoique dans la proposition les trois éléments doivent nécessairement être présents ensemble, il n'est en revanche pas du tout nécessaire que le signe de l'assertion soit *réalisé* par un élément spécifique ; la simple juxtaposition du sujet et du prédicat peut parfaitement remplir la fonction de signe d'assertion, sans aucun besoin de la copule. Icône, indice et symbole ne sont pas des *éléments* de la proposition, mais des *fonctions* du mécanisme propositionnel ; dans le rhème coexistent à la fois la fonction iconique (représentation d'un caractère de l'objet) et la fonction symbolique (représentation du fait que ce caractère est prédiqué de l'objet).

Comme Peirce l'écrit dans la *Short Logic :* « [U]ne proposition affirme quelque chose. Cette assertion est exécutée par le symbole qui représente l'acte de conscience. [...] Chaque assertion est l'assertion que deux signes différents ont le même objet » (EP 2, p. 20, 1895). Ensuite, que cette notion de symbole (signe d'assertion) soit manifestement, et peut-être irréductiblement, différente de celle de « signe conventionnel », est une autre histoire, qu'il n'est pas possible de discuter ici. Ce qu'il est cependant important de souligner est que, tant dans la doctrine grammaticale de *How to Reason* (MS 409, 1894) que dans celle de la recension de Schröder (MS 787, 1896), la proposition est un symbole parce qu'elle asserte quelque chose : l'acte d'assertion correspond, dans le signe propositionnel, à un signe d'assertion, même lorsqu'il ne trouve pas d'expression matérielle dans un élément spécifique. La fonction du signe d'assertion est d'unir le caractère représenté par le prédicat (icône) à l'objet représenté par le sujet (indice). En d'autres termes, le signe propositionnel est le signe qui asserte qu'une icône représente l'objet d'un indice. Comme nous allons le voir, cette théorie sera confirmée et perfectionnée ultérieurement dans le *Syllabus* de 1903.

Le Syllabus

À l'automne 1903, Peirce tient une série de conférences connues sous le nom de *Lowell Lectures*. Contrairement aux Harvard Lectures tenues à Harvard au printemps précédent, Peirce ne traite pas dans les Lowell Lectures du pragmatisme*, mais de logique. En particulier, il présente le système des graphes existentiels*, une notation pour le calcul propositionnel (*Alpha*), la logique des relatifs (*Bêta*) et la logique d'ordre supérieur au premier (*Gamma*) qu'il avait commencé à développer en 1896 [14]. Selon l'usage, Peirce écrit et fait

14. La meilleure étude sur les graphes existentiels est encore D. Roberts, *The Existential Graphs of Charles S. Peirce*, The Hague, Mouton, 1973. Sur la genèse d'Alpha et de Bêta, *cf.* F. Bellucci et A.-V. Pietarinen, « Existential Graphs as an Instrument of Logical Analysis. Part I : Alpha », *The Review of Symbolic Logic*, 9 (2), 2016, p. 209-237 ; et F. Bellucci et A.-V. Pietarinen, « From Mitchell to Carus. Fourteen Years of Logical Graphs in the Making », *Transactions of the Charles S. Peirce Society*, 52(4), 2016, p. 539-575.

imprimer un bref syllabus. L'histoire de la rédaction du *Syllabus of Certain Topics of Logic*, distribué au cours de la quatrième conférence (3 décembre 1903), est très instructive.

Dans le projet initial, le *Syllabus* devait être divisé en quatre courts chapitres. Par manque de fonds, Peirce ne fut en mesure d'imprimer que les deux premiers d'entre eux – consacrés respectivement à la classification des sciences (CP 1.180-202 = EP 2, p. 258-262) et à l'éthique de la terminologie (CP 2.219-226 = EP 2, p. 263-266) – et le dernier – dédié aux graphes (CP 4.394-417 = OP 3, p. 339-347). Le troisième chapitre, qui devait inclure une présentation de la grammaire spéculative, n'a pas été imprimé. Il existe deux versions de celui-ci. La première est contenue dans le MS 478 et a été partiellement publiée en CP 2.274-77, 283-84, 292-94, 309-31 et EP 2, p. 267-288. La seconde est à son tour divisée en deux sections : « Nomenclature et divisions des relations dyadiques » (MS 539 = CP 3.571-608) et « Nomenclature et divisions des relations triadiques, pour autant qu'elles sont déterminées » (MS 540 = CP 2.233-72 = EP 2, p. 289-299). Les deux versions ont beaucoup en commun, mais présentent une différence fondamentale qu'il est nécessaire de clarifier. Dans la première version (MS 478), Peirce présente *deux* trichotomies de signes ; dans la deuxième partie de la deuxième version (MS 540), il en présente *trois* trichotomies. Voyons pourquoi.

Dans le MS 478, tout de suite après avoir expliqué ce qu'est un signe, Peirce introduit une première division des signes en icônes, indices et symboles, puis une deuxième division en termes, propositions et arguments. En conséquence, bien que la nature de la proposition soit « la plus facile à comprendre » (EP 2, p. 275), Peirce s'aventure dans une longue analyse tortueuse de la nature du signe propositionnel, qu'il appelle désormais « dicisigne* ». Comme le rhème était une généralisation du « prédicat » des grammairiens, de même le dicisigne est une généralisation de la « proposition » des logiciens. Selon Peirce, une proposition ne doit pas nécessairement être exprimée sous forme linguistique ; un portrait de Leibniz avec une plaque portant le nom de l'illustre philosophe est une proposition au même titre qu'une proposition exprimée linguistiquement, car il *dit* que Leibniz a un certain aspect ; l'inscription *VERRE* sur une boîte de bois est une proposition, parce qu'elle dit que la boîte contient du verre ; la fumée que nous voyons monter de derrière la colline est une proposition, car elle dit qu'il y a un incendie là-bas ; la girouette est une proposition parce qu'elle dit que le vent souffle dans une certaine direction ; et ainsi de suite. La classe à laquelle appartiennent tous ces signes est la classe des dicisignes, dont les énoncés des grammairiens et les propositions des logiciens ne constituent qu'une partie. Un dicisigne est un signe qui peut être vrai ou faux ; telle est la définition « aristotélicienne » [15] du signe propositionnel dont Peirce part dans le MS 478. De la définition d'Aristote, Peirce *déduit* la structure propositionnelle. La « déduction du dicisigne » (EP 2, p. 275-277, 1903) peut être divisée en trois mouvements argumentatifs fondamentaux [16].

15. *Cf.* Aristote, *De Interpretatione*, 16b33-17a3.

16. *Cf.* F. Stjernfelt, *Natural Propositions*, Boston, Docent Press, 2014, chap. 3.

Un signe qui peut être vrai ou faux est un signe se représentant lui-même comme un *indice* de son objet. Mais dire que le signe se représente lui-même d'une certaine manière revient à dire qu'il est représenté de cette manière par la personne qui l'interprète. Par conséquent, il faut dire que le dicisigne est représenté par son interprétant* comme un indice de son objet. Cette première étape de l'argumentation ne fait que traduire en termes sémiotiques la définition aristotélicienne, et constitue une variante intéressante de ce que l'on appelle la *théorie redondantiste de la vérité* [17]. Or l'indice est une relation *dyadique* entre un signe et un objet, de sorte qu'être représenté comme un indice signifie être représenté comme une relation dyadique. Mais pour être représenté comme une relation dyadique, un signe doit, d'une manière ou d'une autre, être structuré comme une relation dyadique ; autrement dit, il faut qu'il soit composé de deux parties immédiatement connectées. Grâce à ce deuxième mouvement argumentatif, Peirce prouve ainsi qu'un dicisigne est représenté par son propre interprétant comme composé de deux parties. Peirce doit donc déterminer, par le biais d'un troisième mouvement argumentatif, de quelle nature sont les deux parties dont se compose le dicisigne. Puisque la structure bipartite du dicisigne reflète la relation indexicale que l'interprétant représente comme existant entre le signe et son objet, les deux parties du dicisigne devront correspondre aux deux relata de la relation dyadique. Par conséquent, l'une des parties devra correspondre à l'objet du signe, l'autre au signe lui-même. La partie correspondant à l'objet devra donc être un indice, parce que l'objet peut seulement être indiqué ; la partie qui correspond au signe devra quant à elle être une icône, parce que le signe peut seulement être représenté par une image *du signe même*. Peirce est ainsi conduit à la conclusion de sa « déduction du dicisigne » :

Peirce déduit la structure propositionnelle

> Nous concluons donc que, si nous avons réussi à frayer notre chemin à travers le labyrinthe de ces abstractions, un Dicisigne, défini comme un Représentamen* dont l'Interprétant le représente comme un Index de son Objet, doit avoir les caractères suivants. Premièrement, il doit, pour être compris, être considéré comme contenant deux parties. L'une d'elles, qu'on peut appeler le *Sujet*, est ou représente un Indice d'un Second existant indépendamment de sa représentation, tandis que l'autre, qu'on peut appeler le Prédicat, est ou représente l'icône d'une Priméité*. Deuxièmement, ces deux parties doivent être représentées comme étant connectées ; et ce, de telle sorte que si le Dicisigne a un Objet, cela doit être un Index d'une Secondéité* subsistant entre l'Objet réel représenté dans une partie représentée du Dicisigne à indiquer, et une Priméité représentée dans l'autre partie représentée du Dicisigne à iconiser (EP 2, p. 277, 1903).

Il ne suffit pas que le dicisigne, pour pouvoir être vrai ou faux, soit composé de deux parties, un index et une icône. Encore faut-il que ces deux parties soient représentées comme liées. Cette troisième fonction est le « symbole » du MS 787, à savoir la représentation du fait *que* les deux parties sont reliées

17. *Cf.* W2.261-2, 1869 = OP 1, p. 97-98 ; CP 3.446, 1896 ; MS 292, p. 16, 1906 ; voir aussi P. Thibaud, « Between Saying and Doing : Peirce's Propositional Space », *Transactions of the Charles S. Peirce Society* 33, 1997, p. 289-290.

de telle manière que l'une (l'icône-prédicat) représente l'autre (l'indice-sujet). Dans certaines analyses (telle que la grammaire traditionnelle), la fonction symbolique d'unification est réalisée par la copule ; dans d'autres analyses, la concaténation syntaxique du sujet et du prédicat remplit la même fonction. Ce qui est important est, encore une fois, la fonction d'unification, et non la mise en œuvre de cette fonction dans un élément spécifique du signe propositionnel.

Or l'idée même dont provient la « déduction » doit avoir suggéré à Peirce une méthode systématique de classification des signes. En effet, définir le dicisigne comme le signe qui est représenté par son interprétant comme un indice de son objet, revient à définir l'un des termes de l'une des deux trichotomies (rhème-dicisigne-argument) par l'un des termes de l'autre trichotomie (icône-indice-symbole). Il est donc désormais naturel d'essayer de définir les deux autres termes de la deuxième trichotomie au moyen d'une référence parallèle aux termes de la première trichotomie. De la sorte, les deux trichotomies ne sont plus considérées comme des classes taxonomiques, mais comme des *catégories* taxonomiques, de la combinaison desquelles doivent nécessairement résulter les classes. En outre, étant donné que pour des raisons que je ne peux pas examiner ici [18] il est forcé d'établir une distinction supplémentaire entre types de signes et occurrences des signes (*type*-token**), l'introduction d'une troisième trichotomie (qualisigne*-sinsigne*-légisigne*) devient nécessaire. Tout cela le conduit à réécrire complètement le chapitre du *Syllabus* sur la grammaire spéculative : le MS 478 est abandonné et à sa place Peirce prévoit d'inclure le MS 540.

Les résultats de la nouvelle classification des signes que Peirce présente dans le MS 540 sont connus. Les trois trichotomies de base sont dérivées des trois relata de la relation sémiotique : la première trichotomie dérive de la considération du signe lui-même ; la deuxième trichotomie de la considération de la relation entre le signe et l'objet ; et la troisième trichotomie de la considération de la relation entre signe et interprétant. Considéré en soi, un signe peut être un qualisigne, un sinsigne ou un légisigne ; considéré dans sa relation avec l'objet, un signe peut être une icône, un indice ou un symbole ; enfin, considéré dans sa relation avec l'interprétant, un signe peut être un rhème, un dicisigne ou un argument. La combinaison de ces neuf catégories taxonomiques fondamentales, et l'exclusion de certaines classes [19], produit le système de classification bien connu qui répartit les signes en dix classes fondamentales (Figure 1.).

Pour les fins de la présente discussion, il est important de souligner deux points. En premier lieu, rhème, dicisigne et argument sont définis par rapport à l'interprétant : le rhème est représenté par son interprétant comme une icône de son objet, le dicisigne est représenté comme un indice, et l'argument comme un symbole. Comme nous allons le voir, c'est à travers

18. Et qui ont à voir avec le développement de la partie Gamma des graphes existentiels, auxquels Peirce travaille parallèlement à l'élaboration du *Syllabus* en novembre 1903, et qu'il présentera dans les troisième et quatrième conférences, *cf.* MS 462 à 467.

19. Les règles de dérivation des signes possibles sont qu'un qualisigne peut seulement être une icône et une icône un rhème, tandis qu'un argument peut seulement être un symbole et un symbole un légisigne.

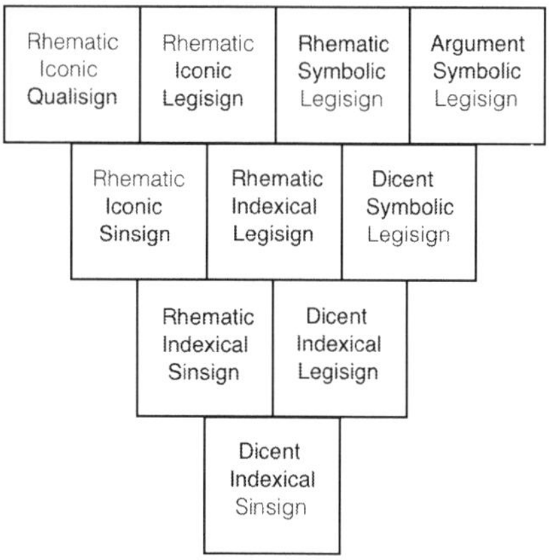

Figure 1. Les dix classes de signes dans le *Syllabus*.

le développement de cette idée que Peirce parviendra, dans les années suivant immédiatement le *Syllabus*, à une classification des signes qui sera en mesure de rendre compte, d'une part, de la différence entre les divers dicisignes [20] et, d'autre part, de la différence entre les différents actes de parole qui ont le même contenu propositionnel [21]. En deuxième lieu, la nécessité d'une classification des signes est le résultat de l'analyse de la proposition. C'est en effet l'insatisfaction à propos de l'analyse du signe propositionnel du MS 478 qui conduit Peirce à reformuler cette analyse sur la base de nouveaux critères taxonomiques. En d'autres termes, la classification des signes contenue dans le MS 540 et dans les écrits ultérieurs n'est pas née d'une exigence classificatoire pour elle-même, mais de la nécessité d'obtenir une définition des objets logiques (termes, propositions et arguments) *par le biais de la classification*. Je reviendrai sur ce point plus tard [22].

Objets et quantification (1904)

La classification du *Syllabus* est, comme nous l'avons vu, le produit d'une décennie de travail sur l'analyse du signe propositionnel. Dans le même temps, cette classification n'est que la première d'une longue série de tentatives taxonomiques qui occupèrent Peirce jusqu'en 1909. La différence fondamentale entre la classification du *Syllabus* et les classifications suivantes réside dans le nombre des trichotomies de base : dans le *Syllabus*, comme nous l'avons vu, les trichotomies de base, qui fournissent les catégories taxonomiques, sont au nombre de trois, tandis que dans les classifications ultérieures, les trichotomies de base se multiplient. La raison de cette extension des catégories de base est que Peirce est désormais en mesure d'identifier deux objets d'un signe, et trois interprétants.

Dans une lettre à Lady Welby de 1904, Peirce distingue l'objet immédiat* de l'objet dynamique* d'un signe (SS, p. 32-35), sans pour autant expliquer en quoi consiste cette différence. L'une des plus célèbres caractérisations de cette distinction est celle des « Prolégomènes à une apologie du pragmatisme » de 1906 :

> [...] Nous devons distinguer l'Objet Immédiat, qui est l'Objet tel que le Signe lui-même le représente, et dont l'Être dépend donc de sa représentation dans le Signe, de l'Objet Dynamique, qui est la Réalité qui, par certains moyens, parvient à déterminer le Signe à sa représentation (CP 4.536).

20. *Cf.* « Objets et quantification (1904) ».
21. *Cf.* « Interprétants et actes de langage (1905-1906) », p. 104.
22. *Cf.* « Aux confins de la sémiotique », p. 109.

On identifie souvent l'objet immédiat avec le *contenu* ou la *signification* du signe [23], et on a parfois fait valoir que la distinction entre objet immédiat et objet dynamique peut être mise en correspondance avec celle de Frege entre *Sinn* et *Bedeutung* respectivement [24]. Toutefois, aucune de ces interprétations n'est en mesure d'expliquer l'usage que Peirce fait de cette distinction à l'intérieur des classifications des signes. En effet, dans toutes les classifications postérieures à 1903, les signes sont répartis selon leur relation avec l'objet immédiat en *vagues* (ou *indéterminés*), *généraux* (ou *distributifs*), et *singuliers*, tandis que suivant leur relation avec l'objet dynamique ils sont divisés en *abstraits*, *concrets* et *collectifs* (MS 145, 1905 ; MS 284, 1905 ; MS 339, p. 247 et p. 252-263, 1905 ; MS 339, p. 275-288, 1906 ; MS 499s, 1906 ; CP 8.366-374, 1908). Que signifie le fait que le signe puisse être, par rapport à son objet immédiat, vague, singulier ou général ? Peirce l'explique à de nombreux endroits : un signe vague est ce qu'on appelle généralement (par exemple, dans un livre de logique que Peirce connaissait très bien, la première *Critique*, *cf.* A 70, B 95) un jugement ou une proposition particulière (« Certains hommes sont des sages ») ; un signe général correspond à une proposition universelle (« Tous les hommes sont sages ») ; un signe singulier correspond à une proposition singulière (« Cet homme est sage »). Dans les trois cas, l'objet dynamique est le même (l'univers du discours), bien que chacun de ces signes le représente, ou plutôt, l'*indique*, d'une manière différente (le jugement particulier quantifie sur une partie, le général sur l'ensemble, et le singulier sur un seul élément, de l'univers du discours). L'objet immédiat correspond à la partie *quantifiée* d'une proposition, qui est, comme Peirce l'a déjà découvert en 1885, sa composante indicielle.

> Les signes sont divisibles selon leurs objets. [...] Selon leurs objets immédiats. L'objet immédiat est l'objet que crée le signe en le représentant.
> 1. Il y a des signes dont l'objet immédiat de chacun est seulement une présentation possible d'un objet dynamique, un fragment de celui-ci, le reste étant tenu en réserve, de sorte qu'il n'y a rien dans l'objet immédiat pour éviter que des attributs contradictoires n'en soient prédiqués. Ainsi, « Un certain homme » peut s'avérer être riche. Il peut s'avérer pauvre. Un tel signe peut être nommé *signe indéfini*.
>
> 2. Il y a des signes dont l'objet immédiat de chacun ne conserve rien en réserve, que le locuteur pourrait ensuite fournir pour les limiter, et qui ne permettent aucune liberté d'interprétation, l'objet immédiat dénotant précisément l'objet dynamique. Un tel signe s'appelle un *signe singulier*, terme auquel il faut toutefois autoriser une certaine latitude d'emploi ; sans quoi il n'y aura aucune circonstance dans laquelle on pourra l'appliquer.

23. On se souvient de la discussion contenue dans *Lector in fabula* à propos de l'identification possible de l'objet immédiat, du *ground** et du signifié (U. Eco, *Lector in fabula*, Milan, Bompiani, 1979, p. 31-44 [trad. fr. *Lector in fabula. Le rôle du lecteur ou la coopération interprétative dans les textes narratifs*, Paris, Grasset, 1979]) ; *Cf.* aussi M. A. Bonfantini, « La semiotica cognitiva di Peirce », *in* C. S. Peirce, *Semiotica*, Turin, Einaudi, 1980, p. XXXIII-XXXIV ; G. Proni, *Introduzione a Peirce*, Milan, Bompiani, 1990, p. 265-269 ; M. Bergman, *Peirce's Philosophy of Communication*, Londres, Continuum, 2008, p. 86.

24. U. Eco, « Peirce's Notion of Interpretant », *MLN* 91, 1976, p. 1462 ; G. Deledalle, *Charles S. Peirce's Philosophy of Signs*, Bloomington, Indiana UP, 2000, p. 139 ; A. Atkin, « Peirce's Final Account of Signs and the Philosophy of Language », *Transactions of the Charles S. Peirce Society* 44, 2008, p. 72-73.

> 3. Il existe des signes dont l'objet immédiat de chacun est représenté comme échangeable avec tout existant dans des limites spécifiées ou comprises. On peut l'appeler *signe distributif* (MS 339, p. 256).

Chaque signe a un objet dynamique (ce dont il parle), et contient, comme sa partie propre, un élément destiné à indiquer l'objet dynamique, c'est-à-dire une instruction sur la façon de choisir l'objet dynamique de l'univers du discours ; cette indication est ce que Peirce appelle objet immédiat. D'autre part, l'objet dynamique peut être un objet concret (lorsque nous quantifions sur l'univers du discours des choses existantes), abstrait (lorsque nous quantifions sur des propriétés) ou collectif (lorsque nous quantifions sur des *entia rationis*), si bien que le caractère de l'objet dynamique est indépendant de la façon dont l'objet dynamique est quantifié ou indiqué. L'objet immédiat n'a rien à voir avec la *signification* d'un signe, et Peirce est en effet très clair sur le fait que le sens d'un signe coïncide plutôt avec son interprétant (CP 5.165, 5.179, 1903) ; comme en témoigne l'utilisation que Peirce fait de cette distinction dans les classifications, l'objet immédiat est plutôt la partie d'un signe qui est dévolue pour indiquer l'objet dynamique. Peirce ajoute à la confusion en disant que l'objet immédiat est l'objet « comme le signe le représente », mais il est clair que par « représente » nous devons lire « indique » ou « sélectionne ». Bien sûr, cela implique que, parmi tous les signes, seules les propositions ont un objet immédiat : comme nous le savons grâce à l'analyse du *Syllabus*, seules les propositions sont des entités structurées qui non seulement disent quelque chose (dans le prédicat-icône) mais indiquent en outre ce dont ils disent ce qu'ils disent (dans le sujet-index). Mais cela, encore une fois, est une autre histoire [25].

Interprétants et actes de langage (1905-1906)

De même que la division de l'objet en immédiat et dynamique a servi à Peirce pour établir une typologie des propositions, de même la division de l'interprétant engendre une typologie d'actes de langage. Comme on l'a vu, dans les années 1890 Peirce se préoccupe surtout de montrer la différence entre la proposition comme objet logique et le jugement comme objet psychologique, plutôt que de la distinguer de l'assertion comme acte pragmatique. À partir de 1903, c'est cette seconde distinction qui émerge, par exemple dans la correspondance avec Lady Welby (SS, p. 34, 1904), dans les conférences de Harvard (EP 2, p. 140, 1903), dans le *Syllabus* (EP 2, p. 278, 1903), et dans les Καινά στοιχεία (NEM IV, p. 235-263, 1904). Toutefois, la classification de 1903, et en particulier la trichotomie en rhème, dicisigne et argument, ne sont pas en mesure de rendre compte de cette distinction (aussi bien l'assertion que la proposition tomberait dans le dicisigne). Ici, Short a vu juste [26] : la distinction entre l'acte de parole d'asserter et la proposition assertée doit être capturée par une autre trichotomie. Sur les *six* trichotomies présentées en 1904 à Lady Welby (SS, p. 32-35), l'une, celle en relation à

25. *Cf.* F. Bellucci, « Exploring Peirce's Speculative Grammar. The Immediate Object of a Sign », *Sign Systems Studies* 43 (4), 2015, p. 399-418.

26. T. Short, *op. cit.*, p. 249-256.

l'interprétant signifié ou compris (*signified*), distingue les signes en *rhemata*, dicisignes et arguments, tandis qu'une autre trichotomie, celle en relation avec l'interprétant dynamique, distingue les signes en présentés (au sens de pris en compte, *contemplated*), imposés (au sens d'assertés, *urged*), et soumis (à la raison, *submitted*).

Il est clair qu'une proposition est un dicisigne contemplé, alors que son affirmation est un dicisigne imposé. Short suggère également qu'une nouvelle division des façons d'« exhorter » (« *urging* ») peut nous procurer une classification a priori des actes de langage. C'est ce que fait Peirce en 1905. Dans une classification en date du 13 octobre 1905 (MS 339, p. 262), qui émerge d'une série d'annotations et de notes classificatoires que Peirce avait commencé à écrire sur le *Logic Notebook* en juillet de la même année (MS 339, p. 247-248 et p. 252-261), la distinction entre les interrogatifs, les impératifs et les significatifs est attribuée à l'interprétant immédiat, tandis que la distinction entre rhèmes, dicisignes et arguments est (comme en témoigne le MS 339, p. 254) attribuée à l'interprétant représentatif.

As it is in itself		
qualisign	sinsign	legisign
In respect to their relations to their dynamic objects		
Icons	Indices	Symbols
In regard to its relation to its signified interpretant		
Rheme Dicent	Dicent	Argument
a sign may appeal to its dynamic interpretant in three ways		
argument and dicent may be and rheme can only be presented for contemplation	an argument or dicent only may be urged	an argument only may be submitted
In its relation to its immediate interpretant		
interpretable in qualities of feelings	interpretable in actual experiences	interpretable in thoughts

Figure 2. Schéma taxonomique reconstruit d'après la lettre à Welby, 12 octobre 1904, SS p. 32-35.

L'interprétant immédiat « est l'Interprétant tel qu'il est représenté dans le signe comme détermination du signe. Auquel le signe lance un appel » (MS 339, p. 253). L'interprétant dynamique « [est la] détermination d'un champ de représentation extérieur au signe » (MS 339, p. 253). L'interprétant représentatif est « l'interprétant qui représente vraiment que le signe représente son objet comme il le fait » ou qui « représente correctement le signe comme étant un signe de son objet » (MS 339, p. 253). Un prédicat diffère d'une proposition, et une proposition d'un argument, en fonction de la façon dont chacun est destiné (ou : représenté) à représenter ce qu'il représente par l'interprétant représentatif : un rhème est destiné à représenter un caractère, une proposition est destinée à représenter un fait, un argument est destiné à représenter une représentation. Mais par rapport à l'interprétant

1905 Oct 13 262r

A.	Nature of Sign in Itself		
	Abstraction = **Qualisign**	Existent = **Sinsign**	Combinant type = **Legisign**
B.	Of Object		
	a. Immediate In what form object is represented in sign as far as effects form of signs		
	Indef.	**Sing.**	**General**
	b. Dynamical		
	α. Nature of Object in Itself		
	Abstraction	**Concrete**	**Collection**
	β. Causation of signs representing Obj		
	…	…	…
C.	Of Interpretant		
	a. Immediate In what form interpretant is repr. in sign		
	Interrog.	**Imper.**	**Significant**
	b. Dynamical		
	α. Nature of Interpretant in Itself As far as that affects Nature of sign		
	Feeling	**Fact**	**Sign**
	β. ~~Cause of sign being determined to being represented / to affect~~ Causation of sign affecting Interp.		
	Sympathy	**Compulsion**	**Representat**
	c. Representative		
	α. In what form sign is represented in Interpretant As far as this affects form of sign		
	…	…	…
	β. Causation of representation of Sign by Interpretant. As far as this affects the nature of the Sign.		
	…	…	…
	γ. *Rationale* of Connection between Sign and Object effected by Interpretant.		
	…	…	…

Figure 3. *Logic Notebook*, MS 339, p. 262, 13 octobre 1905.

immédiat, un signe peut être une interrogation (le signe représente son interprétant immédiat comme une réponse qui en découle), un impératif (le signe représente son interprétant immédiat comme un acte qui en découle), ou un significatif (le signe représente son interprétant immédiat comme une représentation qui en découle). Dans une classification de mars 1906 (MS 339, p. 275), Peirce distingue les signes en *thétiques*, *impératifs* et *interrogatifs* (avant de recommander d'intervertir thétiques et interrogatifs) sur la base de l'interprétant immédiat (*visé*), puis distingue les signes en *poétiques* (qui stimulent un sentiment), *stimulants* (qui stimulent l'action) et *impressifs* (qui stimulent une pensée ou une habitude) sur la base de l'interprétant dynamique ; en référence à l'interprétant représentatif, désormais nommé

« normal », les signes sont divisés, comme avant, en suggestifs (rhèmes), assertifs (ou propositions ou dicisignes) et arguments.

Il est possible d'expliquer ces tableaux taxonomiques comme l'effort de rendre compte de la différence, que nous devons à Austin [27], entre actes illocutoires et effets perlocutoires. L'affirmation, l'interrogation, l'ordre sont des actes illocutoires, alors que les effets sur l'interprète (sentiment, action, pensée, ou même sympathie, contrainte, persuasion) sont des effets perlocutoires. Pour Peirce, un signe envisagé dans sa relation à son interprétant dynamique est considéré par rapport aux effets obtenus par le signe. Mais considéré par rapport à son interprétant immédiat, le signe est vu en fonction d'une certaine force illocutoire associée par convention aux signes de ce type. Peirce utilise la distinction grammaticale entre les énoncés interrogatifs, impératifs et déclaratifs comme guide pour sa taxonomie des forces illocutoires, et il est remarquable que la classification peircienne coïncide aux trois cinquièmes avec celle de Searle [28]. Cependant, son analyse de l'impératif n'est pas moins

A Sign is

in its own nature		
A Tone	**A Token**	**A Type**
in reference to its Immediate Object		
Indefinite	**Singular**	**General Sign**
in reference to its nature of its Real Object		
Abstract	**Concrete**	**Collective**
in reference to its relation to its Real Object		
Icon	**Index**	**Symbol**

in reference to its Intended Interpretant		
Ponitive	**Imperative**	**Interrogatory**[1]
in reference to the nature of the Dynamic Interpretant		
Poetic or excitant of Feeling ***Eidoseme***	**Stimulant** or excitant of Action ***Ergoseme***	**Impressive** or determinant of a Habit ***Logoseme***
in reference to its relation to the Dynamic Interpretant		
Sympathetic	**Compulsive**	**Rational**
in reference to the Nature of its Normal Interpretant		
Strange	**Common**	**Novel**

in reference to the Passion of its Normal Interpretant		
~~**Substitute**~~ **Suggestive**	~~**Suggestive**~~ **Assertive**	**Argument**
in reference to the Significance of its Normal Interpretant		
Monadic	**Dyadic**	**Triadic ?**

Figure 4. *Logic Notebook*, MS 339, p. 275, 31 mars 1906.

27. J. L. Austin, *How to do Things with Words*, Oxford, Oxford UP, 1962 [trad. fr. *Quand dire c'est faire*, Le Seuil, Paris, 1970].

28. J. Searle, *Speech Acts*, Cambridge, Cambridge UP, 1969 [trad. fr. *Les actes de langage. Essai de philosophie linguistique*, Paris, Hermann, 1972].

fine que l'analyse oxonienne : un impératif est la représentation qu'un acte ou un comportement donné doivent être réalisés par l'interprète ; la représentation de cet acte dans le signe est l'interprétant immédiat, la force conventionnelle associée à ce type d'acte linguistique ; l'action faite est concrète, et l'effet perlocutoire que produit le signe est donc l'interprétant dynamique. On pourrait dire : l'action ordonnée représentée par le signe est l'interprétant immédiat (force illocutoire), l'action ordonnée effectuée tirée du signe par l'interprète est l'interprétant dynamique (effet perlocutoire). Mais en troisième lieu, le principe selon lequel l'effet est conforme au signe, ou selon lequel l'action effectuée est adéquate à l'action représentée (dans le cas d'un impératif, le concept d'obéissance), ne peut être ni représenté dans le signe même, ni reconnu dans l'effet réel : il peut seulement être représenté comme adéquat à sa représentation du signe (il peut seulement être instancié ou exemplifié dans cet acte) (*cf.* MS 399, p. 254, 1905). De la même façon, un argument – dont la définition sémiotique est le *summum bonum* de tout l'édifice taxonomique – est une telle représentation de représentation : dans un argument, les prémisses (signe) représentent (de manière aristotélicienne : sont un signe de) une conclusion (interprétant immédiat) selon un principe logique (interprétant représentatif). Ainsi, les deux interprétants, immédiat aussi bien que représentatif, ont une nature représentative : mais alors que l'interprétant immédiat est représenté par le signe, l'interprétant représentatif représente le signe (il le représente comme représentation d'un interprétant immédiat). Ainsi, de même qu'à la force illocutoire de l'impératif est associée la représentation d'un certain interprétant (une action), de même à la force illocutoire de l'assertif est associée la représentation d'un autre interprétant (un assertif supplémentaire). Et de même que, dans le cas de l'impératif, l'obtention de la relation entre le signe et l'interprétant immédiat est représentée comme étant régie par le principe d'obéissance, de même, dans le cas de l'assertif, l'obtention de la relation entre le signe et l'interprétant immédiat est représentée comme étant réglée par un principe logique, ces principes étant des principes de représentation (l'impératif est représenté comme obéi, l'argument comme valide), et donc des interprétants représentatifs.

La « *speech act theory* » pionnière que Peirce élabore au tournant de 1905-1906 devient un élément stable des classifications suivantes. On se reportera par exemple à la classification d'août 1906 (MS 339, p. 285) et aux écrits relatifs aux « Prolégomènes » (MS 293, 295 et 296), dans lesquels le concept important de « phème » est introduit pour rendre compte de la neutralité du contenu propositionnel par rapport à l'acte de parole dont il est le contenu. On se reportera enfin au schéma de classification à dix trichotomies que Peirce dresse en 1908 pour Lady Welby (EP 2, p. 483-491). Ces développements ultérieurs ne modifient pas essentiellement l'idée que les niveaux illocutoire et perlocutoire doivent être distingués par une division des interprétants[29]. En 1909, Peirce écrit dans le *Logic Notebook :*

29. Voir la table de EP 2, p. 489-490 et la comparer avec celles de 1905 et de 1906 discutées *supra*.

En consultant le livre étiqueté en rouge « The Prescott Book », ainsi que celui-ci, je trouve dans ce livre les entrées « Classification provisoire » du 31 mars 1906 et du 13 octobre 1905 particulièrement importantes de mon point de vue actuel (accidentellement limité, certainement) (MS 339, p. 360, 1er novembre 1909).

Les deux « entrées » auxquelles Peirce fait allusion sont celles qu'on a discutées ci-dessus, et représentent la tentative avant-gardiste d'une logique qui détecte la nécessité de dépasser le domaine traditionnel de la logique et d'étendre la grammaire spéculative, initialement théorie de la proposition, vers une théorie des actes linguistiques [30].

Aux confins de la sémiotique

Dans des « Notes préparatoires à une critique des *Principles of Mathematics* de Bertrand Russell » datant de 1912, Peirce écrit :

> Parmi toutes les pensées que le langage peut être employé pour exprimer – comme les émotions, les ordres, etc. –, la logique limite son intérêt aux *assertions*, aux signes de la vérité des assertions, et à d'autres signes que ceux-ci impliquent. Néanmoins le logicien doit commencer son travail dans une perspective qui va au-delà des limites de sa propre science, ne serait-ce que pour définir les frontières de cette dernière. (MS 12, p. 9-10)

Le même point de vue a été présenté dans *A Sketch of Logical Critics* (MS 676, p. 6, 1911) et dans d'autres écrits (MS 803, p. 4-5). En principe, la logique ne s'occupe pas de signes différents des termes, propositions et arguments. Cependant, il est utile d'inclure dans la logique une analyse des signes non logiques, ne serait-ce que pour améliorer par contraste la définition des signes logiques, et avec eux de la logique elle-même. Ainsi, il est utile de comparer un argument à un signe impératif, car celui-ci jette un éclairage nouveau sur la relation entre la vérité (d'une proposition) et la validité (d'un argument). Peirce se rend compte que la décision de traiter la logique comme sémiotique pourrait obscurcir, plutôt que clarifier, les objectifs et la nature de la logique. L'objection évidente est que la logique ne porte pas sur la musique ou sur les actes de parole, mais seulement sur le raisonnement (MS 803). Mais Peirce réplique que l'inclusion de matériel non-logique dans la logique ne peut lui être trop nocive, à condition bien sûr de conduire une inspection et une classification adéquates de celui-ci :

Il est plutôt souhaitable que le concept [de signe] que nous recherchons soit sensiblement plus large que ce qui est strictement nécessaire à notre but, en vertu du principe selon lequel l'environnement d'une chose quelle qu'elle soit facilite la compréhension de l'objet dans son environnement, et il est certain que dans le doute nous devons choisir d'inclure ce qui peut se révéler inutile plutôt que d'exclure quoi que ce soit de nécessaire. Un concept

30. Cette théorie pionnière des actes de langage a déjà été discutée par J. Brock (« An Introduction to Peirce's Theory of Speech Acts », *Transactions of the Charles S. Peirce Society* 17, 1981, p. 319-326) et R. Hilpinen (« On C. S. Peirce's Theory of the Proposition : Peirce as a Precursor of Game-Theoretical Semantics », *The Monist* 65, 1982, p. 182-188). Mais aucune de ces études ne prend en considération de manière sérieuse et systématique les classifications des signes de 1905-1906, qui constituent le centre névralgique de cette théorie.

trop large ne peut pas nuire du tout, *à condition d'en proposer une soigneuse division* (EP 2, p. 389, 1906 ; je souligne).

La première branche de la logique, la grammaire spéculative, est le lieu de cette analyse, division et classification des signes. Elle enquête sur « la nature de la limitation qui est nécessaire pour apporter d'autres signes dans la juridiction de la logique » (MS 803). Le logicien doit commencer ses travaux en regardant au-delà des confins de la logique. La grammaire classe les signes et fournit des définitions sémiotiques des principaux objets de la logique (termes, propositions et arguments). Dans le même temps, elle étend la logique, et porte en elle des éléments qui en sont traditionnellement exclus (par exemple, les actes de langage). Dans l'évolution des écrits de Peirce sur ces questions, il est donc possible de voir se refléter l'évolution de la philosophie moderne du langage, qui a vu son foyer se déplacer de la théorie vérifonctionnelle de la proposition (Frege, Russell) à une théorie pragmatique des actes de langage (Austin, Searle). La grammaire spéculative de Peirce est à la fois une grammaire spéculative frégéenne et une grammaire spéculative austinienne, parce qu'elle résume en elle-même le parcours scientifique et intellectuel qui a conduit la philosophie du langage de l'analyse vériconditionnelle à l'analyse pragmatique. Comme Peirce l'écrit lui-même – sans modestie – à propos des graphes existentiels – mais l'affirmation est parfaitement adaptée à l'évolution de sa grammaire spéculative, que l'on n'a pu reconstruire ici qu'en partie seulement –, ses œuvres logiques représentent « un développement de la pensée qui n'est guère susceptible d'être reproduit de manière indépendante en un siècle » (MS 300, 1908) [31].

Francesco Bellucci
Université de Bologne

31. Je remercie Emanuele Fadda, Costantino Marmo, Ahti-Veikko Pietarinen et Frederik Stjernfelt pour d'utiles discussions sur la grammaire spéculative de Peirce. Mes remerciements vont aussi à Jean-Marie Chevalier qui a traduit cet article depuis l'italien.

LES INTROUVABLES DES CAHIERS

LE LENT PÉRISTALTISME DE L'ESPRIT

Présentation de Jean-Marie Chevalier

Des vingt-trois années de correspondance qui lièrent Charles S. Peirce à son éditeur Paul Carus (1852-1919), seules quelques lettres ont été publiées [1]. On commence toutefois à prendre la mesure de leur importance [2]. S'étendant de 1890 à 1913, ces échanges couvrent la période de la vie de Peirce intellectuellement la plus riche, mais désastreuse sur le plan social, financier et de la reconnaissance. Grâce au soutien de quelques amis (W. James, F. Russell et P. Carus en particulier), Peirce parvint malgré tout à survivre, et à publier une vingtaine d'articles dans *The Monist* et *The Open Court*. On compte parmi eux certains des textes les plus importants du philosophe de Milford, comme « La Loi de l'esprit », « Qu'est-ce que le pragmatisme ? » ou « La Critique des arguments ». L'Open Court Company suscita en outre la production de beaucoup de matériel qui demeura inédit. Pendant cette période, Peirce participa à la traduction de la *Science de la mécanique* d'Ernst Mach (1883) et se mit à travailler assidûment à plusieurs livres d'arithmétique et de géométrie.

La maison d'édition The Open Court avait été fondée en 1887 par Edward C. Hegeler, un émigré allemand ayant fait fortune dans le zinc. Il la destinait initialement à rendre accessibles les classiques de la philosophie, et en particulier à publier des traductions d'ouvrages de philosophie allemande ; mais le projet s'orienta rapidement vers la promotion des questions de psychologie et de religion. Hegeler concrétisa sa volonté de concilier sa passion pour la science et ses profonds sentiments religieux dans un hebdomadaire, *The Open Court*. Il entendait y appliquer la rigueur scientifique à une religion purifiée et orientée vers le progrès, religion cosmique de la vérité éternelle que son compatriote Carus appelait lui aussi de ses vœux.

1. CP 8.214-238, 1910.
2. Cette injustice est en partie réparée, puisqu'une thèse vient de proposer cette année même l'édition complète de la correspondance entre Peirce et l'Open Court Publishing Company telle qu'elle nous est parvenue : Stetson Jon Robinson, *Straws in the wind : the correspondence of Charles S. Peirce and the Open Court Publishing Company, 1890-1913*, mémoire de thèse, Boston University, 2017. Une « exposition en ligne » fournit par ailleurs une abondante documentation sur les rapports de Peirce et l'Open Court : Nicholas L. Guardiano, « Charles S. Peirce and the Open Court, 1890-1893 : Promoting an American Metaphysician », sur le site du SCRC Virtual Museum de la Morris Library, Southern Illinois University, URL = https : //scrcexhibits.omeka.net/exhibits/show/charles-s-peirce-open-court. Les 298 feuillets de la correspondance entre Peirce et la maison d'édition conservés à la Houghton Library de l'université Harvard sont accessibles sur le site de celle-ci : URL = https : //iiif.lib.harvard.edu/manifests/view/drs : 51491492$1i. Comme l'indique l'*Annotated Catalogue of the Papers of Charles S. Peirce* de Richard Robin (The University of Massachusetts Press, 1967), le dossier (numéroté L77) contient 112 lettres envoyées à Peirce entre le 2 juillet 1890 et le 10 septembre 1913 par Paul Carus, Edward Hegeler, T. J. McCornlack, L. Robinson, M. A. Sachsteder et F. Sigrist, et 35 brouillons de lettres de la main de Peirce, datées entre le 5 juillet 1892 et le 13 juin 1911.

Installé à Chicago puis à La Salle dans l'Illinois, Carus devint rapidement éditeur en chef de l'Open Court Publishing Company. Il épousa la fille de Hegeler l'année suivante. Né dans un milieu fermement protestant, il avait étudié à Strasbourg (alors en Allemagne) et à Tübingen auprès de Grassmann, mais rebuté par le traditionalisme de l'empire bismarckien, il décida à trente-deux ans d'émigrer aux Etats-Unis. Son beau-père lui confia en 1890 la responsabilité d'une nouvelle revue trimestrielle, *The Monist,* destinée à « établir et illustrer les principes du monisme en philosophie, sciences exactes, religion et sociologie. »

Le métier de Carus le mit dans la position de dialoguer avec les plus grands mathématiciens, philosophes, scientifiques et chercheurs de son temps, tant européens qu'américains. Carus s'attacha en particulier à favoriser le dialogue interreligieux, le développement de la pensée orientale et le débat entre science et religion. On voit notamment en lui un des introducteurs du bouddhisme et du taoïsme aux Etats-Unis. Véritable polygraphe, Carus écrivit, semble-t-il, plus de 70 livres et 1500 articles, sur des sujets allant de l'orientalisme à la politique, ou des mathématiques et de la logique à l'anthropologie et à la théologie, certainement son domaine de prédilection.

Les traductions qui suivent constituent une sélection, forcément coupable d'arbitraire, parmi les très nombreuses lettres envoyées par Peirce à Carus. On a systématiquement omis les réponses de Carus, ainsi que, pour chaque lettre, la formule de politesse et la signature ; l'adresse suscrite a été réduite à la ville. Sauf mention contraire, les notes ne sont pas de Peirce. Par l'éclairage parfois intime, parfois spéculatif, toujours sincère qu'elle apporte, la correspondance Peirce-Carus nous renseigne non seulement sur les relations de travail entre un philosophe et son éditeur, mais sur leurs divergences philosophiques (notamment lors d'une intense controverse sur le déterminisme), et sur les terribles conditions dans lesquelles Peirce finit sa vie en Pennsylvanie.

La correspondance entre Carus et Peirce commence en juillet 1890 : Carus informe Peirce de son intention de publier dans le premier numéro de sa nouvelle revue trimestrielle certains des auteurs américains les plus remarquables, et lui propose à cet effet d'écrire un article sur la logique moderne, « ou sur un thème similaire – peut-être “la logique et l'éthique” ». Peirce lui répond aussitôt de Milford qu'il lui enverra « L'architecture des théories ». Il explique à Francis C. Russell, un collaborateur de l'Open Court et fervent admirateur de Peirce, que sa série portera « de manière générale sur la manière dont les grandes idées se développent ». Dans le même temps, Peirce est engagé dans la rédaction d'une recension du livre de Carus *Fundamental Problems* pour *The Nation*, qui paraîtra de manière anonyme. Carus découvrira alors qu'à son attitude conciliatrice destinée à promouvoir un front commun (en invitant notamment Peirce à publier un essai critique sur Spencer), Peirce répond par une impitoyable critique de son projet (« superscientifique »), qualifié plutôt d'« antiscientifique » dans la mesure où il vise à démontrer une conclusion posée à l'avance, la réconciliation de la science et de la religion. Dès le début, Peirce s'oppose ainsi à la mission que se sont donnée Carus et Hegeler.

LETTRES DE C. S. PEIRCE À PAUL CARUS

Milford, le 6 septembre 1890

Mon cher Monsieur,

Votre lettre datée du trois août avec le chèque m'est bien parvenue.

Vous ne devriez pas m'attribuer des articles anonymes, car vous ne savez pas quelles libertés éditoriales on a pu prendre avec eux. Comme vous le dites justement, un bref article dans un hebdomadaire ne peut guère faire plus qu'égrainer quelques suggestions. Mais j'ai toujours refusé de m'identifier à des associations pour « concilier la religion avec la science ». Mieux vaut laisser chacune tracer son chemin vers la vérité. Il n'est guère probable que je sois conduit à discuter plus avant cette question qui, étant une question de sagesse, doit être réglée par le lent péristaltisme de l'esprit. Je vais lire avec attention votre article, ainsi que celui de M. Hegeler.

J'ai regardé votre article sur l'évolutionnisme de Kant [3]. Je suis moi-même entré en philosophie par la route de Kant, dont je fus longtemps un étudiant enthousiaste, et pour qui je conserve une certaine vénération.

Votre citation en double interligne de la *Critique de la Raison pure*, un passage célèbre, me semble n'avoir aucune incidence sur la question ; il ne s'agit que d'un point de logique.

Je ne peux pas non plus admettre que Kant, ni dans le passage sur le cri du bébé ni ailleurs, anticipe l'idée darwinienne le moins du monde.

J'ai trop entendu dire que Kant était difficile à lire. Je pense que c'est un des philosophes les plus faciles ; car il sait généralement ce qu'il veut dire – la bataille est déjà à moitié gagnée –, et il le dit en termes très clairs. Bien sûr, il est tout à fait absurde d'essayer de lire Kant sans avoir étudié au préalable les philosophes leibniziens et anglais, ainsi que la terminologie dont celle de Kant constitue une modification ou une transmutation. Mais il y a moyen de démêler ce qu'il voulait dire, tandis que des écrivains comme Hume et J. S. Mill, plus vous les étudiez, plus ils vous embrouillent.

J'aimerais que vous ne parliez pas de la « *Critique of Pure Reason* » ; d'abord parce que le mot anglais approprié est *critic* et non *critique* (nous avons deux formes là où l'allemand en a une seule) et deuxièmement parce que les noms des facultés prennent l'article défini. *Reason* est une chose en anglais, et *the reason*, la faculté de raisonner, en est une autre. Il est absurde de parler de critiquer la Raison (*Reason*), car la raison (*reason*) désigne la conformité avec la vérité pour autant que nous pouvons la voir.

Ce que vous dites de l'attitude d'hostilité des hommes à l'égard de ceux dont les points de vue sont très proches est tout à fait vrai. À propos, vos conceptions en éthique me semblent beaucoup plus proches de celles de Spencer que de celles de Kant.

3. « Kant on Evolution », *Open Court*, 4 septembre 1890.

Kant était splendide ; – mais, après tout, il a vécu il y a cent ans –, et ces cent ans, ça a été quelque chose !

Carus, qui n'avait émigré aux Etats-Unis que dans sa trentaine, s'excuse d'avoir suivi l'usage allemand au détriment de la langue anglaise. Peirce répond en s'étonnant de découvrir (ou en feignant de découvrir) que Carus fût effectivement né en Allemagne, tant sa maîtrise de l'anglais est admirable.

Le 12 janvier 1891

Mon cher Docteur Carus,

Je vous prie de pardonner mon silence, dû au fait que je suis tellement accablé de travail que je n'ai pas pu trouver le temps d'établir une liste de personnes à qui j'aimerais faire envoyer le *Monist* n° 2.

Je serais fou d'espérer ou de *désirer* que les gens tombent immédiatement d'accord avec mes opinions. Elles sont le fruit de longs travaux et je les ai tenues en réserve, – en les étudiant, en les testant, en les développant–, pendant douze ans avant de m'aventurer avec elles devant le public. Si j'ai moi-même hésité si longtemps, je ne peux pas demander aux autres de les accepter précipitamment. J'aime beaucoup votre article. Je m'émerveille de nouveau sur votre anglais fort gracieux. Je ne pense pas que vous soyez très loin de moi et j'ai l'espoir de vous compter comme un allié avant très longtemps. En ce qui concerne un hasard dépourvu de tout degré de conformité à la loi, je considère cela comme une non-existence, un simple germe d'être dans la mesure où il peut acquérir des habitudes. Mon article de 1878[4] n'est pas en conflit avec mes conceptions actuelles, qui étaient alors embryonnaires.

Je vous remercie de m'avoir invité à envoyer un autre article, ce que je ferai dès que j'en aurai le temps.

La liste de noms qui suit nous renseigne sur le cercle avec lequel Peirce était en contact intellectuel, composé en majorité de mathématiciens. Y figurent Clarence King, Simon Newcomb, William James, O. H. Mitchell, Joseph Jastrow, Ernst Schröder, James Mills Peirce, Arthur Cayley, James Joseph Sylvester, Allan Marquand ou encore Alfred Kempe. En novembre 1891, Peirce envoie au Monist *le deuxième article de sa série métaphysique, « Examen de la doctrine de la nécessité », qu'il considère comme « l'argument le plus puissant qu'il a jamais produit » – et dont les thèses anti-nécessitaristes feront bondir Carus. Il profite aussi de la revue pour annoncer ses cours par correspondance sur « l'Art de raisonner ». La prochaine lettre fait suite à une conversion spirituelle que Peirce expérimenta le 14 avril 1892, et dont les traces se lisent dans « The Law of Mind » et « Man's Glassy Essence » sur lesquels Peirce travaillait alors.*

4. « The Doctrine of Chances » (W3, 276-289, 1878).

[Fin avril 1892]

Cher Monsieur,

Je pense que je pourrais écrire pour l'*Open Court* un article acceptable, ou même deux, sur les thèmes suivants :

1. L'expérience personnelle a toujours une valeur positive. Cette valeur est d'autant plus importante que l'expérience est inhabituelle. Ce que j'ai à en dire me semble mériter d'être mentionné. A. Ces dernières années, j'ai souffert l'extrême adversité de l'affliction, étant B. dans la situation quelque peu inhabituelle d'un étudiant de philosophie, formé en laboratoire, qui s'accroche essentiellement au credo et à la communion de l'église. C. Maintenant, les faits qui méritent d'être signalés sont :

– premièrement, quel genre de réflexions j'ai trouvé vraiment consolatrices

– deuxièmement, quel effet font les différentes œuvres littéraires qui s'adressent aux personnes dans cette situation.

2. Bien sûr, ce n'est que l'expérience d'un simple individu ; toutefois, c'est des expériences individuelles qu'est construite l'expérience générale. Mais je tiens à dire clairement qu'un seul cas ne peut avoir, jusqu'à ce qu'il soit vérifié et confirmé par d'autres, aucune importance du tout. Et pourtant, j'écris comme un moyen pour recueillir d'autres témoignages.

Sous le premier chef, mon expérience, si elle s'avérait généralement confirmée par d'autres, devrait soutenir la loi de continuité. Car, premièrement, je trouve que les idées concernant le paradis n'apportent que très peu ou pas du tout de réconfort, pour la raison évidente que cette vie est complètement coupée de la nôtre. Mon moi dans une vie dont tous les buts, motifs, moyens et problèmes diffèrent radicalement de ceux de cette vie-ci ne semble pas entrer dans mes intérêts particuliers.

Deuxièmement, j'ai trouvé une aide considérable dans certaines autres réflexions. En voici un exemple. « Si », me disais-je, « en endurant volontairement ce que je suis forcé de supporter, je pouvais favoriser certains objets que j'avais à cœur, ne le ferais-je pas, et plus encore ? Et si je pouvais comprendre les desseins de Dieu, ne donnerais-je pas une préférence absolue à ceux-ci plutôt qu'aux objets que j'ai effectivement à cœur – que je ne privilégie en fait maintenant que comme étant aussi proches que je peux le deviner des objets que Dieu veut que je poursuive ? Puisque Dieu est sans doute en train de m'utiliser, pour autant que je puisse être utile, ne devrais-je pas être content de promouvoir ses propres desseins ? »

Pourquoi ne me sentirais-je pas particulièrement honoré d'avoir été choisi pour subir cette agonie ?

On peut deviner le ton de la lettre de Peirce qui suivit (perdue) à la réaction de Carus envoyée en mai 1892 : « Étant donné mes dispositions à votre égard, j'ai été surpris de recevoir de votre part une lettre dont je ne sais si je dois la prendre comme un affront ou comme une saute d'humeur déplacée. » Ce n'est que le début d'une série de frustrations, malentendus et crises dont il faut reconnaître que le pacificateur fut inlassablement Carus. Le désaccord présent, sous-jacent dès le tout début de la correspondance, concerne l'opportunité de défendre ou non une ligne philosophique commune : Peirce reproche à Carus de rejeter ses propositions car elles s'écarteraient trop de la doctrine du Monist. *Carus rétorque : « Vous savez peut-être que M. Hegeler veut que le* Monist *représente une vision du monde donnée, et en éditant le* Monist *j'entends la représenter. J'accepte des articles représentant tous les points de vue. Mais quand j'en publie qui, sur des points importants, s'écartent sensiblement de notre position, je me dois de signaler la différence. » Dans les lettres suivantes, Peirce s'excuse d'avoir employé un ton agressif. Il s'étonne, si la ligne de Hegeler est celle d'une conciliation de la science et de la religion, que ses articles ne soient pas les bienvenus. Ils le sont, répond Carus, qui va préciser la divergence : elle porte sur le concept de nécessité, que Peirce infuse de hasard absolu. « J'ai l'impression que nous ne travaillons peut-être pas tant sur la même ligne que sur des lignes convergeant vers un but commun. » Selon Carus, la conception moniste de Hegeler n'est pas plus étroite, quoique celui-ci ait refusé la suggestion de nommer leur revue* La Pensée *[Thought] plutôt que* The Monist. *Car pour Hegeler, « le nom* La Pensée *n'était pas signifiant. [...] Le nom de la revue est pour lui un étendard, tandis qu'il est pour moi une invitation lancée au groupe de personnes dont les contributions sont les bienvenues. »*

New York, le 3 juin 1892[5]

Mon cher docteur Carus,

merci pour votre aimable lettre. Le nom « *La Pensée* » aurait été superbe. Il aurait donné un coup d'envoi à toute la chose. Cela décrit précisément le genre de magazine que j'ai toujours voulu voir, dans lequel des articles de pensée profonde sur toutes sortes de sujets (pas trop abstrus) devraient trouver leur place naturelle.

En ce qui concerne les étendards et les partis en philosophie, je pense qu'il y a une chance de 10 contre 1 que nous ayons tous tort. Nous devrions donc exercer la plus grande tolérance. En outre, la philosophie a peu de valeur pratique. Il n'est pas souhaitable de fonder la religion, la conduite, la politique ou les affaires sur un genre de philosophie, quel qu'il soit. *L'étude* de la philosophie n'est pas tout à fait inutile pour élever l'esprit, et nous espérons qu'elle produira un jour quelque résultat incontestable. Mais rien de ce genre ou presque n'a encore été atteint. Je ne suis donc pas du tout disposé à parier un kopeck ni à constituer un parti pour défendre une variété de philosophie en particulier, quelle qu'elle soit. Quand j'entre dans une dispute philosophique, c'est dans l'espoir que le public et moi apprendrons quelque chose, et pas du tout pour obtenir le triomphe d'une doctrine. En fait, lorsque la philosophie devient partisane, c'est peut-être de la *sophie*, mais elle cesse d'être de la *philosophie*. Autant songer à constituer un groupe pour promouvoir la cause d'une proposition en mathématiques ou en chimie. Le scientifique, comme le philosophe, ne se préoccupe pas de justifier des doctrines mais de rechercher la vérité. C'est un étudiant, pas un chef de parti. Un chimiste ne penserait

5. Lettre publiée en partie dans W8, p. LXXXV.

pas que le Journal de l'Église ou le Méthodiste est le lieu approprié pour publier ses recherches, même si les membres du clergé pensaient que ses conclusions favorisent leurs objectifs et promeuvent la cause de la droiture. Personnellement, en tant que philosophe, je n'ai pas plus affaire avec la cause de la religion que le chimiste. Je m'évertue simplement à faire mes recherches et j'offre les résultats au monde sans aucun but ultérieur. Je veux les publier dans un journal qui se moque éperdument de savoir quels sont ces résultats, et de savoir quelle cause ils font avancer ou entravent.

Que diriez-vous d'une série d'articles courts de ma plume pour *The Open Court* destinés à renforcer la cause du raisonnement correct, en général ? Qui s'intituleraient, disons, « La Critique des arguments », et contiendraient des remarques, dans l'ensemble assez spécifiques, sur le bon et le mauvais raisonnement.

J'étais enclin à penser que votre défense de la nécessité serait analogue à celle de Royce. En tout cas, la sienne est tout à fait dans le sillage kantien. Je serais curieux de les voir toutes les deux, et répondrai le moment venu.

Dans l'été 1892, Peirce envoie à Carus, mais cette fois pour The Open Court, *les articles « Pythagorics » et « Critic of Arguments ». Au cours de l'été 1892, la polémique sur le nécessitarisme bat son plein dans le* Monist *: Carus réplique aux thèses « tychistes » de Peirce dans ses articles « Les assauts de M. Charles S. Peirce contre la doctrine de la nécessité » puis « L'idée de nécessité, sa base et sa portée ». Peirce fait retirer l'annonce de ses cours par correspondance, qui n'a pas été suivie d'effet. À court d'argent, il demande à Carus une avance sur paiement, en expliquant que le projet de blanchissement électrique qui devait le sortir d'embarras financier était une escroquerie; « et je découvre maintenant qu'il y a une association de millionnaires sur le point d'utiliser mon travail sans rien me payer. » Peirce verra de plus en plus dans le* Monist *un moyen d'obvier à ses délicatesses financières les plus urgentes.*

New York, le 20 janvier 1893

Mon cher docteur Carus,

vous n'avez pas trouvé, me semble-t-il, que dans ma réponse j'aie quelquefois dépassé les limites de la discussion cordiale. Si une chose de ce genre a échappé à ma plume, bien malgré moi, dans la chaleur de la rédaction, je suis très désireux que vous me le signaliez, de sorte qu'aucun sentiment d'un genre désagréable ne demeure en la matière. Car si vous deviez ne pas le mentionner, je le découvrirais à l'avenir, et ce serait une source de véritable mécontentement pour moi. [6]

6. Carus publia ce paragraphe de la correspondance privée dans son article « The Founder of Tychism, His Methods, Philosophy, and Criticisms, In Reply to Mr. Charles S. Peirce », *The Monist* 3, juillet 1893, p. 571 (première page de l'article). Il poursuit alors : « C'est une disposition d'esprit fort aimable. M. Peirce me presse très fort dans la lutte pour la vérité : il n'hésite pas à tirer parti du plus petit point faible qu'il entrevoit ou plutôt qu'il croit entrevoir. Il n'hésite pas à employer des termes clairs, tels que "absurde", "irréfléchi", "faible", "précipité", "irrationnel". Pourtant, il conserve dans la chaleur de la controverse un esprit amical envers son antagoniste, que je ne peux qu'apprécier et dont je souhaite témoigner publiquement. Mais je ne

Je dois vous remercier du joli livre reçu pour la Noël. Ma femme l'a lu avec beaucoup de plaisir, et je le ferai quand j'en aurai le loisir.

J'ai complètement calé en tentant de mettre les grandes lignes de la logique des relatifs dans une forme suffisamment lucide et élémentaire pour l'*Open Court*. Il y a des années, j'ai dû abandonner le travail sur ce sujet, car il m'intéresse si intensément qu'il s'empare complètement de moi ; et j'ai constaté que je ne devais pas y penser jusqu'à ce que je puisse organiser mes affaires de façon à ne rien faire d'autre pendant un certain temps. Mais ma femme et moi avons tous les deux conclu que si je le différais plus longtemps, cela ne se ferait absolument jamais ; et j'ai donc pensé que je m'y plongerais juste un petit peu. Mais ce fut en vain. J'en ai écrit assez pour près d'une douzaine d'articles, mais beaucoup trop difficiles pour une telle publication ; et j'ai lutté et peiné pour me dépêcher, jusqu'à tomber sérieusement malade.

Ensuite, j'ai été obligé de donner douze conférences à Boston sur l'Histoire de la pensée scientifique, et il a fallu les rédiger de façon assez détaillée. Ainsi, je n'ai pas encore eu le temps de vous envoyer autre chose que cet article.

Mais je vais immédiatement commencer par des sujets plus légers.

Je sens que je ne dois pas finir ma vie sans avoir développé ma logique. J'ai eu les plus belles découvertes à côté de moi pendant dix ans sans pouvoir les publier ; car je *ne peux pas* faire les choses à moitié dans cette branche. J'avais tout planifié pour tout mettre de côté et me consacrer à cela ; mais on m'a si horriblement escroqué l'été dernier que cela me rend malade. Ma femme dit – et je sens – que je dois reprendre ma logique dans l'année, ou je ne le ferai jamais ; car je continue à travailler à un rythme qui détruirait en peu de temps un homme dans la fleur de l'âge. J'ai plusieurs procédés chimiques ; l'un est un tout nouveau procédé de blanchiment électrique qui est tout juste prêt au moment où le blanchiment est sur le point d'être révolutionné, et dont les hommes dans le milieu me disent que c'est une bonne affaire. Mon procédé est fondé sur un fait chimique jusqu'alors inconnu et irremplaçable. J'ai un procédé destiné à révolutionner immanquablement la distillation de l'alcool de bois. Il est lui aussi susceptible d'obtenir un brevet de base. J'ai un procédé non brevetable mais très pratique pour empêcher l'entartrage dans les chaudières de locomotives, que j'ai testé sur plusieurs centaines de litres évaporés par la sécheresse, et dont les employés de chemin de fer me disent qu'on pourrait en tirer un bon revenu. Mais je suis convaincu que si je poursuis ces choses, ma logique sera sacrifiée ; et je ne dois pas le faire.

Tout le monde a toujours exprimé un intérêt poli pour mon travail logique et philosophique ; mais personne ne m'a jamais offert un coup de main. On pensait probablement que je n'en avais pas besoin.

Je suis maintenant déterminé à voir si je ne peux pas inciter certains de mes amis à acheter mes procédés – et je ne me soucie pas du sacrifice que cela exigera –, afin que cela suffise à me permettre de poursuivre pendant deux ans, en y travaillant sans interruption, les choses à accomplir pour lesquelles j'ai été placé dans ce monde. Je consacrerai ensuite six mois à la rédaction

voudrais pas le moins du monde qu'il change un mot ni adoucisse le langage de son article, *pour ma propre cause*. Si M. Peirce a tort, je prendrai soin de moi-même ; s'il a raison, que la vérité soit faite. »

d'une arithmétique scolaire dont les plus grands éditeurs m'assurent qu'elle me procurera un revenu permettant de m'en sortir, au bout de dix-huit mois ; et j'ajouterai, quand je le pourrai, une géométrie et une algèbre sur lesquelles j'ai travaillé et expérimenté avec des élèves depuis plusieurs années.

Je me demande si M. Hegeler serait prêt à acheter l'un de mes procédés chimiques. Je préférerais que ce soit lui plutôt que de m'adresser au premier venu qui ne comprend ni la *chimie* (afin de connaître la valeur de ce qu'il achète) ni la *philosophie* (afin d'apprécier le motif pour lequel je vends pour une bouchée de pain ce qui a une grande valeur).

Je dois mener la lutte, et je le ferai, pour conduire mon véritable travail en cours jusqu'à son terme d'une manière ou d'une autre, de ce pas.

P.S. Toutes mes difficultés doivent être tenues secrètes pour ma femme, ou elle voudrait compromettre ses perspectives d'une manière à laquelle je ne consentirai jamais.

Peu de temps après cette lettre, Peirce rencontra enfin Hegeler, et probablement Carus, à La Salle. Ils établirent le projet d'un livre de logique, À la recherche d'une méthode, *et d'un manuel d'arithmétique (qui ne verront pas le jour). Au printemps 1893, le ton monte entre Carus et Peirce. Le premier émet une réserve quant au style de Peirce, en suggérant qu'un article ne doit pas être trop retravaillé afin de ne pas perdre en fraîcheur. Peirce réplique qu'on ne saurait rien énoncer de plus faux. « Les deux premières pages de ma "Théorie de l'inférence probable" ont pris des formes très variées au moins 90 fois avant que j'en sois satisfait ; et pourtant, personne ne pourrait y soupçonner le moindre travail d'élaboration. » Peirce hèle par la suite certains « olibrius philosophiques ["philosophical cranks"] », et c'est cette fois Carus qui prend la mouche. Peirce rétorque que le « vous » dont il était question dans l'apostrophe était adressé au lecteur et non à l'éditeur ; « mais je constate que mon anglais vous sied aussi peu que ma logique. »*

Milford, le 13 mai 1893

Mon cher Monsieur,

J'ai reçu votre lettre datée du 9 ce soir.

Il ne fait aucun doute que le ton de mes lettres privées est habituellement trop exagéré. Mes amis, pour la plupart, me font la grâce de les interpréter à la lumière de mon comportement général envers eux. Mes amis ont toujours été des gens brillants et spirituels.

Je ne crois pas me méprendre aussi totalement que vous le dites sur vos buts. Je pense, au contraire, que c'est vous qui prenez une critique sur des sentiments particuliers, qui seraient en désaccord avec le contenu de vos idées, pour de la calomnie sur vos objectifs. Rappelez-vous ceci : je ne critique *jamais* les buts fondamentaux de quelqu'un. S'ils sont tels que je ne les approuve pas, je laisse simplement tomber ces personnes. Mais si effectivement je me trompe sur vos conceptions, une chose est certaine : ce n'est pas faute d'une étude systématique de celles-ci. Peu de doctrines, toutes époques confondues, m'ont déjà donné autant de difficultés de compréhension ; et en réalité, si moi, qui suis formé à l'étude des opinions, après toutes les peines que je me suis données pour établir la vôtre, échoue aussi complètement que vous le dites, cela ne pourrait-il pas être dû à un défaut de méthode et de clarté dans leur exposé ?

Vous dites que « toutes » mes « remarques critiques prouvent que » je « ne connais pas les buts de » votre « travail ». Étendriez-vous cela à toutes les remarques critiques sur n'importe quel *autre* ouvrage, ou seulement sur le vôtre ? Est-ce vrai seulement de *mes* remarques critiques, ou de toutes les remarques critiques possibles ? Si je me trompe sur vos buts, mon erreur consiste en ceci, comme vous devez clairement le voir : que je pense que vos objectifs sont tels que je les approuve, alors qu'en réalité ce n'est pas le cas.

Vous parlez d'« imputations ». Une *imputation* est une accusation de culpabilité, quand quelque chose a mal tourné, contre une personne (ou figurativement, un élément de caractère) à qui il n'est pas juste, ou du moins pas naturel, de faire porter la faute. Ce qui se rapproche le plus de cela dans toutes mes lettres est le fait que, à plusieurs reprises, j'ai attribué à des conceptions de M. Hegeler et de vous-même une tendance étroite et sectaire, en contradiction avec votre esprit général. Les occasions en ont été, d'abord, l'été dernier, lorsque j'ai constaté que, loin que mes articles soient les bienvenus dans le *Monist*, M. Hegeler et vous avez pensé que vous étiez bien libéraux de les publier, tant ils étaient opposés à l'« étendard que vous arborez ». Un étendard est la marque d'une secte ou d'un parti. Je considère que tous les partis sont contraires à l'esprit de la science et à l'esprit de la religion. Si j'étais éditeur d'un Journal Philosophique, je pourrais et devrais sans doute refuser des articles parce que je crois en leur doctrine, mais jamais parce que je ne les crois *pas*. Agir ainsi, ou avoir envie de le faire, c'est ce que j'appelle être étroit et en conflit avec vos objectifs plus profonds. Deuxièmement, lorsque M. Hegeler m'a informé qu'il ne lui plaisait pas de voir mon livre publié par sa maison d'édition sans un avertissement aux lecteurs exprimant dans quelle mesure lui et vous approuviez ma doctrine, et dans quelle mesure vous ne l'approuviez pas, j'ai pensé et dit que c'était remarquablement étroit et sectaire. Un certain nombre de membres de conseils scientifiques et philosophiques ont insisté sur le fait qu'ils étaient d'accord avec moi. Quand, en ce moment, M. Hegeler, si je le comprends bien, s'oppose à la publication de mes opinions sur la religion, parce qu'elles diffèrent par trop des siennes, je pense que c'est légèrement étroit et sectaire – seulement légèrement, parce que je ne peux pas revendiquer beaucoup d'autorité pour mes écrits sur ce sujet, même si j'y ai pensé très longtemps et profondément. Quand je vous vois, renonçant autoritairement à l'argumentation, exposer les décrets de la science (ou ce que vous tenez pour tel) sur la religion, j'ai l'impression, compte tenu des autres choses, de sentir là un petit parfum de sectarisme; et lorsque vous appliquez à ceux qui ne diffèrent en réalité de vous que très peu, des épithètes destinées à les blesser ou, si ce n'est pas votre intention, dont il est certain qu'elles auront cet effet, en les appelant de noms odieux, j'y vois un vestige du diable qui brûle dans le sein de la théologie. Si vous appelez ces cas des imputations, alors (à moins que vous n'employiez pas le mot à bon escient) vous devez vouloir dire que ce sont des fautes dont on ne peut pas accuser votre esprit et votre intention, mais quelque chose d'autre, par exemple le manque de familiarité avec le monde scientifique et l'inexpérience en ce qui concerne la philosophie. Mais si vous prenez ces critiques pour des attaques contre les « objectifs de votre travail », je serais tenté de dire que vous avez de la difficulté à comprendre, ou bien que vous êtes trop myope.

Venons-en aux questions publiées. Il ne me serait pas possible de m'exprimer plus franchement et directement, et je pourrais difficilement critiquer plus complètement vos opinions que je ne le fais dans le *Monist* de juillet prochain. Mis à part le fait que je m'abstiens d'indiquer la catégorie à laquelle appartient votre doctrine, je ne pourrais guère être plus explicite. La controverse, cependant, m'ennuie à mourir. Tout mon intérêt est dans certains aspects de la vérité générale; et je ne sais pas ce que vous voulez dire quand vous parlez d'« étendards », de « chevaliers » et d'« adversaires ». Bien épais serait l'esprit qui ne verrait dans la divine philosophie rien d'autre qu'une concordance! Quand je dois condamner une tendance de la pensée, j'essaie souvent de montrer à quelles énormités elle conduirait si elle était conduite de façon approfondie. De telles remarques ont toujours été suggérées par toute une vie d'expérience et j'ai plus d'un ou deux partis en vue dans mon esprit. Si je ne choisis pas l'un d'eux et que je ne l'accuse pas de porter la faute à ses pires extrémités, c'est peut-être parce que donner ainsi des coups à l'emporte-pièce ne me semblerait pas respecter la vérité. Je ne me souviens plus à présent de l'endroit ou de ce que j'ai dit au sujet des « olibrius philosophiques », et doute que cela ait eu la moindre référence à vous-même. Si d'aventure cela louchait dans votre direction, ce serait sans doute très légèrement. Si je vois une erreur de méthode ou de principe dans vos conceptions et que je choisis de l'illustrer en montrant comment elle apparaîtrait si elle était exagérée, et si ce faisant je parle d'un *olibrius*, vous pouvez répondre avec autant de chaleur que la situation l'exige, mais il est absurde de me reprocher de ne pas vous appliquer une épithète dont je ne pense pas qu'elle vous convient. C'est le style Beaucoup-de-bruit-pour-rien.

À part dans le prochain numéro du *Monist*, mes animadversions en public contre votre philosophie ont été peu nombreuses, et concernant vos objectifs et vos conceptions de la religion, je pense qu'il n'y en a pas eu du tout. Mes remarques privées ont toujours été de cette nature : M. Hegeler ou vous avez dit quelque chose qui m'a frappé comme étant trop étroit pour correspondre à votre position générale; et je me suis demandé, tenez-vous vraiment cette position étroite, ou cette autre plus large ? La réponse a été, dans tous les cas, sans équivoque : nous embrassons la doxa étroite, nous repoussons la doxa large. Un de ces jours, je pense que vous allez découvrir que vous n'êtes pas vraiment aussi étroits que vous vous accusez d'être.

Je ne devrais pas avoir d'objection à exprimer mes idées sur la *prière* pour l'*Open Court*, s'il est décidé que je continuerai à écrire pour lui. M. Hegeler doit décider s'il souhaite payer le même prix que précédemment. Si oui, et si vous voulez des articles de ma plume sur des sujets religieux, je donnerai mon point de vue sur la *prière*. Mais mes lettres privées sont écrites à la hâte et ne sont pas destinées au public.

Votre P.S. sur la dualité est assez correct. Bien sûr, j'ai toujours été un moniste décidé, mais pas de la mouture de Haeckel.

La polémique sur le déterminisme continue, avec une « Réplique aux nécessitaristes » de Peirce en juillet 1893, à laquelle Carus répond dans le même numéro du Monist. *Carus n'acceptera plus d'article dans cette série de la part de Peirce, provoquant une vive déception chez celui-ci. Pour clore un nouvel échange un peu aigre, Peirce se veut accommodant, non sans une pointe de condescendance : « Chassez de votre esprit l'idée que j'ai ou que j'ai eu quelque hostilité contre vous. Je suis un garçon élevé en laboratoire, et dans les laboratoires nous ne nourrissons pas d'hostilité envers ceux dont les expériences semblent indiquer des résultats différents des nôtres. Tout au contraire : ce sont eux que nous recherchons. Vous avez été élevé au séminaire, et vous ne vous rendez peut-être pas complètement compte jusqu'à quel point c'est vrai. » Dans la même lettre, Peirce confie travailler douze, et souvent jusqu'à quinze heures par jour, à la rédaction de ses livres.*

Milford, le 12 juillet 1894

[...] J'ai beaucoup de matériau dans mes tablettes. Si vous acceptez quelque chose de moi, j'ai toutes sortes de choses.

Lorsqu'une somme d'argent est envoyée (s'il devait en être envoyé), je vous saurais gré de l'expédier sous une forme qui puisse être touchée immédiatement; car nous manquons de nourriture et de lumière. Il me semble peu probable que nous nous en sortions. Cela fait maintenant près de quarante-huit heures que j'ai ingurgité des aliments, et bien peu. Mais ne pensez pas que je m'offre comme un objet de pitié. Quelle que soit la souffrance qu'il y a eu, maintenant c'est fait. Je me suis efforcé de faire mon devoir, et je laisse au monde un travail qui me permettrait amplement de subvenir à mes besoins. J'ai traité mes semblables avec un amour fraternel. Je suis prêt à faire face à ce qui m'attend. Je me sens déjà très éloigné des jalousies et des vanités de ce monde, que je n'ai d'ailleurs jamais prises tellement à cœur. Si je m'en sors, je me sentirai comme un second Lazare. Si je reçois de l'argent, la première somme doit payer une certaine facture avant que ma femme ou moi ne touchions un morceau de nourriture.

J'espère que vos familles vont bien. Il fait très beau ici.

*Peirce fut dans l'incapacité de remettre le manuel d'arithmétique qu'il devait, et les relations s'enlisèrent dans toutes sortes de complications et de malentendus. D'août 1894 à mai 1896, la correspondance est totalement interrompue, Peirce étant tombé dans une sorte de disgrâce. Pendant ce temps, Francis Russell fut un soutien pour Peirce, et tenta même de publier un aperçu de sa philosophie, mais Peirce répondit que même le plus grand esprit serait incapable d'inférer, à partir du peu qui avait alors été publié, ce vers quoi sa philosophie devait conduire. Pendant cette période, Carus demanda à Russell de rédiger le compte rendu du troisième volume de l'*Algebra der Logik *de Schröder. Russell proposa de le confier à Peirce, ce à quoi Carus s'opposa d'abord, puis finit par consentir sur l'insistance de Schröder en personne.*

New York, le 13 mai 1896

Cher Monsieur,

votre courrier du 9 du présent mois avec ses attachements est arrivé aujourd'hui. Après avoir rédigé l'article que vous avez reçu en premier, il était encore en mon devoir de m'exprimer sur des points mineurs contenus dans le dernier volume de Schröder. J'ai pensé qu'ils seraient peut-être trop techniques pour le *Monist*, et j'ai proposé de les publier dans le Bulletin de l'*American Mathematical Society*. En même temps, j'ai pensé que *peut-être* vous pourriez penser que la dignité du *Monist* exigeait que l'avis soit adressé principalement aux étudiants de la branche particulière. Je me suis donc attablé pour écrire quelque chose que vous pouvez avoir si vous le voulez, et, dans ce cas, je donnerai un matériau mathématique encore plus technique à la Société Mathématique, ou si vous ne voulez pas ce nouveau matériau, ou pas en totalité, alors il peut aller à la Société mathématique. Dans le même temps, j'ai réécrit certaines parties de mon article que je craignais d'avoir rédigées trop sommairement, car c'est une question sur laquelle je suis fatigué à mourir.

Je suis très content que vous ayez décidé de le signer de mon nom, d'abord parce que je pense que cette attitude seule convient à la dignité de votre publication désormais majeure, et aussi parce que Schröder me mentionne si souvent que c'est une question de respect pour lui que je combatte ce que je dois combattre face à face. Tout en considérant qu'il a énormément, vraiment énormément avancé le sujet, je pense néanmoins que les problèmes qu'il a attaqués ne sont pas ceux qui demandaient à être étudiés avec le plus d'urgence, qu'ils ont été choisis par un mathématicien plutôt que par un logicien et, que, bien que *très précieux*, ils laissent des résultats encore plus précieux qui attendent l'homme qui abordera l'étude d'un point de vue différent. Il est curieux qu'il ne soit retombé sur presque aucun de mes nombreux résultats inédits.

Je suggère que l'article soit imprimé en petits caractères pour me permettre d'en dire autant que possible, puisque j'ai beaucoup plus à dire que je ne peux en mettre dans deux recensions, et que le nombre maximal de mots que vous êtes prêt à m'accorder me soit mentionné avec tous les souhaits ou suggestions que vous pourriez avoir à faire, et que la copie me soit ensuite (après examen par Russell[7] et vous) retournée pour mise en forme définitive.

Je suppose que vous ne vous opposerez pas à ce qu'un certain nombre de nouveaux caractères soient taillés, ce qui sera nécessaire pour la notation. Je préférerais les payer moi-même plutôt que de devoir y renoncer.

C'est un plaisir de recevoir une lettre courtoise de votre part. Je crois qu'il n'y a aucun élément dans tous les malheurs que j'ai soufferts ces dernières années qui ne m'a blessé davantage que la conscience de la mauvaise opinion que M. Hegeler a de moi, qui n'est pas méritée et est en réalité due à l'extrême différence de notre éducation et de notre expérience. Aucun individu qui a toujours prospéré comme il l'a fait ne peut avoir la moindre idée de ce en

7. Il s'agit toujours de Francis C. Russell, juge et avocat de Chicago, philosophe et logicien amateur, collaborateur de Carus à La Salle, et grand admirateur de Peirce.

quoi consiste la misère. Dans les années passées j'ai souvent souffert du froid et de la faim, je suis resté pendant plusieurs jours sans abri ou sans un morceau de nourriture; mais il n'y a pas de malheur à cela. Je suppose que M. Hegeler ne changera jamais d'opinion sur moi; cela, je ne peux pas l'espérer. Mais je suis confiant dans le fait que tôt ou tard, nous réglerons au moins nos comptes sur le plan monétaire.

Peirce se plaint à Carus des maigres revenus que lui procurent ses articles, sans commune mesure avec le temps de travail ou la valeur du contenu. « Je ne peux réprimer un sentiment de dégoût et de nausée la plus profonde, en aucun cas contre vous, mais à l'égard des conditions qui font que les œuvres les meilleures et les plus élevées d'un cerveau comme le mien – dont les époques futures reconnaîtront la valeur, je le crois en vérité – rapportent moins d'argent que vendre des journaux ou cirer des bottes. » À quoi Carus rétorque que l'auteur reçoit la paye que l'intérêt du public pour les articles en question garantit à l'éditeur. Peirce accuse alors Carus de ne jamais avoir compris l'intérêt de ses travaux logiques, et de leur dénier toute valeur. Carus clarifie les choses : « Je n'ai rien à faire de votre nouvelle logique dans la mesure où vous l'utilisez pour prouver votre chère théorie du tychisme – et seulement dans cette mesure. Ce n'est pas pour cette raison que je minimise, ou que j'ai jamais minimisé, vos travaux dans le domaine de la logique pure. Je crois que votre travail serait plus précieux si vous n'étiez pas entravé par votre dada, le tychisme, mais je ne dirais pas qu'à cause de cela toute la science de la logique pure est erronée. »

New York, Thanksgiving 1896

Mon cher docteur Carus,

votre lettre qui contient le premier paragraphe de mon article ne m'est parvenue que la nuit précédente, en raison de mon départ de Stuart House; mon adresse est désormais le 84 Broad Street (Room 6), New York, où j'ai maintenant un bureau.

Je serai heureux de supprimer le paragraphe à la fois pour vous complaire et parce que s'il produit une impression défavorable sur vous, il le fera sur d'autres. Mais je suis étonné que vous pensiez un instant que le professeur de logique américain moyen accorderait la plus petite attention à un mot de ce que j'écris. Il est, comme je le dis dans ce paragraphe, généralement recruté pour être théologiquement sain.

Quant à déformer votre pensée, c'était totalement involontaire, et je suis très heureux si vous pensez du bien de mes travaux en pure logique. L'expression particulière que vous mentionnez était, c'est vrai, appliquée à mon synéchisme et à mon tychisme. Mais dans le même article, vous avez parlé avec un extrême mépris de mon travail purement logique, et j'ai entendu de diverses sources que vous en faisiez peu de cas. Peut-être, cependant, l'avis flatteur de Schröder vous a-t-il conduit à le réévaluer plus positivement. En tout cas, je suis très heureux que vous l'ayez fait; et n'ayant pas d'excédent de partisans dans ce domaine, j'aimerais naturellement modifier ce que je dis sur ce chapitre.

Je regrette que vous jugiez opportun d'ajouter que vous ne vous souciez pas de ce que je dis à votre sujet.

Pour ma part, je suis convaincu depuis longtemps, à propos des philosophes en général, que leurs opinions les plus favorables les uns sur les autres sont en règle générale beaucoup plus justes que leurs opinions les moins favorables. J'ai moi-même la réputation de jeter un regard froid et sarcastique sur les nouveaux auteurs de philosophie ; mais cela s'explique en large part par le fait qu'un grand nombre de mes articles ont été rejetés par les directeurs de publication parce qu'ils contenaient trop de louanges, tandis que d'autres ont vu leurs éloges caviardés. Mais les articles virulents plaisent presque toujours à l'éditeur ordinaire, pourvu qu'ils n'affectent pas son activité publicitaire. Cela a du moins été mon expérience avec beaucoup d'entre eux – je ne dis pas avec tous. Il résulte de cela que les critiques adoptent des positions trop défavorables sur les écrivains originaux, tendance contre laquelle je trouve nécessaire d'être toujours sur mes gardes.

Je ne pense pas qu'un écrivain américain original parte avec des chances égales en philosophie. Certains ont été traités avec une totale justice, mais selon moi, d'autres ne l'ont pas été. Mes propres écrits sur la logique pure sont restés totalement inaperçus pendant de nombreuses années. Ma métaphysique n'a qu'une chance incertaine d'être jugée équitablement un jour. Cela dépendra du fait que je réussisse ou non à réunir de l'argent à temps.

Peirce écrit à Carus pour proposer un moyen de payer ses dettes envers Hegeler, s'il ne s'effondre pas avant « – tout ce que je crains est l'inanition, qui est parfois extrêmement proche. » Son projet concerne l'acétylène : Peirce prétend avoir inventé un moyen de produire du carbure à peu de frais, ce qui lui permettrait de s'associer à l'équipement des habitations en gaz. Si Hegeler accepte d'investir dans son entreprise, il sera largement repayé.

New York, le 29 décembre 1896

Mon cher docteur Carus,

je reçois aujourd'hui votre lettre et votre télégramme pour lesquels je vous remercie. Puisque vous dites « Je ne peux pas promettre de publier cet article ni aucun autre de votre plume dans le *Monist* », je vais vous renvoyer immédiatement l'article déjà accepté et payé. Vous dites « Si vous m'envoyez un autre article sur les graphes, vous pourriez, dans l'intervalle, avoir changé d'idées ou pensé à un meilleur plan pour présenter le sujet. À mon avis, il n'est jamais payant de conserver du matériel par-devers soi afin de l'utiliser plus tard. » Cela me semble manifester une déception ou une insatisfaction qui repose sur une idée fausse, comme je vais l'expliquer.

La logique des relatifs est comme les mathématiques, la physique, etc. en cela que chaque découverte ouvre de nouvelles enquêtes, de sorte que plus on fait de recherches, plus vite apparaissent de nouvelles découvertes. Par conséquent, espérer l'amener à un état de complétude et d'achèvement serait chimérique. Autant espérer porter à leur terme la géométrie, ou la doctrine de l'élasticité, ou l'astronomie, au lieu de les voir avancer de plus en plus vite, comme elles l'ont toujours fait. Ou espérer que la civilisation soit parfaite et portée à sa condition finale. Je fais cette remarque, non pas directement en référence à votre lettre, mais parce que dans un écrit vous avez déjà opposé à la logique des relatifs qu'elle n'était pas achevée. Je le remarque maintenant, parce que l'idée que la science devrait être immobile peut jouer un rôle dans vos sentiments au sujet du présent cas. Je remarquerai également que, dans mon expérience de la logique des relatifs, j'ai toujours observé un phénomène qui est certainement vrai en mathématiques, en physique, en chimie et dans d'autres sciences dans lesquelles j'ai fait de la recherche, à savoir qu'une nouvelle découverte étroitement liée à une ancienne améliore généralement (sinon invariablement) la signification et l'importance de l'ancienne.

Il en va ainsi du présent cas. Bien sûr, j'ai beaucoup plus de choses à dire sur la logique des relatifs – des trouvailles plus positives et importantes – que ce que je suis absolument sûr de pouvoir publier. Si je gagne assez d'argent pour payer mon propre imprimeur, je pourrai bien sûr les faire imprimer ; mais l'impression et la publication sont des choses différentes. Ce que je cherche à faire, par conséquent, c'est sélectionner, pour chaque public que je trouverai une occasion d'atteindre par écrit, les découvertes dont je pense qu'elles l'intéresseront particulièrement. Qu'il y ait deux systèmes de graphes logiques principaux, je l'enseignais dès mes conférences à Johns Hopkins. L'un d'eux est plus philosophique et plus utile pour les fins de l'analyse ultime du raisonnement que l'autre. C'est celui que j'ai minutieusement développé dans l'article écrit pour vous, afin de révéler sa philosophie et la nécessité de chacune de ses caractéristiques ; et j'ai fait une énumération des étapes élémentaires du raisonnement telles qu'elles sont exhibées par ce système qui n'aurait pu être réalisé de manière aussi satisfaisante par aucune autre méthode qui a été proposée à ce jour. Je considère que cet article est incontestablement le plus fort de tous mes papiers de logique. J'y mentionne l'autre système de graphes et le décris brièvement. Le nouvel article que j'envoie aujourd'hui pour publication dans les Mémoires de l'Académie Nationale des Sciences est une description de cet autre système de graphes sans aucune tentative de lui donner un fondement ou un développement philosophique. Bien sûr, je n'aurais envoyé aucun article à publier dans les Mémoires de l'Académie si je n'étais pas très certain que sa solidité est au-delà de tout doute ; mais quand j'ai commencé à l'écrire, je m'attendais à ce qu'il soit inférieur *à tous égards* à l'article écrit pour vous. Mais quand j'en suis venu à développer la matière et à le rédiger, j'ai constaté que s'il était indubitablement inférieur à l'autre en profondeur et en minutie, il lui était néanmoins très supérieur en tant que susceptible de frapper le lecteur, par ce qui pourrait être appelé de l'éclat, et aussi que ce système de graphes a certains points de supériorité remarquables par rapport à l'ancien, en particulier la simplicité extrême de sa conception. À un moment donné, j'ai même senti qu'il pourrait s'avérer que ce second système était préférable pour l'analyse ultime des raisonnements, et peut-être même d'un point de vue philosophique. C'est mon habitude de toujours révoquer en doute des propositions que j'ai admises, en particulier celles que j'ai admises pendant un long temps ; car c'est précisément parmi les choses qui semblent incontestablement vraies que les erreurs sont les plus susceptibles de se cacher. Depuis, j'ai examiné ces doutes de plus près, et après un considérable travail des plus consciencieux, je les ai rejetés. Le premier système est, comme je l'ai toujours dit, le plus philosophique, et comme je le vois plus clairement que jamais, c'est celui à utiliser dans les analyses fondamentales du raisonnement jusqu'à la base. Mais le second système est le plus simple, très légèrement dans ses procédures, mais assez considérablement dans sa conception, tant qu'on n'essaie pas d'en proposer une conception philosophique.

Les choses étant ainsi, mon jugement fut que le nouvel article serait mieux adapté au *Monist* et l'ancien aux Mémoires de l'Académie Nationale des Sciences. Mais comme vous n'êtes pas prêt à faire confiance implicitement à mon jugement en la matière et qu'il n'y a pas assez de temps pour vous montrer le nouveau papier, je vais l'envoyer immédiatement pour publication comme Mémoire de l'Académie (ce qui prouve assez mon opinion sur sa valeur.) Ainsi, vous resterez en possession du chef-d'œuvre de ma vie logique, et sans aucun motif d'insatisfaction ; car sa valeur est assurément renforcée par les nouvelles découvertes dans l'autre article, et vous l'avez obtenu à un prix qui ne me paie pas 50 centimes par jour de travail qu'il m'a coûté. J'espère qu'aucun doute ne sera émis quant à sa publication. Je ne comprends pas votre expression dans votre lettre pour dire que vous hésitez à ce propos. Si vous ne souhaitez pas l'imprimer, après avoir exprimé votre haute estime de l'importance de la logique des relatifs, je devrais certainement penser que c'est l'une des choses les plus curieuses de toute l'histoire des sciences et, évidemment, je ne serais jamais satisfait tant que je ne vous l'aurais pas racheté.

Je suis maintenant engagé dans l'écriture d'un autre article dans lequel j'applique le système de graphes développé dans l'article que je vous renvoie, afin par ce moyen de clore définitivement l'une des questions les plus épineuses. C'est ce que cela doit produire dans l'esprit de quiconque s'applique à comprendre l'article. J'avais l'intention de vous l'offrir ; mais comme vous avez beaucoup de doutes sur le fait que vous publierez un jour un autre article de moi, et que je veux un endroit où il y ait une forte probabilité, non seulement qu'un article puisse parfois être publié, mais que tout article donné qui me semble solide et de valeur et, en tout cas, m'a coûté beaucoup de peine dans le désir sincère d'adhérer à une certitude démontrable, puisse être publié, il semble que je sois obligé d'aller voir ailleurs avec lui, ou de le ranger dans mon escarcelle, avec beaucoup d'autres de mes œuvres qui ne pourront voir le grand jour que si je peux gagner de l'argent pour les imprimer.

Avec mes vœux les plus chaleureux de bonne année à vous et à votre cercle familial à La Salle, je reste votre dévoué,

New York, le 1er avril 1897

[...] Au cas où vous ne voudriez aucun article sur les graphes logiques, j'ai notamment trois choses qui pourraient vous attirer. L'une est un examen attentif de l'association et de la suggestion psychologiques, en particulier dans leur aspect logique. J'y défends l'idée que l'association par ressemblance est très importante et j'y montre la nécessité de conclure que beaucoup de choses sont dans la conscience d'une manière obscure que l'homme lui-même est incapable d'y reconnaître. De sorte que l'association est une attraction entre les idées qui les amène à se regrouper et conduit les plus faibles à devenir plus vives. La nature de la vivacité y est discutée.

Un autre article est destiné à montrer en détail l'extraordinaire importance en philosophie des notions logiques de *un*, *autre* et *troisième*. Il montre non seulement qu'elles sont importantes, mais aussi comment chacune d'elles entre dans les conceptions philosophiques.

Un autre article, qui est moins original, consiste en une explication, pour les penseurs qui ne sont pas très versés en mathématiques, du concept d'espace à la lumière des écrits de J. B. Listing (mais Listing écrivait il y a soixante ans, et pour rendre justice à ses idées il faut les arranger en fonction d'autres recherches plus modernes). Je montre que, tout comme la géométrie métrique est bien connue pour n'être rien d'autre que la géométrie graphique appliquée à une surface individuelle, l'« Absolu », de même la géométrie graphique n'est à son tour rien d'autre qu'un problème particulier de géométrie topique, la doctrine des modes de connexion continue des lignes, surfaces, solides etc. Ce dernier article n'est en fait pas complètement écrit. Mais je pourrais bientôt le finir ; et il serait utile pour quiconque souhaite philosopher à propos de l'espace.

Je vais donner dans quelques jours une conférence à Bryn Mawr [8]. Vous pourriez avoir cet article si vous le voulez.

J'ai été et je suis toujours entouré de scélérats, – une meute de loups qui me voyant affaibli m'attaquent de tous côtés. J'avais espéré avant cela avoir gagné un avantage capital capable de les décourager ; mais il est différé. Ce qui ajoute à la difficulté de la situation, c'est la santé de ma femme, qui a désormais pris une telle tournure qu'elle doit subir sous peu la grande opération d'extirpation de l'utérus, etc., ou succomber. Si elle s'en sort avec succès, il semble probable que sa santé ne sera plus critique pendant de nombreuses années, et il y aura une période de grand bonheur en cela pour nous. En attendant, cela prend tout mon temps et toute mon énergie nerveuse nuit et jour si fréquemment que mon potentiel de gain est terriblement entravé et bloqué.

Par conséquent, si vous acceptiez un article de moi et que vous vous trouviez disposé à me faire une avance, ce serait une merveilleuse chance. Car je ne fais qu'esquisser une situation qui, si je la décrivais, étonnerait tout le monde.

Comme j'atteins apparemment la fin d'une longue période de misère, je m'examine pour voir si j'ai vraiment tiré toutes les leçons d'une expérience inhabituelle. Elles ont été impressionnantes. La plus délicieuse a été de découvrir toutes les vertus de ma femme dont la vie est en si grand danger en ce moment. Si je la perds, j'ai l'impression que toute lumière dans mon âme devrait s'éteindre. C'est une question de jours maintenant. Une avance pour un article ferait une grande différence pour restaurer l'espoir dans la situation.

Hegeler oppose un inflexible refus.

8. « Number : A Study of Methods », conférence donnée à Bryn Mawr College le 5 avril 1897.

New York, le 1er mai 1897

Mon cher monsieur,

j'ai été très déçu de ne pas pouvoir vous voir, pour diverses raisons. J'aimerais en savoir plus sur M. Hegeler, notamment. Ma femme a subi une opération très grave et difficile il y aura une semaine jeudi. Je ne l'ai pas encore vue ; mais elle se porte bien, à part que ses problèmes pulmonaires se sont déclarés de nouveau depuis l'opération. Mais je crois qu'elle va les surmonter.

J'ai quelques paiements importants à effectuer et si vous prenez l'article sur les graphes et le payez maintenant, j'en demanderai 150 $, ce qui est peu étant donné la grande quantité de travail que j'y ai mis. Je le réécrirai dans un style plus littéraire si vous le désirez. J'ai écrit de manière laborieusement simple et sans fioritures parce que l'une des choses que vous m'avez dite la dernière fois que je vous ai vu est que vous préfériez un style plus sec que celui que j'employais alors. Si vous pensez que mes deux derniers articles sont trop secs (ce qui est mon opinion personnelle), je serai heureux de changer.

Si vous ne vous intéressez pas aux graphes, supposons que vous me permettiez de vous écrire sur-le-champ un article pour un montant de 125 $ en liquide sur l'extension de la doctrine des probabilités à la logique *relative*. C'est un sujet très important, selon moi, sur lequel je faisais cours à Baltimore. Mais c'est une partie de mon système de logique sur lequel je n'ai jamais rien publié. Je pense que la valeur de la chose serait reconnue par tous ceux qui ont étudié la logique des relatifs, et attirerait d'autres personnes vers cette étude. Comme le sujet est complètement digéré dans mon esprit, il ne me faudrait pas longtemps pour produire l'essai, surtout si cela devait être écrit de la manière qui m'est la plus naturelle, et (je pense) plus attrayante pour les lecteurs.

Je vais joindre à cette lettre la circulaire de la Universal Trust Company. J'ai eu affaire avec eux et j'ai examiné attentivement leurs méthodes. Elle est administrée avec économie et elle peut réaliser ses promesses en faisant des bénéfices. Vous autres à l'Ouest n'aimez pas nos faibles taux d'intérêts de l'Est ; mais il est préférable de ne pas mettre tous ses œufs dans le même panier, même si c'est un panier aussi grand que le puissant Ouest. Quoi qu'il en soit, cela, je peux le recommander comme un moyen simple de faire un investissement dont vous pouvez vous retirer à tout moment. Si vous vouliez investir quelque chose dedans par mon intermédiaire, je toucherais une petite commission, que je partagerais avec vous.

Je n'ai pas eu de nouvelles de Russell depuis longtemps. J'espère qu'il est en bonne santé, prospère et heureux.

New York, le 28 novembre 1897

Mon cher Monsieur,

Dans mes remarques sur la *Logique* de Schröder[9], je suis passé sur ce qu'il avait à dire à propos des individus, en partie parce que le sujet est très large, ayant des retombées bien au-delà de l'algèbre de la logique et nécessitant un traitement général, et en partie parce que je souhaitais avant de m'exprimer sur le sujet soumettre mes opinions à un réexamen approfondi pour m'assurer qu'aucune erreur n'avait été commise et aussi pour les développer, si possible, de différents points de vue. Au cours de la dernière année, j'ai passé une grande partie de mon temps libre à faire cela, et j'aimerais maintenant avoir le privilège de dire quelque chose concernant le problème de l'individuation. Pendant ce temps, Royce et d'autres semblent s'être occupés de cette même question; de sorte que peut-être ce que j'ai à dire peut être jugé pertinent pour l'état de la philosophie en ce moment.

Je m'engage à montrer par l'analyse logique, soutenue par des considérations mathématiques, métaphysiques, psychologiques et physiques, que la « ceci-ité », bien qu'elle soit appelée « individualité » et « singularité », n'est qu'un aspect de la dualité, de sorte que dans la mesure où l'appariement a une vérité, dans cette mesure il y a de la « ceci-ité »; et cette « ceci-ité » ne se produit d'aucune autre façon. Mais la question de l'individuation n'est pas résolue tant que la relation de l'individu au général n'est pas établie. Je suis prêt à généraliser notre idée de généralité afin de jeter une nouvelle lumière sur elle et de clarifier sa relation à l'individu.

Je crois que si vous me permettez de vous faire un article pour le *Monist* sur ce sujet, il semblerait, à la différence de mes deux articles sur Schröder qui étaient trop sévèrement techniques, intéressant à de larges classes de lecteurs. Il n'est pas dans mes intentions d'aborder la portée religieuse de la question; car non seulement je comprends que cela ne serait pas acceptable, mais en outre je préfère largement maintenir mes spéculations libres de tous ces biais. Ma propre religion n'a rien à voir avec la métaphysique. Néanmoins, cela ne va peut-être pas empêcher l'expression de ma ligne de raisonnement, si je mentionne qu'elle est favorable à la conception de l'immortalité qui a été exprimée par les rédacteurs en chef de l'Open Court.

Tant que j'écris, je peux mentionner que si les promesses sont tenues – et comme je crois qu'elles le seront –, je recevrai désormais sous peu des actions qui, si elles sont conservées jusqu'à ce que les premières dividendes soient déclarées, me permettront de payer toutes mes dettes avec intérêts. Loin de pouvoir faire quelque chose pour mes créanciers cette année, j'ai été dans le dénuement le plus sévère, avec une épouse dont la santé a menacé de prendre un tour alarmant à moins d'avoir plus que je ne pouvais me permettre. Sa santé est terriblement alarmante en ce moment, alors qu'arrive le froid. Mais vous ne devez pas supposer que j'essaie seulement de faire un article alimentaire. C'est que j'ai quelque chose qui, selon moi, s'avérera particulièrement intéressant, et qui complètera de manière plus intéressante mes commentaires sur Schröder.

9. « The Regenerated Logic » (CP 3.425-455, 1896) et « The Logic of Relatives » (CP 3.456-3.552, 1897).

William James avait organisé pendant ce temps une invitation à Harvard pour son ami Peirce, qui donna ses huit conférences sur « Le Raisonnement et la logique des choses » en février et mars 1898. James écrivit à Carus que ce matériel, comme d'autres textes de Peirce, méritait d'être publié, mais Carus le trouva trop peu accessible au public : « bien que vos contributions aient une grande valeur d'un point de vue scientifique, ce n'est pas le cas du point de vue du business. » Pourtant, à partir de 1898 et grâce à l'introduction en philosophie du mot « pragmatisme » par James, dont il attribuait la paternité à Peirce, ce dernier fut projeté sur le devant de la scène.

Milford, le 17 août 1899

Mon cher docteur Carus,

je trouve que j'ai commis une injustice envers Kant dans un de mes articles du *Monist* dans lequel je discutais de la continuité [10]. J'étais tellement dominé par le point de vue de Cantor que je n'ai pas réussi à voir la vraie nature de la continuité, qui est maintenant parfaitement claire pour moi, et pour la même raison j'ai mal interprété Kant. C'était un peu excusable puisque Kant lui-même a fait la même confusion entre sa vraie doctrine et celle que j'ai prise pour la sienne, comme on peut le voir au bas de la page 524 de la première édition de la *Critik*. Il n'y écrit pas exactement qu'il revient au même de dire que l'espace est infiniment divisible, mais il n'attire pas l'attention sur cette distinction importante, comme il l'aurait fait s'il l'avait aperçue. Sa véritable doctrine n'est pas que l'espace est divisible sans fin, mais qu'il ne *peut pas être divisé de la sorte* de façon à parvenir à une partie ultime, comme c'est clairement indiqué dans le dernier paragraphe de la page 169. Cette définition n'est en réalité pas plus proche de la vérité que l'autre, mais elle vaut mieux car elle regarde la question du bon point de vue sans essayer de construire un continuum à partir de points comme le fait Cantor. À l'objection évidente que les points sont des parties ultimes des lignes, Kant commence à faire la bonne réponse, savoir, que ce ne sont pas des parties mais des limites [11]. Mais qu'il ne comprend pas cela correctement, c'est ce qu'on peut voir page 209 où il parle d'un changement comme du passage par tous les états intermédiaires instantanés. Il regarde ainsi le point comme existant dans la ligne, alors qu'en vérité les points n'existent pas dans la ligne continue, et si un point est placé sur une ligne il constitue une discontinuité. Tel qu'il conçoit la question, dire qu'un point ne fait pas partie d'une ligne devient du pur pinaillage. Ce n'est pas une partie homogène, mais il est dans la ligne. Ce cas est un exemple intéressant de la sagacité de Kant sur des points qu'il n'a pas appréhendés distinctement [12].

Aucune lettre entre Peirce et les membres de l'Open Court Publishing Company ne subsiste pour la période allant de 1901 à 1904. Peirce travaillait alors à ses définitions pour le dictionnaire de Baldwin, rédigea son importante demande de bourse auprès du Carnegie Institute, donna ses conférences Harvard sur le pragmatisme et ses conférences Lowell de logique. Celles-ci

10. « The Law of Mind » (W8, 135-157, 1892).
11. *Cf. Journal of Speculative Philosophy*, II 200 [note de Peirce].
12. Lettre (L77 du catalogue Robin) publiée dans NEM III(2), p. 780.

avaient notamment pour but de clarifier la différence entre le pragmatisme de James, Schiller et Dewey, et son propre pragmatisme. À l'été 1904, Peirce prépare alors une nouvelle série d'articles pour le Monist, *destinée à expliquer et prouver son « pragmaticisme ».*

[c. 5 octobre 1904, peut-être un brouillon non envoyé, dont une page manque]

Mon cher Docteur Carus,

je suis choqué de constater que tout ce que je vous ai envoyé pour publication puisse être interprété de façon à vous reprocher votre conduite. Il y a beaucoup trop de choses à propos de moi dans mon article, de toute façon. Mais une telle matière semblait inévitable. Je pense (n'ayant pas sous les yeux ce que j'ai envoyé) que si le passage était modifié et raccourci de façon à dire : « Si l'article sur le principe de continuité synthétisant l'ensemble de la série, par lequel l'auteur avait l'intention de clore cette série d'articles, avait été écrit un jour, il serait apparu plus clairement que », etc.

Si vous voulez bien prendre la peine de le modifier un peu comme cela avant qu'il aille sous presse, ce sera peut-être la meilleure façon. Si votre amendement ne me convient pas, il me restera la possibilité de supprimer le passage. En ce moment, je ne vois pas bien en quoi le public devrait se préoccuper de ce que je voulais dire mais que je n'ai pas dit ; mais j'ai oublié le contexte. Mais il y a une chose que je peux dire positivement, c'est que je me préoccupe de présenter certaines pensées sur la philosophie et non de montrer que j'avais autrefois raison ou tort, encore moins d'occuper les lecteurs du *Monist* avec ma personnalité. Ce que j'ai dit de moi-même je ne l'ai que trop pensé, mais je n'ai pas trouvé de meilleure façon d'exprimer les idées philosophiques que je voulais exprimer. À certaines occasions, j'ai été critiqué pour avoir laissé passer des erreurs d'interprétation sur ma position et je suppose que je ne devrais pas le faire. Je ne doute pas que certains hommes révèlent mieux leurs idées dans la controverse ; mais je suis enclin à penser que, en ce qui me concerne [...]

[...] moi pour l'inadvertance, car je n'étais vraiment pas conscient, j'en suis sûr, de me plaindre. En fait, je me souviens d'avoir pensé dire qu'il y avait eu un malentendu par suite de quoi l'article n'avait pas paru, puis penser que malentendu pourrait être compris au sens de dispute, et en tout cas que cela sentait la réclamation ; j'ai changé cela, mais il semble que je n'ai pas suffisamment considéré les interprétations possibles de ce que j'écrivais. J'espère maintenant que ce que j'ai dit à ce sujet a supprimé l'impression désagréable que mon langage a produite dans votre esprit et que le problème peut être écarté. J'ai toujours pensé que porter en avant et argumenter en faveur de l'hypothèse du Tychisme profitait en tout cas à la philosophie, et même si je ne suis toujours pas sûr que l'hypothèse soit correcte, je ne pense pas que sa fausseté ait jamais été établie. J'ai toujours pensé qu'elle aurait été renforcée en présentant le synéchisme qui était la racine du tychisme dans mon esprit et qui aurait montré la portée et le lien de tous les différents articles de ma série. Le synéchisme est une doctrine qui peut être considérée comme partant de la logique en disant que, dans la nature des choses, aucune idée ne peut être exacte, de sorte que les principes du milieu exclu et de la contradiction ne se réfèrent qu'à un état de pensée irréalisable. Ensuite, si les conceptions métaphysiques ne sont que des formes de la logique appliquées autrement, l'hypothèse devrait être que, dans la *réalité*, il n'existe rien de tel que l'exactitude absolue. Cela donne une forme particulière à la conception de la continuité de l'espace et du temps.

Mais je considère mon article de cette série sur la continuité [13] comme celui qui a nettement le plus de défauts de tout le lot. De sorte qu'après tout je ne pouvais pas, à ce stade de mes travaux, produire un exposé du synéchisme qui me satisferait aujourd'hui. Il me serait apparu maintenant comme, dans une certaine mesure, erroné, et dans une beaucoup plus large mesure, imparfait.

Je ne peux exprimer toute la reconnaissance que je vous dois pour votre aimable promesse de me prêter ces livres. Le « Système » de Wundt dont je parle est un *System der Philosophie* qui en est à sa deuxième édition, et dont j'ai croisé des mentions bien que je n'aie jamais vu le livre. Que vous ne le connaissiez pas me fait soupçonner que j'aurai mal compris ; et pourtant cela me paraît impossible.

1904 est une année d'élections présidentielles pour les Etats-Unis. Une lettre de Peirce probablement fort curieuse, et aujourd'hui perdue, explique son choix du candidat républicain. Carus y répond : « Vos raisons pour voter pour Roosevelt sont étranges, mais je pense que vous avez raison. » Peirce avait l'intention de publier une série de cinq ou six articles sur le pragmatisme. Trois seulement paraîtront, d'avril 1905 à octobre 1906 : « Ce qu'est le pragmatisme », « Conséquences du pragmaticisme » et « Prolégomènes à une apologie du pragmaticisme ». Peirce y développe le pragmatisme en termes de sémiotique, de sens commun critique, de réalisme scolastique, et de graphes logiques. Carus encourage Peirce à distinguer son pragmaticisme « du pragmaticisme qui se répand actuellement » (sans avoir semble-t-il saisi la distinction d'usage entre « pragmaticisme » peircien et « pragmatisme ») : « Autrement, certains lecteurs pourraient penser que vous adoptez l'ensemble du système comme vôtre, alors que le vôtre est en fait différent en esprit. » Mais il est peu satisfait des textes qu'il reçoit, qu'il juge peu intelligibles et mal écrits.

Boston, le 4 février 1907 [14]

Que le titre du nouveau volume soit :

CRÈME

Écrémée [15]

par C.S. Peirce

On comprendra à La Salle que le lait est une chose, la crème une autre.

(Merci d'envoyer 50 $ pour payer l'impression. S'il y a un reste, il sera retourné.)

13. « The Law of Mind », art. cit.
14. Carte postale, à laquelle était joint le manuscrit du livre des « Illustrations ».
15. Traduction peu concluante, quand l'anglais peut dire : « Cream skimmed by C. S. Peirce ».

Peirce s'engage alors dans une nouvelle série, à propos de « curiosités mathématiques » et autres applications des graphes existentiels. Ces « Amazing Mazes » ne firent qu'ajouter à la frustration et au désarroi de Carus, qui interrompit leur publication après trois articles[16] *du fait des protestations de lecteurs complètement décontenancés. Peirce proposa alors de nouveau des articles sur le pragmaticisme, mais Carus, lassé, préféra s'en remettre à un projet qu'ils avaient formé de longue date, la republication des « Illustrations de la logique de la science ». Peirce demanda plusieurs fois des délais pour actualiser trente ans plus tard cette série qui avait initialement paru en 1877-1878 dans* The Popular Science Monthly, *mais il fut incapable de mener à bien la tâche. Ainsi s'en explique-t-il : « Si au cours du dernier mois j'ai atteint en moyenne quatre heures de sommeil par jour, c'est uniquement grâce au fait que je m'endors parfois sur ma table de travail. Ma femme a vraiment besoin de tout mon temps, tant sa santé est mauvaise. Une poule s'est envolée et s'est enfuie avec ma seule paire de lunettes, et il a fallu un bon moment avant que je puisse trouver un ersatz temporaire. » Il fut décidé que les articles seraient publiés dans leur version d'origine. Peirce esquissa une préface censée détailler ce qu'il aurait aimé modifier dans ses articles, mais même celle-ci demeura un brouillon inachevé.*

[Le 18 octobre 1907]

En ce qui concerne ces curiosités mathématiques, j'en ai beaucoup d'autres dans mon escarcelle, et je pense en faire un recueil. Si je le fais, je dois bien sûr écrire tout ce qui doit entrer dans le volume, mais je propose d'imprimer les parties les plus corsées en caractères un peu plus petits. Cependant il n'y a aucune raison de ne pas supprimer carrément ces parties lors de la publication dans le *Monist*. En tout cas, si vous imprimez mes explications sur la première curiosité (et je ne vois pas la nécessité que vous le fassiez) – c'est la partie du manuscrit notée B – je l'insérerais *après* la seconde curiosité, notée C. J'ai pratiquement terminé une cinquième partie, qui concerne principalement le système secondal de notation numérique[17]. Il y a environ 70 pages de manuscrit. J'ai dû en donner au moins une partie, car je souhaite utiliser cette notation en rapport avec la curiosité suivante, qui a une valeur philosophique. Elle est destinée à montrer *ce que sont essentiellement* les nombres, et pourquoi ils doivent être d'une aussi vaste importance qu'ils le sont. J'expose deux façons très curieuses de les ranger dans l'ordre de leurs valeurs, l'une pour *toutes les fractions*, l'autre pour *toutes les valeurs fractionnaires*, sans les réduire à un dénominateur commun, et sans rien supposer quant à l'égalité des parties dans lesquelles l'unité est divisée ; et de l'un ou l'autre de ces arrangements, toutes les relations entre les fractions et toutes les règles d'opération sur elles peuvent être déduites. La première méthode n'enveloppe aucune opération arithmétique bien qu'elle implique de compter, que ce soit avec un enfantin « am, stram, gram etc. » dépourvu de sens ou par tout autre moyen. L'autre méthode suppose l'addition, mais seulement l'addition de nombres entiers.

16. « The First Curiosity », « Explanation of Curiosity the First », et « A Second Curiosity ».
17. « The Third Curiosity » (NEM III(1), p. 557-592), jamais publié dans *The Monist*.

Or, comme cela se passe entre des objets alignés dont les distances n'ont pas besoin d'être les mêmes, il n'y a pas de notion d'*égalité* au-delà du fait que, puisqu'aucune des positions n'arrive ni avant ni après une autre, ces positions dans l'alignement sont en un certain sens égales.

Une fois qu'il est établi que les nombres en eux-mêmes n'expriment que la relation d'avant et d'après le long d'une ligne, quelle que soit l'irrégularité des intervalles –

xx xx x xxx xxx

nous voyons que c'est la relation fondamentale de la logique ; et par conséquent il n'est pas étonnant que le nombre soit très important dans toutes les difficultés de raisonnement.

Les logiciens forment un groupe de caboches à l'esprit si indolent qu'ils n'ont jamais découvert la haute importance pour le raisonnement du concept de *collection*. Je doute qu'il y ait une douzaine de logiciens dans le monde qui puissent aujourd'hui définir une collection sans cercle vicieux. Le concept est cependant essentiel pour les inférences nécessaires d'un *type supérieur*, bien qu'il ne soit pas indispensable à toutes les inférences comme l'est le concept d'avant et d'après. Sa grande importance explique immédiatement l'importance des nombres cardinaux dont Dedekind a montré [18] (sept ans après que j'eus fait de même dans l'*American Journal of Mathematics* [19]) – pas explicitement toutefois – qu'ils sont tout à fait secondaires par rapport aux nombres ordinaux, ou plutôt aux nombres *climacaux* (κλῖμαξ).

Eh bien, je montre que, bien que l'addition, la multiplication et l'involution des multitudes [multitudes] (les multitudes [*maninesses*] des membres des collections) s'accordent formellement avec celles des opérations climacales, leur notion, leur définition, sont néanmoins complètement différentes, et nettement plus simples. Il semble étrange que quand les nombres cardinaux ne sont pas des nombres purs mais mélangent le concept essentiel de nombre avec un concept différent, le résultat doive être que les opérations arithmétiques sont définies plus simplement. Mais cela s'explique par deux circonstances. La première est que les opérations arithmétiques sont des opérations logiques. Une chose qui a empêché les logiciens exacts de voir *cela* est qu'ils ont considéré l'agrégation logique comme une addition. Et ils l'ont fait parce qu'ils ont négligé la logique des individus indéfinis. Dedekind appelle les mathématiques une branche de la logique. Je m'inscris en faux, parce que tout l'objectif des mathématiciens serait plutôt d'un genre opposé à celui des logiciens. Cependant, en fermant les yeux sur ce point et en considérant les mathématiques comme de la logique, cela *[faire des mathématiques une branche de la logique]* empêche de faire éclater le contraste avec le type de logique qui a été cultivé. À savoir, que ce dernier s'occupe de *généraux définis* (tout homme ou n'importe quel homme) alors que les mathématiques s'occupent d'*individus indéfinis*. Quand Euclide énonce une proposition, ce qu'il fait en termes généraux parce que c'est la forme sous laquelle elle est

18. R. Dedekind, *Was sind und was sollen die Zahlen ?*, Braunschweig, Vieweg, 1888.
19. « On the Logic of Number » (W4, 299-309, 1881).

prête à être appliquée à des cas particuliers, avant de pouvoir appliquer ses méthodes mathématiques pour la prouver, il doit la transformer en énoncé à propos d'individus indéfinis. Il commence, « Soit A.B.C. un triangle ». Il désigne un triangle unique, et A.B.C. ne représentent pas *n'importe quels* angles du triangle, mais chacun est un angle, quoiqu'indéfini. Or les opérations arithmétiques, l'addition, la multiplication et l'involution avec leurs corrélatifs sont des opérations logiques sur des individus indéfinis, tandis que l'*agrégation* du logicien est une opération logique sur des *généraux définis*. C'est ce que je montrerai dans mon article.

L'autre circonstance qui contribue à compléter l'explication est que l'idée qui s'ajoute à l'idée pure de nombre, l'idée d'une collection, est elle-même une idée logique d'une grande importance pour simplifier les relations logiques. Comment s'étonner alors que cela simplifie les relations logiques impliquées dans les opérations logiques qu'on appelle arithmétiques ? Je peux élaborer quelque peu cette explication et la rendre aussi bonne qu'on puisse espérer dans l'état actuel du développement de la logique. L'addition est la formation d'une collection des membres de deux collections indéfinies. Dans l'agrégation, A Ψ A = A – car le concept général A ne peut pas être dupliqué. En mathématiques, cependant, par A on entend *quelque A*. Maintenant, *quelque A*, combiné avec *quelque A*, constitue *quelque paire de A*. C'est l'addition. Quelque lion plus quelque tigre fait quelque paire unique de choses composée d'un lion et d'un tigre.

J'ai beaucoup plus à dire sur la logique des mathématiques en plus de ce qui est résolu dans le manuscrit B [20].

Voici une autre curiosité plutôt surprenante. J'ai souvent lu dans les livres mathématiques, très imprudemment, qu'une série divergente ne représente en aucun cas la fonction dont elle a été dérivée. Je pense plutôt qu'aucune série, à elle seule, ne représente complètement une fonction, mais seulement une de ses valeurs, pour chaque valeur de la variable. Quoi qu'il en soit, qu'une série divergente représente *d'une certaine manière* sa fonction me semble si simplement prouvé qu'il vaut à peine la peine d'en parler. On trouve dans tous les livres des séries de tangentes qui impliquent les nombres de Bernoulli, et tout le monde sait que ces séries sont divergentes. « Oui », pourrait-on répondre, « mais on ne peut pas les utiliser après qu'elles ont commencé à diverger ». Eh bien, je propose de montrer une méthode purement inductive d'employer des séries divergentes par laquelle on peut déduire les valeurs numériques correctes jusqu'à quatre ou cinq décimales de séries divergeant de la façon la plus extravagante, – divergeant dès le mot « Partez » ! Je pense que cela va surprendre la plupart des gens. Il est vrai qu'on peut trouver des séries spéciales pour lesquelles ma méthode ne parvient à donner aucune valeur définie ou ne donne la valeur correctement qu'à un ou deux chiffres significatifs. Mais c'est parce que c'est un résultat inductif. Je n'ai pas la méthode complète. Toute règle d'approximation échouerait dans les cas exceptionnels si, au lieu de la règle complète, on était simplement en possession de la règle *telle qu'on en a habituellement besoin.*

20. « Explanation of Curiosity the First ».

Je voudrais faire un petit volume de ce genre de choses. Je ne sais pas si The Open Court Company a des relations qui lui permettraient de vendre un tel livre. En tout cas, ses ventes seraient certainement limitées. Mais je pense qu'il pourrait se vendre (assez pour payer sa rédaction) en Angleterre, en France et en Italie, sinon chez nous. Si vous, à l'Open Court Company, vouliez vous en charger, je ne doute pas que je serais honorablement traité, et j'avoue que mon expérience me rend très désagréablement sceptique avec *certains* éditeurs – et ce *certains* est malheureusement tout à fait indéfini. Je ne saurais pas où placer ailleurs ma confiance implicite.

Entre-temps, je suis impatient de revenir au pragmatisme. Les deux articles [21] ont été tout à fait mûrement examinés et se révéleront d'intérêt pour ceux qui sont capables d'une pensée exacte. Quant à W. James, c'est l'un de mes amis les plus chers, et il me déplairait au plus haut point de dire *tout* ce que je pense de sa façon d'aborder la philosophie. En même temps, Schiller et lui, ainsi que l'homme de Leonardo [22] dont le nom m'échappe à l'instant, premièrement : ont une compréhension aussi claire des idées directrices du pragmatisme et de la façon dont elles doivent être appliquées *qu'ils en ont de n'importe quoi d'autre dans le monde*, et, à mon avis, ils font un excellent travail, extrêmement profitable à un public plus large, et deuxièmement, ils veulent sincèrement apprendre, et apprennent malgré certaines difficultés dans lesquelles ils peinent. Dans mon article du *Monist*, mon but était surtout d'insister sur des points que les autres pragmatistes ne voient pas, et l'on ne voit donc pas dans ce que j'écris la chaleureuse sympathie que j'ai réellement pour leur travail.

Je dois aussi écrire une courte introduction à la logique telle que je la conçois, car je crois qu'elle serait extrêmement utile non seulement à ceux qui l'étudieraient de façon critique, mais aussi à des milliers de gens qui, dans une certaine mesure, croiraient sur parole la conception de l'univers à laquelle elle conduirait.

Ensuite, pour couronner le tout, et sur cette base, je montrerai quelle puissante réalité est une religion, que son commandement majestueux est de nature à rendre toutes les questions théologiques insignifiantes, comme celle de savoir si Gautama était un peu moins ou un peu plus élevé que Jésus – bien que, à certains égards, nos relations traditionnelles avec ce dernier rendent cette idée plus profitable, tandis que, sous d'autres rapports c'est le contraire –, et comme celle de savoir s'il y a un au-delà individuel, et ainsi de suite.

Milford, le 12 octobre 1908

Mon cher Carus,

je suis conduit à vous écrire principalement pour vous poser une question (si vous avez la liberté d'y répondre) motivée par le numéro d'octobre du *Monist*, que je viens de recevoir et que je n'ai pas entièrement examiné. Je me suis

21. « Première partie d'une apologie du pragmaticisme » et « Apologie du pragmatisme » (MS 296-297).

22. Papini fonda en 1903 avec Prezzolini le journal *Il Leonardo,* qui donna voix au pragmatisme italien jusqu'en 1907. Vailati et Calderoni s'y exprimaient régulièrement.

dirigé en premier vers le compte rendu par Borinski de « *Der vorchristliche Jesus* », parce que j'ai beaucoup d'admiration pour le raisonnement de W. B. Smith à la fois dans ce livre et encore plus dans son traitement des manuscrits F et G. Mais ce qui m'a frappé spécialement, c'est la *vie* de cette traduction (puisque je suppose que c'en est une) des extraits du compte rendu de Borinski. Elle me frappe par son extraordinaire qualité, bien que je n'aie pas vu l'original. Pour cette raison, j'ai la curiosité de savoir qui l'a faite. Je m'attendais à voir un petit article de ma plume dans le numéro, parce que j'avais corrigé les épreuves. Mais je me réjouis bien plus de voir le *Vorchristliche Jesus* soumis à l'attention de vos lecteurs. J'ai regardé le papier de Lovejoy et me suis ensuite tourné vers « L'espéranto ». Je connais très peu de choses à ce sujet. Tout ce que je sais, ou presque, c'est qu'un de mes amis qui a si peu de facilité pour les langues qu'il est allé sur le continent européen sans parler semble-t-il d'autre langue que l'anglais et l'allemand et qui n'avait consacré qu'environ trois semaines, je crois, à l'étude de l'espéranto, s'est trouvé pour quelque raison dans une ville où se tenait un congrès d'espéranto, et il y a assisté ; et *bien qu'il n'ait jamais parlé espéranto auparavant*, il s'est trouvé tout de suite (c'est ce qu'il m'a dit) parfaitement capable de converser avec plaisir et avantage avec les personnes qu'il rencontrait. Cela étant, même si je ne crois pas que, dans l'état actuel de la linguistique, il soit possible à un individu de construire une langue artificielle vraiment excellente, il me semble que l'espéranto, s'il est compris dans un cercle suffisamment large, et si une personne sans grande facilité ou sans entraînement pour apprendre les langues peut l'apprendre aussi bien que cela en trois semaines, est en tout cas un précieux outil *provisoire* à l'heure actuelle ; et si je peux mettre la main sur une grammaire, etc. et un texte valant la peine d'être lu, je consacrerai un mois à l'apprendre moi-même. Car, certainement, je ne crois pas qu'une personne telle que je l'ai décrite puisse en trois semaines acquérir une connaissance utile de l'anglais – je veux dire une connaissance rendant possible une véritable conversation.

En 1907, j'étais beaucoup trop malade pour écrire autre chose que les articles que j'ai écrits, que je trouvais aussi estimables et curieux que les articles sur les carrés magiques que vous aviez imprimés. Cette année, je vais tout à fait bien, et je dispose des résumés des articles concluant ma série sur le pragmatisme dans leurs moindres détails, ainsi que de l'un des articles presque rédigé, traitant de l'analyse logique, de la définition et de sa *méthodeutique*. Mais certaines circonstances m'ont empêché jusqu'à présent d'achever l'article.

[Brouillon non envoyé]

Milford, le 6 janvier 1909

Mon cher docteur Carus,

vous devez me pardonner de ne pas vous avoir écrit pour vous transmettre, avec mes souhaits sincères de bonheur pour vous et les vôtres cette année, mes chaleureux remerciements pour votre offre de republier mes *Illustrations de la logique de la science.* Naturellement, une telle proposition nécessite un examen minutieux. Je l'accepterai probablement ; mais bien sûr, je ne peux accepter les généreux cent dollars tant que je n'aurai pas décidé et que je ne serai pas en mesure de présenter le texte des altérations dues à trente années supplémentaires de recherche, mises sous forme lumineuse et convaincante. [23]

Je souhaiterais que le volume favorise les ventes de mon œuvre maîtresse, le *Système de Logique* sur lequel je suis actuellement engagé. [24] Vous savez que mes articles sur le pragmatisme doivent encore être achevés. Le dernier article, sur les Graphes Existentiels – bien que lorsque j'ai commencé à rédiger la série j'espérais pouvoir l'éliminer ou n'en donner qu'une brève exposition –, constitue une étape essentielle du raisonnement.

Le prochain, qui donne une théorie de l'analyse logique ou définition, laquelle j'ai différée pendant environ six ans et demi maintenant afin de m'assurer qu'elle est bien mûrie et bien consolidée par des preuves, repose directement sur les Graphes Existentiels, et sera reconnu, j'en suis convaincu, comme le travail le plus *utile* que j'ai jamais fait. J'ai déjà découvert une petite amélioration dans la théorie de mes Graphes Existentiels. À savoir, la différence entre une proposition ainsi exemplifiée : « Il existe quelque femme mariée qui se suicidera au cas où son mari fait faillite » et « Si tout homme marié fait faillite, quelque femme mariée se suicidera », m'avait semblé ne pas être réductible à la différence entre « Tout catholique adore une femme ou une autre » et « Une femme est adorée par tous les catholiques ».

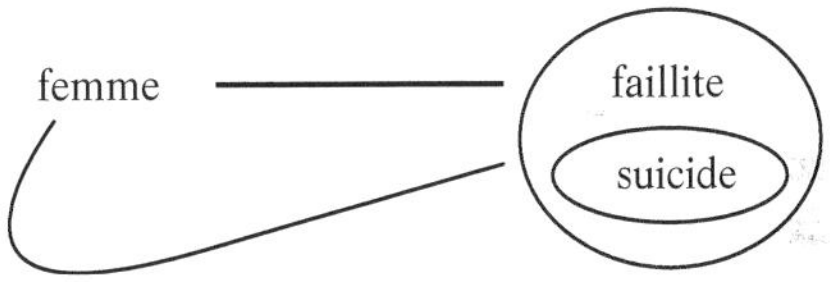

J'ai découvert cela, qui est fort subtil, et l'ai *épinglé*, au moyen de ma méthode d'analyse logique, qui repose sur et résulte de certaines conséquences des Graphes Existentiels. Maintenant, l'analyse logique est bien sûr la définition ; et cette même méthode appliquée à l'analyse logique elle-même, – la définition *de* la définition – produit la règle du pragmaticisme [25]. Tout cela apparaîtra

23. Dans un brouillon alternatif, Peirce détaille son intention : « Je projette de les réimprimer sans autre altération que des corrections typographiques, *à ces exceptions près :* premièrement, supprimer les passages qui sont dus à ma tentative d'apaiser la colère de Youmans, colère causée par l'engagement auquel le vieux M. William Appleton l'a obligé. Lui, Youmans, n'avait pas un atome d'esprit scientifique. Il était dévoué au spencérisme tout comme il l'aurait été au projet de soulever une révolution dans un pays ; et l'idée de permettre à un individu d'exprimer des points de vue dans le *Pop. Sci.* qui contredisaient totalement ceux de Spencer suscitait chez lui le dégoût. Cela explique diverses caractéristiques des articles ; et comme j'étais payé 150 $ l'article, j'ai été obligé de prendre grand soin du style et de tout cela. Je pense toujours qu'ils sont justes dans l'ensemble ; mais à l'époque je n'avais pas aperçu toute la vérité sur la question ».

24. Dans un autre brouillon, Peirce explique qu'il aimerait que le livre majeur qu'il est en train d'écrire, *A System of Logic,* soit précédé de la republication des *Illustrations* en un volume, les deux premiers articles étant regroupés sous le titre « Plaidoyer pour le pragmaticisme ». La place du sixième article serait tenue par « une explication complète de tout le cours de la recherche scientifique en général ».

25. Dans un autre brouillon, Peirce écrit : « Mon prochain article en vue de ma preuve du pragmaticisme, que je retiens depuis une demi-douzaine d'années pour être sûr de sa maturation, peut se trouver prêt pour le *Monist* d'avril si vous voulez. Il consiste à montrer ce en quoi consiste l'*analyse logique,* ou *définition réelle,* comment les graphes existentiels peuvent être utilisés pour aider l'opération, et comment on doit distinguer une idée *élémentaire* d'une idée *composée,* avec des illustrations de leur fonctionnement. »

clairement à tous les esprits qui auront la patience de suivre. Il s'agit de la preuve même que j'ai voulu révéler lorsque j'ai commencé cette série d'articles sur le pragmaticisme. Mais en raison de mon désir de considérer toutes les objections possibles, j'ai été conduit à pas mal de circonvolutions et j'avoue que mes papiers ont été assez mal écrits. Mais il se trouve qu'il n'y en a pas un qui ne m'a pas coûté un bon mois de travail acharné, tout ce que mon état impécunieux m'a permis de faire pour cinquante dollars chacun. Mais si mon plaidoyer original pour le pragmatisme doit être réimprimé – et, bien sûr, il le sera de toute façon, que j'accepte votre offre ou non –, il doit être accompagné d'un argument aussi clair et limpide que je peux l'écrire. Je ferais mieux de ne pas me dépêcher. Je suis tout à fait sûr que la chose se vendra, ne serait-ce qu'à cause du caractère vivant de la présentation; et je suis déterminé à ce qu'il soit aussi clair que je peux le faire; et j'écris clairement quand je ne m'inquiète pas du travail que cela peut coûter. Mais bien sûr, je ne peux pas accepter vos généreux cent dollars avant d'être plus proche de la publication que je ne le suis maintenant.

Je suis désolé que James se soit exprimé si résolument contre l'*absolutisme*, bien qu'il soit naturel de faire ce pas pour un pragmatiste; mais James est un homme de beaucoup trop grande envergure, et même s'il ne l'était pas, il se préoccupe trop de l'estime du monde scientifique pour ne pas *percevoir* qu'il se trompe dès qu'un argument scientifique solide est avancé contre sa position – et supposer un seul instant que, en le percevant, il ne s'empresserait pas de le reconnaître, serait assurément une grave calomnie. Quant à Schiller, je ne peux pas être si sûr; car je ne le connais pas aussi intimement que je connais James. Mais je pense que je vais le concilier aussi. Je ne lui demanderai pas de vénérer Bradley; car je n'ai moi-même pas une opinion élevée de lui. Il s'en tire très bien parmi les logiciens; mais ce n'est pas le grand esprit qu'Oxford a voulu y voir à une époque. Il n'avait pas la moitié de la force de Schiller en tant que controversiste; mais je suppose qu'il ne sera plus aussi avide de controverse. Dans ce cas, il était vraiment important de montrer à Oxford son erreur, et seul le ridicule pouvait le faire. Mais rien ne coûte autant au respect que les hommes de premier ordre ont pour quelqu'un qu'une réputation de controversiste. Je l'ai vu dans une douzaine de cas. Herbert Spencer en était un, quoiqu'en aucun cas le plus frappant.

Quant aux autres parties des « Illustrations of Science », la controverse sur la probabilité de l'induction peut être rapportée avec beaucoup plus d'efficacité; et bien sûr, elle doit l'être. De même, l'uniformité de la nature a besoin d'être amplifiée. Et j'entends insérer plus de choses pour justifier le titre, en énonçant *tout* l'argument qui a convaincu les chimistes, dans la mesure où ils sont convaincus, de la théorie actuelle de la constitution chimique. Je ne vais *pas*, comme Mach, suivre le cours de l'*histoire*, car dans le cas de la chimie, tant de théories ont été adoptées et ensuite réfutées. Je ne donnerai que l'argument pour autant qu'il nous semble correct aujourd'hui. Il se peut que je fasse également une présentation historique du raisonnement de Kepler sur l'orbite de Mars; bien qu'il l'ait fait lui-même (avec trop de détails pour notre but).

Vous percevez ainsi qu'il y aura beaucoup de travail à faire avant que le volume ne soit prêt; et il doit être rendu intelligible et limpide pour les gens ordinaires qui sont désireux de prendre la peine de penser *quand ils sont stimulés par des écrits* qui provoquent la pensée. Je veux que cela se vende, de sorte que mon *Système de Logique*, sur lequel j'ai passé tant d'années, puisse être lu suffisamment pour faire du bien *médiatement*, à défaut de le faire immédiatement. Car je ne peux pas le parfaire avec autant de soin que j'ai l'intention de le faire avec mes « Illustrations de la logique de la science ».

Je vous assure de mes remerciements renouvelés, cher Docteur Carus, avec mes meilleurs vœux pour l'année à tous les membres du cercle de La Salle ainsi qu'à Russell.

Carus se plaint de l'obstination de Peirce : « Je voulais que vous écriviez sur un sujet plus populaire, par exemple votre critique du pragmatisme de James, mais vous n'avez jamais suivi mes souhaits et m'avez envoyé des textes qui sont d'un caractère moins général ou populaire. »

Milford, le 9 mars 1909

Mon cher Docteur Carus,

j'ai des excuses sincères à vous présenter pour ne pas vous avoir remercié de votre aimable attention en m'envoyant le chèque de cent cinquante dollars que j'ai dûment reçu, et qui règle nos comptes. Ce n'est pas par manque de sentiment que j'ai omis de le faire, mais parce que j'étais au milieu d'un raisonnement compliqué sur l'analyse des concepts dans lequel j'étais tellement absorbé que chaque moment de temps libre devait lui être consacré, de peur de perdre l'un des nombreux fils de mon problème. Peut-être vous raconterai-je plus tard comment il est arrivé que, bien que ma méthode ait été parfaitement achevée il y a longtemps – pour autant qu'on puisse dire d'une méthode scientifique ou de tout autre résultat scientifique qu'il est achevé –, pourtant un problème aussi fondamental devait rester irrésolu avec les arguments apparemment les plus redoutables de chaque côté.

J'aurais pu écrire une brève note. Mais je n'étais pas satisfait de faire cela, d'abord parce que je devais vous exprimer ma reconnaissance particulière pour avoir expliqué à Heidelberg combien mon pragmaticisme diffère du pragmatisme dont James est l'apôtre. Car James est un de mes vieux amis, et il m'est cher, et pendant longtemps il n'y a guère eu d'article de sa plume qui ne m'ait atteint sans me faire passer une nuit de chagrin parce que je devrais être en désaccord avec lui aussi profondément que je le suis; et pourtant la fidélité à la vérité m'interdit de garder complètement le silence ou de minimiser les différences. Je vous suis donc particulièrement reconnaissant d'avoir ôté de mes épaules une grande part du fardeau de cette responsabilité[26].

26. Un brouillon alternatif de la lettre consacre un développement à William James : « Vous voyez que James est un très vieil ami et un homme si estimable et délicieux que – moi qui déteste la controverse, parce qu'elle accapare les pensées avec des questions dont nul n'a rien à faire à l'exception des personnes directement impliquées, sauf peut-être certains intervenants extérieurs qui trouvent amusant d'observer une querelle, parce qu'elle gaspille le temps qui pourrait être utilisé à l'avancement de notre compréhension de la logique, même si elle ne fait pas pire en tendant à donner un penchant irrationnel envers ou à l'encontre de certaines opinions, et parce qu'elle est de toute façon indigne d'un philosophe – à cause de tout cela, je ne suis pas

Je suis – juste au moment où j'allais passer à un autre sujet, ma chère femme est entrée dans ma chambre et a dit que si je vous écrivais, elle voudrait faire parvenir ses compliments à Mme Carus, et dire combien elle est cordialement reconnaissante pour l'aide importante que votre chèque lui avait apportée pour rendre nos toits étanches et préserver ainsi nos vies qui étaient vraiment menacées par la condition dans laquelle elles se trouvaient. J'ai peur d'être maladroit en interprétant ce qu'elle a dit, mais je peux seulement espérer que Mme Carus pourra comprendre ce que Mme Peirce voulait dire, mais que je ne semble pas avoir réussi à exprimer.

J'en reviens maintenant à ce que j'étais sur le point de dire. La raison principale pour laquelle j'ai hésité à accepter votre proposition selon laquelle le volume contiendrait une révision de tous les articles que j'ai fournis au mensuel *Popular Science* (parmi lesquels j'aimerais inclure celui publié dans le numéro de janvier 1901 [27], puisque cela concerne principalement mon pragmaticisme) est, premièrement, que je reste plus disposé que jamais à soutenir mon hypothèse du *Tychisme*, que je pourrais la formuler plus vigoureusement aujourd'hui, et qu'elle rencontrerait davantage de faveur, tandis que certaines indications ont fait apparaître que vous y êtes plus opposé que jamais ; et deuxièmement, bien que, à mon avis, une théorie philosophique bien développée ait presque autant de valeur si elle est fausse que si elle est vraie. Car si elle est fausse, son développement doit éclairer ce fait. Je n'hésite pas, par exemple, à dire qu'une conception de la logique aussi complètement fausse que celle de Hobbes rendait et rend toujours un excellent service en raison du minutieux développement qu'il lui a donné. Mais je n'ai pas du tout observé que vous étiez enclin à agir selon ces lignes, et vous m'avez semblé regretter ou désapprouver l'apparition de théories avec lesquelles vous n'êtes pas d'accord, d'autant plus qu'elles sont élaborées en

à l'aise pour souligner personnellement la grande contrariété qu'il y a entre mes convictions et beaucoup de choses que James dit ou *semble dire* – car sa façon de s'exprimer, qui sans aucun doute lui semble une façon de penser en généralisant largement, me semble souvent – à tort ou à raison – être simplement vague à l'excès. Il dira, par exemple, que la règle *Nota notae est nota rei ipsius* (que, au passage, il sera certain d'appeler le *Dictum de omni et de nullo*, une dénomination maladroite dont la formation et la vogue ont, soit dit en passant, une histoire très curieuse, et qu'il faudrait appeler, comme c'était *invariablement* le cas au Moyen Âge, le *Dici de omni* et qui est tout à fait distinct du *Nota notae* – dans la mesure où le *Dici de omni* est simplement ce que les théoriciens l'appelaient, une *définition* de « dici de omni », tandis que le *Nota notae* remarque simplement que tout ce qui est prédiqué du genre prédicat est prédiqué de ce dont il est le prédicat – en le considérant simplement comme un phénomène. – Eh bien James appellera cela un exemple de l'« axiome de *l'évitement des intermédiaires* » – voyez sa *Psychologie* une douzaine de pages environ à partir de la fin. Il se réfère à ce que j'appelle habituellement les relations *transitives* – en suivant DeMorgan –; mais il y a deux objections à ce terme et il se peut que relations *perséritives* constitueraient une meilleure appellation. L'idée à exprimer est qu'un grand nombre d'entre elles enfilées sur un fil comme des perles sont de la même nature qu'une seule. Malheureusement, il est difficile de faire un mot qui exprimera correctement cela en un seul mot. Il dit dans ce passage : « C'est la loi la plus vaste et la plus profonde de la pensée humaine ». Pourquoi « humaine » ? Avant que le principe de l'évolution ne soit établi, on pouvait penser, comme Kant l'a fait, qu'elle était seulement humaine. Maintenant, [pour] ceux d'entre nous qui croient que l'évolution est le grand mode d'être de toutes les choses, y compris les concepts et les formes, il n'y a plus aucune raison d'insérer « humaine ». Il en va ainsi avec tout, toute causalité, tous les processus d'évolution, le temps, et l'espace[.] »

27. « Pearson's *Grammar of Science* » (W8, 352-355, 1892). Le livre de Karl Pearson, qui eut un écho considérable à l'époque, était pour Peirce l'archétype du nominalisme scientifique d'inspiration kantienne. Pour Pearson, les lois de la nature ne sont que des produits de notre perspective sur le monde, et la réalité doit être construite à partir des impressions de nos sens.

profondeur. Cela dit, je m'attends avec certitude à devoir trouver sous peu un éditeur pour mon *Système de Logique*, qui sera un ouvrage adressé à une classe assez large d'hommes intelligents, ou relativement intellectuels, et vise à les initier à ma conception du raisonnement et à les mettre dans l'état de l'examiner de manière critique et de former leurs propres opinions sur le sujet.

Maintenant, dans ce travail, je dois certainement présenter et discuter toutes les idées fondamentales sur lesquelles reposent la science et la philosophie scientifique aujourd'hui. Il ne fait aucun doute que l'une des plus grandes de ces idées (qu'elle soit vraie ou fausse) est celle d'*évolution ;* et selon mes principes logiques lorsqu'une idée fondamentale donnée a été admise une fois dans notre hypothèse de la constitution des choses, elle doit être poussée aussi loin qu'elle ira, quitte à la réduire par la suite autant que nécessaire.

Mon tychisme est simplement la théorie selon laquelle la diversité de l'Univers de l'Existence est due à l'évolution ; et je suppose que cette évolution est, aussi près que possible, de type darwinien. Bien sûr, mon *hasard absolu* peut être considéré par ceux qui le veulent (en tant qu'hypothèse supplémentaire) comme une *activité créatrice*. Cela a en effet toujours été mon opinion privée ; mais je n'ai pas voulu compliquer mon hypothèse avec une autre.

Eh bien, mon idée était que vous seriez hostile à l'idée de publier de nouvelles contributions à ma théorie tychistique, tandis qu'il serait probablement plus avantageux pour moi de trouver un éditeur également intéressé par tous mes écrits. Cependant, étant donné l'état de santé de ma femme, et puisque c'est en réalité sa *vie* qui est menacée par l'état de nos toitures, etc., et compte tenu de l'aide considérable que certains de ses amis européens (qui sont en ce moment dans ce pays mais vont partir pour ne probablement revenir que peu avant Pâques) ont offerte, à savoir doubler les fonds qu'elle pourrait avoir à cette fin avant qu'ils embarquent, – et même si vous m'avanciez la totalité des 250 $ et qu'ils les doublaient, il manquerait encore environ 300 $ pour ce dont elle a besoin, mais je pense qu'elle pourrait les obtenir sans difficulté –, compte tenu de tout cela, si je pouvais vous persuader d'avancer la totalité des 250 $ contre ma promesse solennelle de consacrer *toutes* mes énergies après avoir élaboré les plans pour le travail de ma femme (qui sont presque finis désormais) exclusivement à ces deux tâches pour vous, à savoir achever la révision des articles du *Popular Science* et l'article sur ma méthode d'analyse des concepts (c'est-à-dire la méthode pour les définir), une théorie entièrement élaborée maintenant – alors je pourrais conclure avec vous, étant entendu que si vous avez ces articles, cela ne devrait pas être une raison de ne pas en accepter de *nouveaux*, des portions de mon *Système de Logique*, qui seraient écrits en vue d'être largement lus, et nettement plus clairs que mon article dans le *Hibbert Journal* d'octobre 1908 [28]. Le style dans lequel j'ai écrit pour vous a été fortement influencé par une remarque que vous m'avez faite à La Salle quand j'y étais. Elle consistait à dire que vous *préférez* un article qui semblait avoir été écrit par un homme « luttant pour l'expression », plutôt que par quelqu'un qui manifeste une bonne maîtrise du langage. « Mon dieu », ai-je pensé, « c'est un de ces savants allemands qui,

28. « A Neglected Argument for the Reality of God » (CP 6.452-493, 1908).

je les connais bien, seraient tout à fait honteux d'écrire quelque chose qui se comprendrait sans trop de peine, et pour qui les maladresses de plume sont une question de fierté. Rien n'est plus facile que de le satisfaire à cet égard : cela divisera mon travail par deux. » En conséquence, je me suis contenté de vous envoyer mes premiers jets. Mais il semble que des années d'expérience dans l'édition du *Monist* vous ont amené à estimer davantage le style que vous ne le faisiez autrefois. Très bien : je suis de tout cœur avec vous. Seulement, vous comprenez, cela me demande à peu près le double – tout à fait, le double – de travail de rédaction. Mon article dans le *Hibbert Journal* d'octobre 1908 a été réécrit quatre fois; et même ainsi, certains se sont plaints qu'il est incompréhensible. Si l'on a quelque chose comme de nouvelles formes de pensée à communiquer, il est très difficile d'en rendre la lecture aisée. Comme disait Byron : « Cette écriture facile produit une lecture bien difficile. »

Maintenant, puisque vous avez désiré quelque chose d'une nature amusante et que j'ai répondu avec mes Amazing Mazes, vous verrez, si vous avez encore les papiers et les lettres d'accompagnement que j'ai envoyées, que je n'ai pas recommandé l'impression de l'explication de ma première curiosité; – au moins pas au début. J'entendais que vous continuiez avec les tours de carte, que je trouvais, et trouve toujours, tout aussi amusants et intellectuellement admirables que les carrés magiques que vous aviez imprimés. Mais je parie que vous n'avez jamais pris un paquet de cartes pour les essayer; et si vous ne l'avez pas fait, vous ne savez rien à leur sujet. J'ai souligné la nécessité de le faire aussi fortement que j'ai pu. Ils ont été écrits pour des gens qui regarderaient de leurs yeux et verraient par eux-mêmes, et ne se contenteraient pas de lire ce qu'ils *verraient* s'ils le faisaient. [J'en étais à cet endroit dans cette lettre lorsque j'ai reçu vos épreuves. Je dois vous prier de changer au moins un mot; vous dites « Les autres, *surtout* James, sont des... feuilletonistes, pas de vrais philosophes [29] ». Je ne dis pas que ce n'est pas vrai, mais faites-moi plaisir en changeant ce *surtout* en un *en dehors de* ou *sauf* [30]; parce que j'ai observé très attentivement que *James est plus cité que n'importe quel autre psychologue vivant.* Il est *membre étranger de l'académie de Berlin.* Il est énormément admiré par des hommes qui ont le statut disons de Hoefding [31]. On en fait grand cas en Italie, à Paris, à Oxford; – et qu'y a-t-il à gagner en parlant de lui avec autant de mépris ? Et en effet, je pense que vous pourriez aussi excepter Vailati, qui n'est pas tout à fait dépourvu de force dans les recherches rigoureuses. Mais je vous suis reconnaissant de souligner que je ne partage pas les *expressions* extravagantes des autres pragmatistes. Je souligne le mot *expressions* parce que leur style d'écriture m'empêche d'être sûr de ce qu'ils veulent dire vraiment. Je ne pense pas que leur pensée soit assez nettement définie pour être réfutée.]

J'aimerais vraiment savoir quel est à présent votre sentiment concernant une quelconque tendance déterminée de l'univers.

29. Cité en allemand.
30. Également cité en allemand.
31. Harald Høffding (1843-1931), philosophe danois.

N'y en a-t-il absolument aucune ? Alors, c'est pour ainsi dire un jeu à égalité, et tout ce que le futur a en réserve est du hasard *pur*, sauf qu'on peut attendre que tout ce qui est à la fois possible et irrémédiable adviendra ultimement. Aucun corps ne peut jouer un jeu parfaitement égal sans victoire finale.

Si l'univers a une tendance définie à devenir ce qu'il n'a pas été, nous devons appeler cette direction une amélioration et nous réconcilier avec elle ; et c'est l'évolutionnisme. Qu'il soit ou non darwinien ou que ce soit un autre type d'évolution, c'est une question secondaire. Quelle est votre opinion ? Pouvons-nous nous rejoindre ? Bien sûr, je cherche seulement un terrain équitable, et aucune faveur particulière.

Toujours soucieux d'apaiser les tensions, sans néanmoins étouffer ses griefs, et appréciant sans doute sincèrement la joute intellectuelle avec Peirce, Carus écrit : « Plus vous m'attaquez et plus j'aime cela, et je préfère de loin mener la lutte contre vous plutôt qu'avec un petit individu incompétent qui n'aurait que peu ou pas de connaissances scientifiques ou de méthode sur quoi s'appuyer. C'est pourquoi le sujet du tychisme eût été tout à fait bienvenu, et je l'aurais préféré bien davantage aux articles que vous m'avez envoyés. »

Milford, le 5 avril 1909

Mon cher Docteur Carus,

votre lettre et votre chèque que j'ai reçus samedi après-midi ont attisé mon désir de mettre la main à la pâte et de rendre mes « Essais sur la signification de la pensée » aussi utiles à un cercle de lecteurs relativement nombreux que je le puis.

Je réponds à votre lettre dans l'ordre des sujets que vous abordez.

Vous ne comprenez toujours pas très bien James. Ce n'est *pas* un poète. C'est un homme de formation scientifique habitué à toutes les précautions habituelles de la science. Jeune, il est tombé sous l'influence d'un millien vigoureux, Chauncey Wright, qui a fait de lui jusqu'à maintenant, c'est-à-dire pendant de nombreuses années, un nominaliste individualiste. Mais je m'efforce depuis longtemps de réorienter ses pensées pour qu'il reconnaisse que non seulement les lois de la nature et bien d'autres généraux sont réels (c'est-à-dire ce que vous avez sans doute été habitué à appeler « avoir une validité objective »), mais aussi qu'il existe des *possibles* qui ont une possibilité « objective » – ou, comme je dis, réelle. Tel, par exemple, que l'*ellipticité*. Je pense que cela portera ses fruits dans son prochain livre [32]. Il ne fait aucun doute qu'il est plus chez lui dans la « société », et par conséquent, évite ce qu'il considère de la « pédanterie », et s'adonne à des façons de s'exprimer que je trouve tout à fait inappropriées pour une philosophie scientifique. Par conséquent, il emmêle et méprise beaucoup de distinctions que nous autres considérons comme importantes. Mais vous constaterez que ce qu'il veut vraiment dire, même quand c'est erroné, est éminemment scientifique, au sens où c'est soigneusement construit en vue de se conformer à l'expérience. Il est, comme vous le dites, *génial*, au sens allemand, quoique pas du tout

32. *The Meaning of Truth. A Sequel to "Pragmatism"*, New York / London, Longmans, Green and Co., 1909.

ingénieux au sens actuel pour nous. Il est génial au sens où il regarde sous la surface, pour apercevoir les réalités humaines cachées. « Ingénieux », tel qu'on l'emploie aujourd'hui, implique une sorte d'imagination mathématique (Edison et Orville Wright sont ingénieux) ; et James est le moins mathématicien des hommes que j'ai rencontrés.

Je dois vous faire justice quant à votre question : « Quand m'avez-vous déjà vu regretter ou désapprouver l'apparition de théories auxquelles je n'adhère pas ? » Je ne vous ai jamais surpris à avoir une modification de conscience de ce genre. Mais ce n'est pas cela que j'avais à l'esprit, mais seulement un intérêt moindre et une envie moins active de rendre publiques les théories auxquelles on ne croit pas. Et cela, je pense, nous le faisons tous ! En effet, être désireux de voir prévaloir ce que nous jugeons trompeur autant que ce qui nous semble tenir bon, cela ne ne manifesterait pas beaucoup de sérieux. Moi-même, par exemple, ayant été profondément convaincu par l'expérience que je suis faillible, je me sens beaucoup plus à l'aise si l'autre face d'une question est représentée adéquatement ; mais je suis incontestablement plus sérieux en cherchant à obtenir une audience appropriée pour mes propres conceptions, parce que cela relève davantage de mes affaires que de faire attention aux intérêts de l'autre parti. Cependant, ce que vous dites de votre article à l'égard de l'expression de mon Tychisme satisfait tout à fait mon esprit.

Vous avez piqué ma curiosité de savoir ce à quoi vous pourriez faire allusion en disant que mon « idée du hasard est un héritage de » mon « père, comme il ressort de la préface *dans* son livre de mathématiques. » Mon père a écrit six livres de mathématiques [33] et un non-mathématique [34], et il a édité le livre de Sir John Herschel sur le son. Seuls deux de ses livres se réfèrent à un sujet vaste dans leurs préfaces et ils n'ont pas le moindre lien avec le hasard. Par conséquent, le passage auquel vous vous référez doit être dans une autre partie du livre. Mais je ne me souviens d'absolument rien de pertinent. Mon père et moi n'arrêtions pas de débattre sur des problèmes. Il n'aurait jamais touché à un sujet dont il pensait que je pouvais le résoudre sans son aide ; et je n'ai jamais abordé quoi que ce soit en rapport avec l'analyse des concepts, à propos de laquelle je le tenais pour le plus simple enfant, mais un enfant trop âgé pour que je puisse entreprendre son éducation. Mes idées sur les probabilités étaient alors entièrement fondées sur une analyse de la notion qui me semblait - comme c'est toujours le cas - dépasser largement les capacités de Laplace. Mais je savais que mon père adorait Laplace et admirait particulièrement sa *Théorie des Probabilités*, et je pensais donc qu'il valait bien mieux consacrer mon temps avec lui à des choses plus profitables pour moi-même et j'évitais toujours de parler de hasard. Si vous souhaitez connaître le genre d'idées que j'ai *effectivement* héritées de mon père au-delà de l'habitude scientifique de rechercher les faits solides sous les formules, et le scepticisme à propos des idéaux populaires – comme par exemple, en ce moment, « le droit de suffrage », alors que nous sommes complètement

33. *An Elementary Treatise on Plane and Spherical Trigonometry* (1836), on *Sound* (1836), on *Algebra* (1837), on *Plane and Solid Geometry* (1837), on *Curves, Functions and Forces* (1841-6), *A System of Analytic Mechanics* (1855), et *Linear Associative Algebra* (1870).

34. *Ideality in the Physical Sciences*, Boston, Little, Brown and Co, 1881.

submergés par l'impéritie de l'électorat –, vous trouverez ces idées héritées dans son livre non-mathématique, « L'idéalité dans les sciences physiques », dont la préface a été écrite par mon défunt frère J.M.P. [35].

J'insiste sur le fait que vous avez utilisé cette expression, « luttant pour l'expression », et cela m'a fait forte impression, comme je l'ai dit, en relation avec le dédain apparent des professeurs allemands de l'ancien temps pour toute clarté ou élégance de style. Mais, bien sûr, je peux avoir mal compris jusqu'où exactement vous vouliez aller. Et entre-temps, je suppose encore que vous avez un peu déplacé vos idéaux inconsciemment en conséquence de votre plus grande expérience en tant qu'éditeur. La question n'a pas tellement d'importance pratique pour mon style *futur* dans le *Monist*, etc. Bien sûr, il y en a une, je vous accorde nécessairement un sens dans lequel le caractère de l'univers est *un* en tout temps et dans tous les départements. Mais je pense que ce caractère est l'incarnation d'idées – ce qui est synonyme de « création » – dans tout le cours du temps. Je ne crois pas qu'une seule chose soit jamais apparue *instantanément* – phrase que je couche sur le papier en sachant que si on la poussait, elle se résoudrait en une absurdité.

Mais je veux seulement dire que c'est vaguement le caractère de l'univers toujours et partout.

Et c'est une maxime de logique pour moi que lorsqu'un type donné d'élément est admis une fois dans une hypothèse, nous devons commencer par le pousser à fond, et ne lui imposer des limites que quand elles semblent être prouvées.

Non, rien n'implique de ma part qu'il y aurait un « devenir », si vous entendez par là l'assujettissement à la loi du temps, en Dieu. Dans le *Hibbert Journal* d'octobre 1908, p. 98, j'ai écrit : « L'hypothèse [de Dieu], étant *elle-même* inévitablement soumise à la loi de la croissance, est si vague qu'elle semble représenter Dieu comme étant tel, *bien que cela soit directement contredit dans l'hypothèse dès sa toute première phase.* Mais cette attribution apparente de la croissance à Dieu, puisqu'elle est indéracinable de l'hypothèse, ne peut, d'après l'hypothèse, être totalement fausse. » [Autrement dit, le *vague* d'une hypothèse consiste en ce qu'elle est, à certains égards, auto-contradictoire; et nous devons attendre avec impatience que la contradiction soit finalement éclaircie, ou qu'elle se clarifie de plus en plus, à tout le moins.]... « Un but implique essentiellement la croissance, et ne peut donc pas être attribué à Dieu. Pourtant, selon l'hypothèse, il sera moins faux de parler des desseins de Dieu, que de parler de lui comme n'ayant *aucun but.* »

Je dois vous dire que le retard de votre lettre a eu l'effet regrettable de provoquer trois légères interruptions – ou possibles interruptions – à mon travail de révision du livre.

Car, en premier lieu, j'ai accepté d'examiner un certain livre pour *The Nation* au cas où il leur serait envoyé. C'est la nouvelle édition des œuvres complètes existantes de Roger Bacon.

En second lieu, un camarade de théâtre est venu ici et m'a offert 100 $ pour « faire » Lear à Boston pendant une semaine, et je lui ai dit que bien

35. James Mills Peirce (1834-1906), professeur de mathématiques à Harvard.

que je pensasse que c'était une proposition si absurde que je ne pouvais pas croire qu'il était vraiment sérieux, pourtant je ne suis pas en mesure de refuser, et s'il devait *effectivement m'envoyer* 100 $ avec une somme suffisante pour les dépenses de ma femme et les miennes, je pourrais le faire. Je ne crois pas le moins du monde qu'il va le faire pour de bon; mais s'il le fait, cela m'occupera pendant *quinze jours* – une semaine de préparation tous ensemble et une semaine de représentation.

En troisième lieu, j'ai déjà presque achevé un tas de pamphlets prêts à être envoyés aux enchères, et ils m'occuperont deux ou trois jours de plus.

Merci de présenter mes compliments les plus respectueux et mes remerciements à Mme Carus, et croyez-moi, etc.

Une lettre de décembre 1909 nous renseigne sur l'état d'épuisement de Peirce, qui confie : « Ma mémoire s'est considérablement dégradée mais ma puissance d'analyse logique me semble plus forte que jamais. [...] ma santé est mauvaise. Certains jours je ne peux absolument pas tenir une plume; et chaque semaine j'ai plus d'une attaque de nature nerveuse pendant laquelle je ne peux bouger presque aucun muscle et où je suis en danger de tomber. Si je n'en avais pas eu un si grand nombre que je sais comment les gérer, je ferais souvent des chutes. » Le jour de la Noël 1909, Peirce écrit à William James : « Du fait que j'essaie de donner à mon livre pour Carus des proportions aussi réduites que possible tout en exposant avec précision ma doctrine du pragmatisme, je préfère repousser la lecture de tes deux livres jusqu'à ce que j'aie exprimé mes propres idées. » Dans la même lettre, il émet ce jugement : « je pense que mon Essai sur le pragmatisme *dans sa nouvelle forme réduite dans le volume que Carus doit publier a plus de valeur que ma série d'articles sur l'évolution des lois de la nature, parce que la réfutation de la théorie de l'induction de Laplace donnée dans tous les manuels de probabilité est complètement prouvée; et il en va de même, il me semble, de ma position selon laquelle l'univers ne pourrait pas être moins uniforme qu'il l'est. » Peirce confie alors son regret de n'avoir pu exposer pleinement la beauté de l'idée d'une évolution graduelle des lois de la nature, « comme j'ai toujours eu l'intention de le montrer dans un article final, mais Carus ne voulait m'accorder que mille mots pour cet article, si bien que j'ai dû y renoncer, et puisque maintenant il nie tout bonnement qu'il ne m'a pas permis de finir ce que j'avais à dire, j'entends remettre la main sur sa lettre et te l'envoyer, et je veux qu'elle soit publiée après que lui et moi serons tous les deux morts et qu'il ne pourra plus y avoir de querelle à ce sujet*[36] *». (NEM III(2), p. 871-875)*

Il subsiste une cinquante de pages de brouillons de la lettre envoyée le 26 août 1910, écrits au mois de juillet [Nous renonçons ici à publier la traduction de cette lettre, pourtant extrêmement riche et intéressante, mais très longue; le lecteur la trouvera publiée dans les CP 8.214-238]. Peirce y explique la principale erreur de sa série d'articles du Popular Science Monthly, *leur nominalisme dans la théorie de l'enquête et des probabilités. Carus et*

36. Huit mois et un jour plus tard, c'était William James qui mourrait le premier.

Russell travaillèrent alors à la republication du texte original en consultant le moins possible un Peirce vieilli et fatigué. Carus rédigea lui-même une préface ; mais la mort du philosophe de Milford en 1914 interrompit l'entreprise, et le livre ne vit jamais le jour.

[Brouillon non envoyé de la lettre du 26 août 1910]

Le 19 juillet 1910

Mon cher Docteur Carus,

je vais maintenant commencer à expliquer quelles corrections je considère comme indispensables pour la republication de mes articles du *Popular Science*.

Les deux premiers [37] constituent un Essai sur ce que j'appelle le *pragmatisme* ou la doctrine de la *clarté pragmatique* qui consiste en une conception claire de cette *habitude de conduite* dans laquelle tout concept donné trouverait son actualisation.

Je décide après plus mûre réflexion qu'il sera préférable de le réimprimer tel qu'il a paru à l'origine avec les quatre exceptions suivantes :

premièrement, des modifications mineures pour améliorer l'anglais etc.,

deuxièmement, les articles de novembre 1877 et janvier 1878 [38] auront un titre commun, disons « La Clarté pragmatique de la pensée ». Et divisez-les en deux parties. À savoir, les deux articles, chacun avec son titre original.

Troisièmement, avec une note en forme de préface indiquant ce que je considère comme l'erreur principale de l'Essai, tel qu'il a paru à l'origine. Ceci, je vais l'exposer ici, en écrivant seulement d'un côté du papier, afin que, si je meurs soudainement dans l'une des attaques auxquelles je suis presque quotidiennement sujet, ce que j'écris soit mis en page et imprimé.

L'erreur de l'Essai réside dans son *Nominalisme*. Maintenant, je n'aurais pas été peu surpris et choqué, si on m'avait dit que j'étais un nominaliste ; et il en va de même pour beaucoup d'autres étudiants de philosophie. Peu de gens discernent le cœur de ce qui constitue le « nominalisme ». Ockham, par exemple, l'aurait défini comme la doctrine selon laquelle « *universale est intentio animae nata praedicari de pluris* [39] », je suppose. S'il m'avait dit cela, j'aurais dû lui répondre que, bien que je ne puisse pas admettre que cela définit le nominalisme, ce qu'il entendait probablement par là, sans l'exprimer distinctement, était *une* opinion nominaliste. Mais pour m'en assurer, j'aimerais savoir ce qu'il entend par une « *intentio animae* », ou *animi*, ou *mentis*. S'il répond qu'il s'agit d'*ipse actus intelligendi*, je devrais alors dire que *cela*, c'est clairement nominaliste ; et s'il omet certaines restrictions et dit simplement « *nominalismus* (un mot dont il n'a jamais entendu parler) *est opinio quod omne universale sit actus natus praedicari de pluribus* [40] », je reconnais que *cela*, c'est une définition correcte du nominalisme. Peut-être que vous (ou

37. « Comment se fixe la croyance » (W3, 338-355) et « Comment rendre nos idées claires » (W3, 355-374).

38. *Ibid.*

39. « Universelle est l'intention de l'âme naturellement apte à être prédiquée de plusieurs. »

40. « Le nominalisme est l'opinion selon laquelle tout universel est un produit créé en étant prédiqué de plusieurs. »

plus probablement quelque étudiant moins mûr) serez frappé en trouvant un peu audacieux de ma part d'entreprendre d'enseigner à Ockham ce qu'est le nominalisme. Mais en réponse à cela, je remarquerai simplement que si chaque philosophe pouvait énoncer exactement ce qui caractérise sa propre façon de penser, on aurait surmonté la principale difficulté des études philosophiques. En outre, Ockham reconnaît parfaitement que sa propre doctrine n'est que l'une de plusieurs variétés de la « sententia de vocibus », ou nominalisme.

J'ai forgé mon opinion sur l'essence du nominalisme par une méditation profonde sur tout ce qui nous est parvenu des thèses des différentes parties dans la grande controverse du XIIe siècle, sans négliger ce qui avait été écrit auparavant à la fois parmi les Grecs anciens et parmi les musulmans et les chrétiens (même si j'avoue ne pas lire l'arabe et n'avoir aucune connaissance de première main de la philosophie arabe). Et à ces méditations j'en ai ajouté d'autres sur la philosophie moderne, dont le résultat a été de mettre en évidence l'importance suprême des questions qui ont divisé le XIIe siècle, – pas les distinctions psychologiques comme celle entre *nominalisme* et *conceptualisme* qui, bien que vraiment très importante dans l'absolu, est *relativement* négligeable.

La plus grande et la plus décisive de toutes les questions de métaphysique est, d'après la manière de penser qui a progressivement mûri en moi depuis 1873 (date à laquelle j'ai formulé l'opinion exprimée dans les deux articles qui sont les deux parties de cet Essai sur la clarté pragmatiste), la question de savoir si les généraux sont *réels;* question que j'aimerais énoncer en demandant si tout ce qui est *indéterminé* est réel (puisque nous définissons un individu, c'est-à-dire ce qui est le contraire d'un général, comme ce qui est *omnimodo determinatum*), et question que je compléterais en demandant si ce qui est indéfini est réel. La différence que je fais entre l'indéterminé et l'indéfini est la différence entre *Anything* and *Something*, – entre *Irgendein* et *Etwas*, « [quoi[41]] que ce soit » et « quelque chose », *quodlibet* et *quoddam*, ὅ τι et τὶ. Seuls les premiers pronoms de ces paires, en *mettant l'accent* sur l'indétermination, la convertissent en une indétermination positivement *déterminée*, au lieu de l'indétermination originale dont je veux parler.

Je pense à la distinction d'un autre point de vue encore. Le pragmatisme (pragmaticisme) peut être défini comme le mode de pensée qui n'aboutit jamais à un concept équivalent à un substantif, car tout ce qu'il pense est une affirmation, ou une affirmation nuancée telle que « supposons que (telle et telle chose) », ou équivaut sinon à exprimer la volonté du locuteur non pas tant d'*affirmer* que d'*exhiber* quelque chose. Maintenant, ces propositions *de inesse*, affirmations d'actualité ou d'existence, ainsi que leurs négations, appartiennent exactement au même mode. Nier l'actualité d'un prédicat, c'est affirmer l'actualité d'un autre. Une telle affirmation représente un état de choses comme étant à la fois déterminé et défini. Il reconnaît à la fois le principe de contradiction et celui du milieu exclu.

Mais l'affirmation d'une loi universelle n'affirme pas un prédicat comme actuel, elle dit seulement qu'il *serait*, dans une condition qui est spécifiée.

41. Peirce écrit en français : « ce que ce soit ».

Elle ne reconnaît pas le principe du milieu exclu. Car elle n'affirme même pas ne serait-ce que la possibilité de la condition. Elle ne garantit pas que ce n'est pas absurde ; et la réduction *ad absurdum* se fait ainsi :

Si A alors B
Mais si A alors non-B
Donc dans tous les cas A ne serait pas [un *would be*].

Nier une actualité c'est affirmer une actualité. Mais nier un *would be* ce n'est pas affirmer un *would be* quel qu'il soit, c'est seulement affirmer un *might be,* ou un *can be,* ce qui est un très [...]

Milford, le 28 août 1913

Mon cher docteur Carus,

je suis très heureux d'avoir eu de vos nouvelles. Pendant une grande partie de l'année 1911, je me suis demandé comment décemment mettre en forme ces articles du *Popular Science;* et j'ai finalement décidé que la meilleure façon serait de les laisser paraître avec des corrections mineures et d'ajouter un nouvel essai donnant un aperçu de mes recherches plus matures ; d'autant plus que je peux maintenant convaincre n'importe quel homme raisonnable que toutes les classes d'hommes de sciences acceptent (apparemment) des inférences qui sont absolument erronées tout en en rejetant d'autres qui devraient être admises. Il y a si peu d'hommes qui veulent, même s'ils en sont capables, consacrer les longues années requises pour une analyse correcte de ces questions, qu'il me semble un devoir de publier mes raisonnements sur le sujet qui peuvent être rendus très limpides sans perte de précision.

Le 13 décembre 1911, je me suis engagé à écrire ce texte supplémentaire pour vous l'envoyer, lorsqu'une nouvelle idée importante m'est venue. J'ai bondi sur mes pieds pour la méditer en faisant les cent pas dans mon bureau. J'ai commencé, comme souvent, dans une sorte de sautillement de mise en jambes. Il y avait sur le sol un emballage en papier glacé. J'ai marché dessus. Il a glissé sur le sol ciré, qui était aussi lisse que celui du Louvre. J'ai été violemment projeté sur le dos et je me suis cassé des côtes, dont les extrémités se sont plantées dans la plèvre et m'ont quasiment coupé la respiration. Je ne pouvais ni me lever ni crier. Finalement, ma femme est arrivée, et a téléphoné à l'un des médecins du pays. S'il s'était contenté de me panser le dos, j'aurais été remis au bout d'un mois peu ou prou. Mais après avoir prononcé un diagnostic typiquement incompétent, il a insisté pour me faire suivre un régime dont la conséquence est que je ne peux pas encore accomplir un quart de journée de travail. Pendant ce long laps de temps, bien que ne pouvant pas penser de manière approfondie, j'ai beaucoup ruminé avec profit. Au cours des douze derniers mois, j'ai fait de mon mieux pour faire du bon travail et je pense que je suis sur le bon chemin pour accomplir quelque chose.

Il est inutile de dire que nous sommes au bord de l'indigence, incapables bien sûr de garder un domestique ; ma femme lutte contre les effets du surmenage ; et tous les vieux amis sont morts, Stickney, Garrison, Alex Agassiz et plusieurs autres. Comme je suis en train d'écrire quelque chose qui semble pouvoir être digne de votre acceptation, je vais différer encore de quelques jours une plus ample réponse à votre lettre. Il serait peut-être préférable que je renouvelle les accords que j'ai passés avec plusieurs personnes.

J'avoue que je serais heureux si vous décidiez d'inclure certains de mes articles plus anciens et mon compte rendu du livre de Pearson [42] qui avait paru dans *The Popular Science* en janvier 1901.

J'ai beaucoup de notes sur mon vieil article sur l'Extension et la Compréhension logiques [43], que je vous enverrai puisqu'elles sont collées dans des couvertures rigides et peuvent être facilement examinées.

J'espère que toute votre famille et vos relations vont bien.

42. « Pearson's Grammar of Science », art. cit.

43. « Upon Logical Comprehension and Extension », *American Academy of Arts and Sciences*, 1868 (W2, 70-86, 1867).

DESIGN ET SÉMIOTIQUE

Entretien avec Jérôme Vogel[1]

Peirce est-il le philosophe des graphistes ? Comment l'analyse sémiotique de Peirce peut-elle servir de point d'appui à la réflexion et aux modalités de conception du designer ? Cet entretien avec Jérôme Vogel, professeur de design à l'Université de Québec, auteur d'une thèse sur Peirce, traite de l'apport décisif de la théorie peircienne du signe pour tous ceux qui s'intéressent aux formes de communication de l'information.

Cahiers Philosophiques : *Vous êtes titulaire d'un doctorat de philosophie sur Peirce et professeur de design. Pouvez-vous nous expliquer votre parcours ?*

Il me faut commencer par expliquer le rapport entre doctorat et professorat en design. Le fait est que les écoles d'art ont désormais tendance à suivre le modèle universitaire classique, c'est-à-dire qu'au premier cycle de formation, qui constituait avant le tout de l'apprentissage et qu'on terminait avec un « diplôme de l'école », s'ajoutent maintenant un deuxième, voire un troisième cycle. Ce développement, qui accompagne une ouverture des formations en art à la recherche et à ce qu'on appelle en l'occurrence la *recherche-création*, demande des compétences qui dépassent celles du praticien. En bref, il faut un doctorat et une expérience en recherche pour être en mesure de diriger des étudiants de maîtrise, y compris en art.

Cela étant, en 2003, au moment où je terminais mon école – l'Ensad de Paris – ce changement n'était pas encore réalisé, de sorte que, quand j'ai souhaité poursuivre mes études quelque temps après, j'ai dû faire les deux autres cycles en dehors des cursus artistiques. Je suis alors passé de la communication visuelle à la communication tout court, pour la maîtrise, puis de la communication à la sémiologie, pour le doctorat. Pourvu de ces compétences pratiques et théoriques, je me suis donc retrouvé en phase avec les exigences nouvelles des écoles d'art et j'ai eu la chance d'être embauché immédiatement.

Même si je reviens aujourd'hui à la recherche-création en design, je ne regrette pas du tout ce détour par la philosophie. Ma réflexion théorique sur la logique du signe n'aurait pas pu être menée à la même profondeur si je l'avais entreprise à partir d'un domaine lié aux pratiques des arts. En somme, c'est un parcours qui va du design au

1. Université du Québec.

signe avec retour au design, ce qui n'est finalement pas trop incohérent. J'essaie d'ailleurs de convaincre mes étudiants qu'on devrait dire *dessigneurs* plutôt que designers…

CP : *Un des aspects de la philosophie de Peirce qui vous intéresse, c'est donc sa théorie du signe. Quel est le lien entre signe et design ? Qu'est-ce au fond qu'un « dessigneur » ?*
Un designer met en œuvre des signes. Je pense que c'est vrai de tout designer, quelle que soit sa discipline, mais c'est d'autant plus évident pour le graphiste, dont la pratique se situe dans le domaine de la communication visuelle. Pour sémiotiser cette pratique, il suffit d'abord de dire que le graphiste cherche à transmettre un message. Comprendre comment opère cette transmission appelle une discussion qui est par nature sémiotique*, qu'on s'intéresse au contenu transmis ou au médium de transmission. Mais ce n'est pas tout; le graphiste emploie des formes pour produire des effets sur des usagers dans un contexte particulier. Quand il dessine le logotype d'une compagnie, il cherche à faire connaître celle-ci en représentant graphiquement certains des aspects qui la caractérisent; il participe en outre au marquage culturel qui définira la compagnie. Quand il dessine la signalétique d'un aéroport, il cherche à produire un ensemble cohérent de formes en harmonie avec l'esthétique du lieu, mais il s'efforce surtout de faciliter les déplacements des voyageurs. Chaque fois, il met des signes à l'ouvrage en direction et à l'attention d'interprètes. Non seulement il informe directement leurs comportements, mais il en appelle à leur participation pour que le sens de son message se réalise. Son œuvre ne lui appartient donc jamais tout à fait, car c'est avec des usagers bien réels qu'il doit toujours négocier le succès de ses projets. Je crois que le dessigneur est ce designer conscient de la dimension sémiotique, et par extension pragmatique, de son travail.

CP : *Comment êtes-vous arrivé à la philosophie de Peirce ?*
Au moment de mon inscription au doctorat, à l'Université du Québec à Montréal, j'ai eu, en tant qu'éditeur technique, l'opportunité d'intégrer l'équipe du Projet d'Édition Peirce dirigée par le professeur François Latraverse, qui est plus tard devenu mon directeur de thèse. Cette équipe, antenne montréalaise du Peirce Edition Project d'Indianapolis aux États-Unis, avait alors en charge l'édition critique du septième volume des écrits chronologiques du philosophe américain. Une telle proximité avec les textes de Peirce, que je n'avais lu que d'assez loin à la maîtrise et seulement à travers la traduction sélective de Gérard Deledalle[2], associée aux cours théoriques sur la logique du signe inhérents à ma formation, m'ont convaincu que j'avais trouvé mon terrain de recherche. C'est non seulement avec Peirce que je voulais travailler, mais *sur* Peirce. Je pense en outre que cette expérience d'édition a fortement contribué à me faire adopter à l'endroit de la philosophie de Peirce une approche analytique très pointue. L'écriture de Peirce est condensée, elliptique, souvent obscure, à décoder. Elle réclame, à mon sens, une lecture minutieuse et patiente qui s'efforce de reconstruire la pensée qui a généré le texte, un peu comme si ce texte était la légende cryptée d'un diagramme* à dessiner.

2. Ces textes viennent de reparaître en format de poche : C. S. Peirce, *Écrits sur le signe*, textes rassemblés, traduits et commentés par Gérard Deledalle, postface de Mathias Girel, Paris, Seuil, 2017.

CP : *Belle formule ! Est-ce à dire que vous pensez qu'il faut appliquer à la pensée de Peirce elle-même la méthode peircienne consistant à voir dans les raisonnements des images mouvantes, et à représenter le flux de la pensée en « graphes » logiques ? Le designer est-il l'interprète graphique d'une pensée ? Peut-on « mettre Peirce en design » ?*
Pour ma part, j'ai bien mieux compris Peirce à partir du moment où j'ai commencé à mettre en diagrammes, et même en diagrammes animés, certains de ses raisonnements. La clef a été de saisir le diagramme non comme l'illustration d'une pensée *a priori*, mais bien comme la démonstration vivante et la mise en œuvre de cette pensée.
Si Wittgenstein est le philosophe des architectes, Peirce est peut-être celui des graphistes. On parle de sa pensée iconique*, mais un travail reste à faire, à mon avis, sur sa pensée proprement *graphique*. À partir des années 1890, Peirce a commencé à travailler sur un système original de représentation diagrammatique de la logique qu'il a appelé les « graphes existentiels* ». Ce système est fondé sur un dispositif sémiotique complexe que nous devrions selon moi concevoir, bien que Peirce n'emploie pas ce terme, comme une authentique interface graphique[3]. Le système interactif complet des graphes existentiels convoque un support d'inscription, divers index graphiques dont l'usage est gouverné par un jeu de règles, ainsi que deux protagonistes qui sont le « graphiste » et l'« interprète » (CP 4.395-7). Je crois qu'une étude approfondie de ces graphes existentiels nous permettrait de mieux comprendre comment fonctionnent, sémiotiquement et logiquement, les écrans interactifs auxquels nous sommes sans cesse confrontés aujourd'hui.

CP : *Justement, notre monde informatisé repose au moins implicitement sur une gestion de l'information. N'est-ce pas ce que vous avez théorisé dans vos travaux ?*
Venant de la communication visuelle, c'est en effet sur la notion d'information chez Peirce que j'ai choisi de travailler dans mon travail de thèse[4]. Le parcours intellectuel a été en réalité un peu plus compliqué, mais il est vrai qu'à un moment crucial au début du doctorat, la notion d'information m'est apparue comme un point de convergence à ne pas manquer entre mon savoir-faire en design graphique – on parle bien de design d'information –, mon intérêt pour la logique de la communication, et Peirce.
La thèse envisage le concept d'information chez Peirce d'un point de vue sémiotique et dans une perspective communicationnelle. Les trois premières parties se concentrent sur la genèse de ce concept durant la période 1865-1867, tandis que le dernier chapitre propose une excursion dans les périodes ultérieures et ouvre une piste de réflexion sur l'idée d'interface. D'autres peircéens se sont penchés sur l'information chez Peirce avant moi : Ahti-Veikko Pietarinen[5], Mats Bergman[6] et Jørgen Dines Johansen[7] y ont consacré quelques pages; André De Tienne[8] et Winfried Nöth[9] en ont fait le sujet

3. J. Vogel, « Du papier à la pensée chez Charles S. Peirce : le cas d'une tache », *Genesis* 37, 2013, p. 91-101. URL = http://genesis.revues.org/1226.
4. J. Vogel, *Sémiotique de l'information chez Charles S. Peirce*, thèse de doctorat en sémiologie, Montréal, Université du Québec à Montréal, 2014. URL = http : //www.archipel.uqam.ca/6457.
5. A.-V. Pietarinen, *Signs of Logic : Peircean Themes on the Philosophy of Language, Games and Communication*, Dordrecht, NE, Springer, 2006.
6. M. Bergman, *Peirce's Philosophy of Communication : The Rhetorical Underpinnings of the Theory of Signs*, New York, Continuum (« Continuum Studies in American Philosophy »), 2009.
7. J. D. Johansen, *Dialogic Semiosis : An Essay on Signs and Meanings*, Bloomington, Indiana UP, 1993.
8. A. de Tienne, « Information in formation : A Peircean approach, » *Cognitio*, 6 (2), 2005, p. 149-56.
9. W. Nöth, « Charles S. Peirce's Theory of Information : A Theory of the Growth of Symbols and of Knowledge » *Cybernetics and Human Knowing* 19 (1-2), 2012, p. 137-61.

d'articles importants. Aucun, cependant, ne l'a fait dans un souci de clarification et d'explication aussi systématique à partir du texte. Ce travail d'élucidation m'apparaissait nécessaire et je pense que ma thèse contribue à une meilleure compréhension du système de pensée élaboré par Peirce durant la période étudiée.

À partir, donc, d'une analyse minutieuse des textes, j'essaie de montrer comment émerge et se développe le concept d'information dans son rapport étroit à la théorie du signe durant les années 1860. Peirce, qui réfléchit alors sur la logique de la science, propose de concevoir l'information comme force d'accroissement de la connaissance. Pour y arriver, il se donne d'abord un principe réaliste, à savoir l'idée que les représentations, indépendamment de ce qu'on peut en dire ou en penser, sont capables d'augmenter la quantité de ce qu'elles représentent au cours d'un raisonnement. La question est alors de savoir comment mesurer cette quantité.

La mesure de l'information, pour Peirce, porte sur ce qu'il identifie comme les deux fonctions principales de toute représentation : d'un côté, la fonction de *dénotation*, qui est la relation de référence de la représentation à l'ensemble des objets qu'elle représente; de l'autre, la fonction de *connotation*, qui est le rapport de la représentation aux formes de ces objets. En termes simples, on peut dire que la dénotation est ce dont parle la représentation tandis que la connotation est ce qu'elle a à en dire, abstraction faite de la dimension linguistique de ces expressions. Du point de vue de la connaissance, l'accent doit être mis, selon Peirce, sur les formes plutôt que sur les objets, car ce dont on parle n'est connaissable qu'à partir du moment où il y a quelque chose à en dire. Les formes, au fond, sont la manière dont le signe connaît son objet et c'est donc bien cette connaissance qu'il s'agit d'accroître. À partir de ces deux fonctions de la représentation et des quantités qui leur sont associées – *extension* pour la dénotation et *compréhension* pour la connotation –, Peirce met au point un calcul de l'information fondé sur un principe de superfluité : c'est la règle selon laquelle, si les formes permettent de connaître l'objet représenté, elles font aussi croître cette connaissance à partir du moment où leur nombre excède la quantité nécessaire à la définition de l'objet en question.

Le système de l'information élaboré par Peirce s'articule sur une logique du signe dont la représentation et l'inférence sont les figures complémentaires. Aux deux fonctions de représentation que sont la dénotation et la connotation sont associées deux méthodes d'inférence probable : l'induction et l'hypothèse. J'explique dans la thèse, à l'aide d'exemples tirés de Peirce et de nombreux diagrammes, comment fonctionne précisément, et sémiotiquement, l'augmentation de la connaissance selon ces deux méthodes. Mais ce que je montre surtout, c'est que pour que puisse s'effectuer l'expérience pratique de l'information, il manque encore une chose, soit l'initiation d'un mouvement. Car le problème de Peirce n'est pas de savoir ce que le chercheur apprend ou veut apprendre des choses, mais bien ce que les représentations elles-mêmes, lorsqu'elles sont placées dans certaines conditions expérimentales, sont capables de produire réellement comme supplément de connaissance. L'information n'est donc pas seulement la quantité d'un tel supplément; elle est aussi la force de croissance de la connaissance au cœur des représentations.

C'est dans cette conception déterminante de l'information comme force que se compénètrent vraiment, chez Peirce, les notions de représentation et d'inférence. L'idée du philosophe est que certaines représentations, celles-là justement qui sont à l'œuvre dans l'hypothèse et l'induction, sont en *manque* d'information. Soit qu'elles manquent d'objet à dénoter, comme c'est le cas dans l'hypothèse, soit qu'elles dénotent leur objet indépendamment de ce qu'elles connotent, comme c'est le cas dans l'induction, ces représentations imparfaites sont tendues vers d'autres plus complètes dont elles cherchent à tirer profit. La tension causée par cette carence initiale est ce qui entraîne le processus inférentiel et conduit finalement à un accroissement effectif de la connaissance. En somme, les signes en manque d'information sont attirés par d'autres signes et progressent vers eux par induction ou par hypothèse. Selon moi, cette tension d'information est l'une des trouvailles les plus remarquables des premières conférences de Peirce. Elle est au fondement du type de réalisme* qui caractérise cette période en ce qu'elle met dans la nature des signes le principe de leur développement.

CP : *Concrètement, comment reliez-vous l'analyse sémiotique du concept d'information avec la compétence sémiotique que requiert le design ? Faites-vous un usage de la philosophie peircienne, ou de certaines thèses, ou d'arguments tirés de Peirce, dans vos cours ? Lesquels ?*

Le designer, contrairement à l'artiste, ne peut travailler sans un usager. Cet usager peut être le commanditaire direct, ou une personne déterminée, ou il peut être une personne imaginaire qu'on se donne pour travailler, il reste qu'il est toujours dans la visée du concepteur. Il peut même contribuer au design s'il altère par son usage la signification de l'objet ou du service qu'on lui propose. Cette extension fait que le pragmatisme, celui de Peirce en particulier, est une philosophie qui convient très bien aux designers. J'y fais donc appel autant que je peux, y compris dans les cours pratiques, en insistant sur le fait que le sens de ce que les étudiants produisent ne leur appartient pas complètement.

Ce pragmatisme s'accorde par ailleurs assez bien avec la tendance actuelle, dans le milieu, à parler de *co-design*. Les méthodes de projet en design ont beaucoup évolué, notamment sous l'influence de l'industrie informatique. Plutôt que de concevoir un projet à partir d'une commande initiale et de livrer un produit au bout d'un processus interne fermé et linéaire, on a tendance maintenant à intégrer le commanditaire, et les usagers auxquels il a affaire, dès le début de la conception et ensuite tout au long du processus de réalisation. L'usager devient ainsi un collaborateur qu'on place au centre du projet, un interprète qui participe pleinement au sens de ce qui est réalisé.

Finalement, je donne un cours magistral qui s'intitule « sémiotique de l'image », dans lequel je fais le choix de ne traiter que de Peirce. L'objectif du cours est de passer en revue divers types d'images et de fournir aux étudiants des outils efficaces pour les analyser. Un peu à la manière de Deleuze quand il aborde le cinéma[10] ou de Thierry Groensteen dans son travail sur la bande dessinée[11], je commence par expliquer aux étudiants qu'on ne peut analyser les images en partant d'un modèle linguistique, et qu'il faut donc plutôt privilégier un modèle visuel. Mais, contrairement à Deleuze et Groensteen, je n'abandonne pas pour autant le concept de signe... Je choisis simplement de suivre la voie de Peirce et de laisser de côté toute la tradition sémiotique issue du linguiste Ferdinand de Saussure. Je décline progressivement la triade du signe peircéen

10. G. Deleuze, *Cinéma 1 : L'Image-mouvement*, Paris, Éditions de Minuit, 1983; et *Cinéma 2 : L'Image-temps*, Paris, Éditions de Minuit 1985.

11. T. Groensteen, *Système de la bande dessinée*, Paris, P.U.F., 1999.

en insistant sur l'applicabilité des outils étudiés, chaque cours se concentrant sur un type d'image à analyser.

CP : *Pouvez-vous nous donner des exemples ?*

Le tout premier cas étudié est le fameux « Ceci n'est pas une pipe » – cette série d'images commencée par René Magritte en 1928-1929 avec la peinture à l'huile intitulée *La Trahison des images*, dans laquelle on voit une pipe peinte de manière très réaliste et, immédiatement en-dessous sur la même toile, une phrase calligraphiée avec soin : « Ceci n'est pas une pipe ». L'interprétation qu'on entend habituellement consiste à prendre la phrase comme une proposition indépendante de ce qui est représenté, en insistant sur le fait qu'on ne peut pas fumer la représentation d'une pipe. De là, on conclut que la représentation et le représenté sont deux choses différentes, et on en vient à séparer complètement les deux mondes. Partant de cette interprétation, mais revenant à la peinture de Magritte et aux mots qui y sont tracés, j'essaie alors de montrer aux étudiants que le « ceci », qu'on aurait pu aussi bien représenter par une flèche, implique une relation très particulière entre le tableau et ses interprètes. Que l'image d'une pipe ne soit pas la pipe elle-même, c'est entendu, mais il n'empêche qu'il y a dans cette image un signe capable d'indiquer une forme ressemblant à quelque chose, et que cette indication nous place, nous qui l'interprétons et au moment où nous l'interprétons, dans une relation d'actualité avec ce qui est indiqué. Ce signe qui indique et qui force notre attention vers quelque chose est ce que Peirce nomme dès 1866 un *index** (W1,355) – l'index introduit un point de contact existentiel entre le monde des représentations et celui des choses représentées.

Un des principaux arguments du cours est de montrer qu'une image est une chose complexe dans laquelle on peut trouver plusieurs types de signes. L'analyse sémiotique permet d'isoler les diverses fonctions d'une image. Outre l'index qui indique son objet sans pour autant en connoter les formes, car « ceci » ne dit rien de la silhouette de la pipe, il y a des signes qui ressemblent à leur objet – ce sont des *icônes** dans le vocabulaire de Peirce. L'icône, contrairement à l'index, connote mais ne dénote pas (W1,272), c'est-à-dire qu'en tant que ressemblance elle est incapable, par elle-même, de diriger l'attention vers ce qu'elle représente. La représentation de la pipe, prise indépendamment du reste, est une icône. Enfin, il y a ce que Peirce appelle les *symboles**, qui sont des conceptions capables d'interpréter d'autres signes. Le mot « pipe » dans la peinture de Magritte, par exemple, une fois compris comme signifiant l'instrument dont on se sert pour fumer, est un symbole qui interprète – et qui informe au sens de Peirce – la silhouette peinte, dans le contexte de notre langue.

À partir du moment où sont identifiés ces trois signes élémentaires dans l'image de Magritte, le cours commence véritablement. Je ne fais ensuite que décliner les arrangements sémiotiques possibles en fonction des divers types d'images. L'un des derniers cas étudiés est l'image cartographique, qui fait écho au cours sur la pipe de Magritte. Je m'intéresse cette fois-ci au fameux « Une carte n'est pas le territoire » d'Alfred Korzybski [12], et m'efforce de montrer aux étudiants, preuve à l'appui, que l'image cartographique entre en contact existentiel avec le territoire qu'elle décrit sitôt qu'on en fait usage pour se repérer. Dire, ou lire, « je suis ici » en pointant un endroit

12. A. Korzybski, *Une carte n'est pas le territoire : prolégomènes aux systèmes non-aristotéliciens et à la sémantique générale*, Paris, L'Éclat, 2001.

de la carte, c'est refaire la démonstration de Peirce selon laquelle, si une carte tombe sur le sol qu'elle décrit, alors il y a un point, et un seul, qui est à la fois sur la carte et sur le territoire (CP 2.230).

CP : *Il y a une contradiction au moins apparente entre le philosophe austère, reclus, travaillant pour le seul amour de la vérité, et le règne des apparences que semble être l'univers du design. Comment concevez-vous cette relation ?*
Quoi de plus austère que la typographie ? Je conçois assez le designer, et le designer graphiste en particulier, comme ce travailleur sévère en quête, sinon de vérité, du moins de véracité, cherchant à ancrer son ouvrage dans l'expérience d'une société sans pour autant s'afficher lui-même comme l'artiste de son œuvre.
Un design est un dessin à dessein : il est toujours porté vers ses effets, par-delà ce qui le détermine immédiatement et visuellement. Certes, l'impression esthétique qu'on peut ressentir à consommer certains produits du design n'est pas à négliger, mais il ne faut pas pour autant réduire le design à ce seul critère. Un objet de design est quelque chose qui participe du penser, c'est-à-dire quelque chose qui continue de travailler à travers l'usage et à déployer son sens à travers les interprétations qu'on peut lui donner. C'est ainsi qu'on peut parler d'« esprit-design[13] ». J'ajouterais que cette espèce de disponibilité est une capacité creusée à dessein dans la forme elle-même, en contre-forme. C'est d'ailleurs ce qui conduit le designer à chercher bien souvent l'économie des formes. Selon la célèbre formule des architectes minimalistes, *« less is more »*... Or, il faut entendre ce minimalisme non simplement comme une quête d'élégance, mais aussi, sur un mode dialogique, comme une volonté de laisser à l'usager le soin de continuer le design et de tirer les conclusions. L'usage n'est ni le besoin, ni la fonction, mais une rencontre par laquelle quelque chose de nouveau est effectué, nouveau au sens où ce qui est produit n'est pas décrit explicitement par les formes primitives.

Propos recueillis par Jean-Marie Chevalier

13. J.-P. Cometti, « Les outils pensent-ils ? L'esprit-design et les rêves d'Eupalinos », *in* C. Poisson (éd.), *Un lexique des outils pour penser tout haut à l'usage des designers et des architectes*, La Chose imprimée, 2010.

GLOSSAIRE

Abduction : l'une des trois formes de raisonnement et la première étape du raisonnement scientifique, consistant à inventer, sélectionner et adopter une hypothèse nouvelle, qui n'était pas contenue dans les données (*Voir* inférence à la meilleure explication)

Agapisme : évolution par l'amour créatif, loi de l'amour opérant dans le cosmos

Aliquid : quelque chose, qui contrairement au *quid* peut être dispositionnel

Aliquidditisme (ou essentialisme étroit) : position considérant l'essence comme un ensemble de propriétés non pas intrinsèques, mais relationnelles ou dispositionnelles ; contrairement au quidditisme, l'aliquidditisme ne pose pas d'*haecceitas* primitive

Assertabilité garantie : en particulier chez Dewey, statut d'une proposition justifiée par le processus d'autocorrection de l'enquête

Bayésianisme : interprétation dans laquelle la probabilité est une attente raisonnable représentant l'état de connaissance ou de croyance d'une personne

Colligation : opération de l'esprit réunissant en une conception synthétique un ensemble de faits séparément observés

Diagramme : image schématique (icône) représentant des relations intelligibles

***Dicisigne* (ou *signe dicent*)** : signe représentant l'existence d'un objet dans son actualité ; quasi-proposition, *voir* signe propositionnel

Disposition (et théorie dispositionnaliste de la croyance) : tendance, propension ou habitude à se comporter d'une certaine manière ; théorie selon laquelle la croyance est une certaine habitude, une propension à agir d'une certaine façon dans certaines circonstances, plutôt qu'un état de la conscience

Économie de la recherche : étude des relations entre utilité et coût dans le but de minimiser l'erreur probable dans notre connaissance

Enquête (*Inquiry*) : recherche d'un état de croyance provoquée par l'irritation du doute

Essentialisme : conception de la science consistant à expliquer les phénomènes par des affirmations sur la nature essentielle des choses

Faillibilisme : théorie selon laquelle notre connaissance n'est jamais absolue, mais toujours incertaine et indéterminée

Fondationnalisme : théorie épistémologique selon laquelle les croyances sont justifiées si elles reposent sur des croyances de base justifiées par elles-mêmes ou évidentes

Fréquentisme : interprétation dans laquelle la probabilité est la limite de la fréquence relative d'un grand nombre d'essais

Grammaire spéculative : étude des modes de signification ; analyse des éléments signifiants indépendamment de la structure du langage ; science des conditions générales dans lesquelles les signes sont des signes

Graphes existentiels : graphes logiques gouvernés par un système de représentation (dans lequel l'inscription sur la feuille signifie l'assertion dans un univers, et son encerclement une négation du graphe)

Ground : attribut général, abstraction par rapport à laquelle une comparaison peut être faite, ou sur la base de laquelle un signe peut représenter son objet

Haecceitas : en particulier chez les scotistes, qualités discrètes qui font d'un individu cet individu ; pure secondéité (*voir* talité)

Icône : signe présentant une similarité avec son objet, et représentant son objet en vertu d'un caractère qu'il aurait également si l'objet et son interprétant n'existaient pas

Indice (ou index) : signe attirant l'attention vers son objet, et représentant son objet en vertu d'un caractère qu'il n'aurait pas si l'objet n'existait pas

Inférence à la meilleure explication (IME) : souvent assimilée à l'abduction, adoption d'une hypothèse en raison de sa plus grande force explicative

In re : dans la chose ; énoncé portant sur la réalité

Interprétant : idée à laquelle donne naissance un signe, terme équivalent d'un autre signe

Légisigne : signe de la nature d'un type général, loi qui est un signe

Loi faible des grands nombres = théorème de Bernoulli : loi énonçant que les caractéristiques d'un échantillon aléatoire se rapprochent des caractéristiques statistiques de la population lorsque la taille de l'échantillon augmente

Maxime pragmatiste : règle pour atteindre la clarté dans les idées, qui s'énonce ainsi : « Considérer quels effets, pouvant avoir une portée pratique concevable, nous concevons que l'objet de notre conception pourrait avoir. Notre conception de ces effets constitue alors la totalité de notre conception de l'objet. »

Méthodeutique : voir rhétorique spéculative

Nominalisme : négation de la réalité de l'une au moins des trois catégories du réel (priméité, secondéité, tiercéité).

Objet dynamique : objet réel déterminant le signe

Objet immédiat : objet tel qu'il est représenté dans le signe

Pandispositionnalisme : thèse selon laquelle toutes les propriétés sont essentiellement dispositionnelles

Panpsychisme : doctrine selon laquelle tout ce qui existe possède une nature psychique

Phème : signe équivalent à une phrase grammaticale

Philonienne (interprétation du conditionnel) : implication matérielle, définie par ses valeurs de vérité, dans laquelle le seul cas où le conditionnel est faux est celui où l'antécédent est vrai et le conséquent faux

Pragmaticisme : version peircienne du pragmatisme, dont le nom, suffisamment laid, devait dissuader les kidnappeurs

Pragmatisme : courant philosophique regroupant des philosophes tels Peirce, James, Dewey, Vailati, Putnam, etc. ; pour Peirce, méthode de réflexion destinée à rendre les idées claires ; principe selon lequel tout jugement théorique indicatif exprime en réalité une tendance conditionnelle ; idée que la signification d'un mot ou d'une pensée consiste entièrement dans l'attente d'une expérience future ou simplement possible

Priméité : première catégorie, catégorie de la qualité, de la spontanéité, qui ne renvoie à rien d'autre qu'à soi

Probabilités objectives : probabilités censées donner la mesure de la possibilité des choses (et non de notre connaissance ou ignorance). *Voir* fréquentisme

Propensionnisme : interprétation dans laquelle la probabilité est la tendance (ou disposition) d'une certaine situation physique à produire un certain résultat

Qualisigne : signe de la nature d'une apparence, qualité qui est un signe

Quidditas : quiddité, essence d'une chose

Quidditisme : thèse selon laquelle les propriétés en général ont une identité (ou une essence) primitive, c'est-à-dire indépendante de l'identité des dispositions qu'elle possède ; les propriétés sont des qualités pures

***Quod quid est* (traduction latine du grec to ti estin)** : ce que cela est, *voir quidditas*

Réalisme dispositionnel : conception de la réalité dans laquelle les dispositions jouent un rôle déterminant, notamment pour expliquer la causalité des lois de la nature

Réalisme métaphysique : idée que le monde est fait d'objets indépendants de l'esprit, dont il n'existe qu'une seule description vraie fondée sur la correspondance entre les symboles et les choses

Réalisme interne (ou pragmatiste) : chez Putnam, position médiane entre anti-réalisme et réalisme métaphysique; mariage du réalisme et de la relativité conceptuelle, du fait de l'impossibilité d'occuper un point de vue neutre

Réalisme relationnel (structurel) : position métaphysique selon laquelle il y a dans la physique des réseaux de relations entre objets qui ne possèdent pas d'identité intrinsèque

Réalisme scientifique : position selon laquelle la nature est indépendante des théories scientifiques et détermine leur vérité

Réalisme scolastique : théorie de la réalité des généraux, thèse selon laquelle il existe des principes généraux actifs, notamment sous forme de possibilités réelles

Réisme : thèse selon laquelle il n'existe que des objets, et non des états, des propriétés ou des relations

Relatifs (logique des) : logique des termes relatifs, prenant pour objet toutes les formes de relation (alors que la logique ordinaire ne s'occupe que de la similarité)

Représentamen : signe; caractère d'une chose en vertu duquel elle peut tenir en place d'une autre chose

Rétroduction : à peu près synonyme d'abduction. Adoption provisoire d'une hypothèse; passage dans l'esprit d'une observation à la représentation d'un état de choses susceptible de l'expliquer

Rhème (pl. rhemata) : proposition dont les termes ont été effacés; signe d'une possibilité qualitative

Rhétorique spéculative (ou méthodeutique) : art de mettre les propositions en forme; étude des conditions de la transmission des significations d'esprit en esprit; science des conditions essentielles dans lesquelles un signe détermine un interprétant

Sciences normatives : étude de ce qui doit être, des lois de la relation des phénomènes aux fins, et de toutes les formes d'excellence; l'esthétique, l'éthique, la logique.

Secondéité : deuxième catégorie, catégorie de l'existence, de l'actuel, de la résistance

Sémiotique : science des représentations, théorie des signes; souvent identifiée à la logique

Signe propositionnel : signe employé pour faire une assertion, voir dicisigne

Sinsigne : signe qui est un objet ou un événement individuel, individu actuel qui est signifiant

Symbole : signe conventionnel, dépendant d'une habitude

Synéchisme : tendance à considérer que la continuité tient une place importante en philosophie

Talité (*Suchness*) : qualité *sui generis*

Tiercéité : troisième catégorie, catégorie de la médiation, de la généralité, de la loi

Token : occurrence, instance d'un type

Tychisme (du grec tychè, le hasard) : théorie selon laquelle le hasard absolu joue un rôle dans l'univers

Type : signe qui est une habitude ou une loi, forme signifiante (vs. token). Il y a cinq tokens du type « t » dans cette phrase.

Trichotomie : division en trois parties (pouvant engendrer à haute dose la triadomanie, trouble consistant à voir des trichotomies partout, dont Peirce s'est défendu de souffrir)

Uberté : caractère fructueux d'un raisonnement, capacité de produire des vérités nouvelles (qui évolue en sens inverse de sa sécurité)

Vérificationnisme : validation d'une théorie scientifique par la confirmation des faits; thèse selon laquelle la signification d'une proposition consiste en son moyen de vérification

Would-be : description générale de possibilités; habitude de relations, irréductible à une collection d'actes

ABSTRACTS

C. S. Peirce

Pourquoi le pragmatisme implique le réalisme

Claudine Tiercelin

Pragmatism is often associated with nominalism. Yet in the mind of its founder C. S. Peirce, pragmatism rather goes hand in hand with realism. After examining the springs of that paradox and noting several points shared by various pragmatists, we shall present the main features of what could be an all-inclusive pragmatist realism. We thus suggest that such a dispositional realism, inscribed in a resolved metaphysical and ethical approach, offers a promising way to whoever aims at making sense of the project of a metaphysical « knowledge » and at bringing new possible answers to the current relativistic cynicism.

« Éclaircir les conceptions » : Peirce et Whewell, 1869

Mathias Girel

If Peirce's interest in the historian of science William Whewell (1794-1866) is well-known, the latter's influence on the first development of Peircian pragmatism has been less studied. The present article is based on a lecture devoted to Whewell and delivered by Peirce in 1869, and it analyses in detail what Peirce could then mean by « clarifying conceptions ». Here the conclusive landmarks are provided by a threefold relation to Kantianism, the history of sciences, and scientific controversies.

Comment on invente les hypothèses : Peirce et la théorie de l'abduction

Frédéric Roudaut

According to Peirce, abduction refers to the form of reasoning by which an hypothesis is adopted for its capacity of explaining certain facts. It has constantly been a concern for Peirce, who saw there a branch of essential logic, however much neglected. We intend here to trace the evolution of Peirce's ideas on that topic, and see how much they can still contribute to contemporary issues in epistemology - more particularly to those issues relating to the « inference to the best explanation » on which many debates about scientific realism focus today.

Peirce et les deux paquets de cartes : les probabilités peuvent-elles être le guide de la vie ?

Benoit Gaultier

Owing to a famous thought experiment implying a choice between two decks of cards, Peirce thought he had provided a conclusive argument showing the social roots of logic. Since that argument is based on a frequentist conception of probabilities, one must question that conception and ask if it is possible to advocate the idea that it is rational for an individual to ground his or her actions upon an estimate of probabilities without endorsing the Peircean thesis of logic's social roots. After underlining the actuality of the problem raised by Peirce with that thought experiment, and after showing that frequentism cannot solve it, we shall ask if a propensity interpretation of probabilities could succeed.

Peirce, philosophe du langage

Francesco Bellucci

This article argues that if there is a philosophy of language in Peirce, it is to be found in his conception of speculative grammar. In reconstructing the evolution of Peirce's speculative grammar between 1894 and 1906, we show that, whereas in the 1890's speculative grammar is considered as a theory of the proposition, as soon as 1903 Peirce conceives it as a general classification of signs, including a pionneering theory of speech acts.

Correspondance

Charles S. Peirce carried on a lengthy correspondance with his editor Paul Carus, but only a small portion has been published to date. This new translation of selected letters highlights the theoretical and material difficulties encountered by Pierce in accomplishing his philosophical work. This selected correspondence also provides rare insight into Peirce's relationship with his own philosophical hypotheses and arguments.

Design et sémiotique

Entretien avec Jérôme Vogel

Is Peirce the philosopher of graphic artists? How can Pierce's semiotic analysis provide a starting point for reflection into the methods of conception of the designer? This interview with Jérôme Vogel, professor of design at the University of Quebec and author of a thesis on Peirce, addresses the importance of Peirce's theory of signs for all those interested in different forms of communication and information.

FICHE DOCUMENTAIRE

3e TRIMESTRE 2017, N° 150, 170 PAGES

Le dossier de ce numéro des *Cahiers philosophiques* est consacré Charles S. Peirce (1839-1914), qui est à l'origine du principal courant de philosophie pragmatiste. Les différents articles abordent des questions de logique, de métaphysique, de sémiotique et présentent les renouvellements initiés par le philosophe en matière de raisonnement.
La rubrique Introuvables propose la traduction inédite d'un choix de lettres adressées par Peirce à son éditeur Carus.
Dans la rubrique Situations, on peut lire un entretien avec Jérôme Vogel, professeur de design, traitant de l'importance de la sémiotique peircienne pour le travail d'un désigner.

Mots-clés

Peirce Charles S. : 1839-1914 ; Whewell William : 1794-1866 ; abduction ; grammaire spéculative ; logique ; sémiotique ; probabilités ; réalisme.

Vrin - Chemins Philosophiques
128 pages - 11 × 18 cm
ISBN 978-2-7116-2647-2 - février 2016

Qu'est-ce que le pragmatisme ?
Benoit Gaultier

Le pragmatisme semble être devenu la chose du monde la mieux partagée. A la fois révolution philosophique et réhabilitation du sens commun, il est en tout cas difficile aujourd'hui de se déclarer anti-pragmatiste sans apparaître vouloir défendre une forme dépassée de ratiocination scolastique. Cet état de fait nécessite qu'une réponse claire soit apportée à la question « Qu'est-ce que le pragmatisme ? ».
La thèse qui se trouve défendue dans cet ouvrage est que le cœur, à la fois historique et conceptuel, du pragmatisme consiste dans une théorie de la rationalité épistémique dont suit une théorie de la vérité et, plus particulièrement, de son rôle dans la croyance et l'enquête. Le commentaire du texte de Peirce permet d'aborder la question de la nature du faillibilisme et de la manière dont l'enquête scientifique doit être régulée.

Vie et expérimentation
Peirce, James, Dewey
Didier Debaise (dir.)

Selon les pragmatistes Peirce, James et Dewey, le concept d'expérience dont nous avons hérité est un des plus décevants de l'histoire de la philosophie, réduit le plus souvent au sujet, à la conscience ou à la perception visuelle. Même l'empirisme classique, qui se présentait pourtant comme une philosophie de l'expérience, n'a pu lui donner les dimensions qu'il requérait. Les pragmatistes lui opposent un concept d'expérience étendu à toutes les formes de réalités, biologiques, psychologiques et sociales, décentrant la perspective uniquement « anthropologique » qui lui semblait intimement liée. L'expérience y devient l'effet des formes innombrables que peuvent prendre les interactions entre un vivant et son milieu. L'univers y est décrit comme une multiplicité de centres d'expérience qui communiquent les uns avec les autres et produisent, par leurs actions réciproques, un « monde commun ». Dès lors, une nouvelle fonction est attribuée à la philosophie, inspirée par la physiologie, l'histoire naturelle et l'éthologie : enquêter sur la pluralité des modes d'expérience.

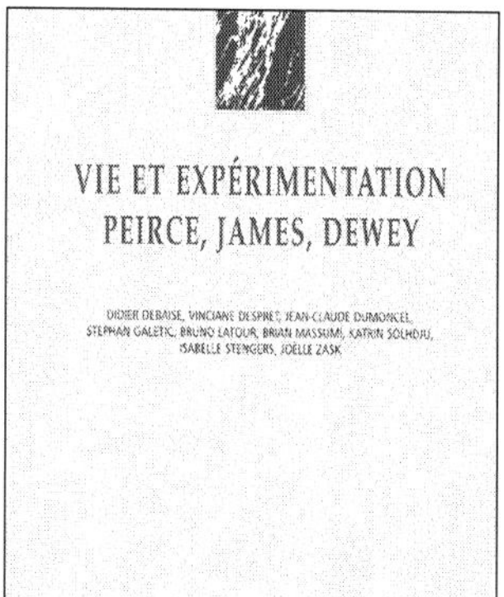

Vrin - Annales de l'institut de philosophie de l'université de Bruxelles
176 pages - 13,5 × 21,5 cm
ISBN 978-2-7116-1953-5 - janvier 2008

Cahiers Philosophiques

BULLETIN D'ABONNEMENT

Par courrier : complétez et retournez le bulletin d'abonnement ci-dessous à :
Librairie Philosophique J. Vrin - 6 place de la Sorbonne, 75005 Paris, France
Par mail : scannez et retournez le bulletin d'abonnement ci-dessous à : abonnement@vrin.fr
Pour commander au numéro : www.vrin.fr ou contact@vrin.fr

RÈGLEMENT

❑ France
❑ Étranger

❑ Par chèque bancaire :
à joindre à la commande à l'ordre de Librairie Philosophique J. Vrin

❑ Par virement sur le compte :
BIC : PSSTFRPPPAR
IBAN : FR28 2004 1000 0100 1963 0T02 028

❑ Par carte visa :

_ _ _ _ _ _ _ _ _ _ _ _ _ _ _ _

expire le : _ _ / _ _

CVC (3 chiffres au verso) : _ _ _

Date :

Signature :

ADRESSE DE LIVRAISON

Nom
Prénom
Institution
Adresse

Ville
Code postal
Pays
Email

ADRESSE DE FACTURATION

Nom
Prénom
Institution
Adresse
Code postal
Pays

ABONNEMENT - 4 numéros par an

Titre	Tarif France	Tarif étranger	Quantité	Total
Abonnement 1 an - Particulier	46,00 €	60,00 €		
Abonnement 1 an - Institution	52,00 €	70,00 €		
			TOTAL À PAYER :	

Tarifs valables jusqu'au 31/12/2023

* Les tarifs ne comprennent pas les droits de douane, les taxes et redevance éventuelles, qui sont à la charge du destinataire à réception de son colis.

CAHIERS PHILOSOPHIQUES

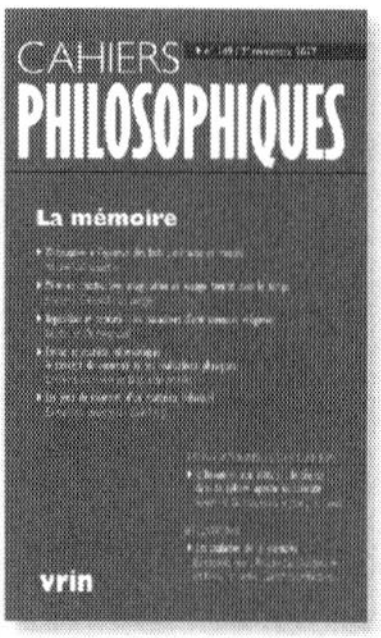

Derniers dossiers parus

Ravaisson
Numéro 129 – 2e trim. 2012

Foucault, une politique de la vérité
Numéro 130 – 3e trim. 2012

Marcel Duchamp
Numéro 131 – 4e trim. 2012

Qu'est-ce que la philosophie sociale ?
Numéro 132 – 1er trim. 2013

De la théorie néolibérale
Numéro 133 – 2e trim. 2013

Varia
Numéro 134 – 3e trim. 2013

Mesurer
Numéro 135 – 4e trim. 2013

Le care : éthique et politique
Numéro 136 – 1er trim. 2014

L'Europe en question
Numéro 137 – 2e trim. 2014

Franz Fanon
Numéro 138 – 3e trim. 2014

Kant et Kleist
Numéro 139 – 4e trim. 2014

Diderot polygraphe
Numéro 140 – 1er trim. 2015

La révolution informatique
Numéro 141 – 2e trim. 2015

Approche sociale de la croyance
Numéro 142 – 3e trim. 2015

Siegfried Kracauer
Numéro 143 – 4e trim. 2015

Arthur Danto
Numéro 144 – 1er trim. 2016

Talmud et philosophie
Numéro 145 – 2e trim. 2016

Varia
Numéro 146 – 3e trim. 2016

Le travail du juge
Numéro 147 – 4e trim. 2016

John Stuart Mill
Numéro 148 – 1er trim. 2017

La mémoire
Numéro 149 – 2e trim. 2017

C. S. Peirce
Numéro 150 – 3e trim. 2017